汉语国际传播与国际汉语教学研究丛书　总主编：吴应辉
Series of Chinese Language Globalization & International Chinese Language Teaching Studies
Chief Editor: Wu Yinghui

国际汉语教学视角的文化阐释

UNDERSTANDING CULTURE IN THE PERSPECTIVE OF CHINESE TEACHING AS FOREIGN LANGUAGE

——基于动物词的文化因子解读

李朝辉 / 编著
By Li Zhaohui

中央民族大学出版社
China Minzu University Press

图书在版编目（CIP）数据

国际汉语教学视角的文化阐释 / 李朝辉著. —北京：中央民族大学出版社，2017.6

ISBN 978-7-5660-1374-3

Ⅰ.①国… Ⅱ.①李… Ⅲ.①汉语—对外汉语教学—教学研究 Ⅳ.①H195.3

中国版本图书馆 CIP 数据核字（2017）第 136028 号

国际汉语教学视角的文化阐释——基于动物词的文化因子解读

作　　者　李朝辉
责任编辑　戴佩丽
封面设计　布拉格
出 版 者　中央民族大学出版社
　　　　　北京市海淀区中关村南大街 27 号　邮编：100081
　　　　　电话：68472815（发行部）传真：68932751（发行部）
　　　　　　　　68932218（总编室）　　　　68932447（办公室）
发 行 者　全国各地新华书店
印 刷 厂　北京盛华达印刷有限公司
开　　本　710×1000（毫米）　1/16　印张：15.5
字　　数　210 千字
版　　次　2017 年 6 月第 1 版　2017 年 6 月第 1 次印刷
书　　号　ISBN 978-7-5660-1374-3
定　　价　68.00 元

汉语国际传播与国际汉语教学研究丛书总序

吴应辉

目前来华学习汉语的人数不到全球学习汉语人数的1%，而在中国境外学习汉语的人数达99%以上。国际汉语教学已成为学术界关注的一个热点，然而从目前出版和发表的有关论著来看，研究对外汉语教学的很多，但研究国际汉语教学的很少。汉语国际传播及国际汉语教学的实践已经超前于理论，或者说我们的汉语国际传播及国际汉语教学理论滞后于实践。作为国际汉语教学的从业者，大家都应肩负起历史使命，对汉语国际传播及国际汉语教学进行研究，深入探讨相关的理论和实践问题。

中央民族大学在20世纪50年代就开始了对越南学生的汉语教学，成为当时中国最早接收外国留学生的八所院校之一，但在对外汉语教学学科建设方面起步较晚。近年来，中央民族大学国际教育学院调整了学科建设方向，将研究力量集中于汉语国际传播和国际汉语教学。在学校的大力支持下，我们的国际汉语教学学科建设已经取得初步成果。我们在全国高校中率先在语言学及应用语言学专业博士研究生培养中设立汉语国际传播研究方向；我们是全国第一个明确把“国际汉语教学”列为重点培育学科加以建设的汉语教学机构；我们创新性地设计并组织实施了“汉语国际教育硕士”的“1+2+X”培养模式；我院绝大部分专职教师和20多位中外博士生都把研究方向集中到了国际汉语教学及其重要组成部分汉语国际传播上，研究领域包括泰国、马来西亚、缅甸、韩国、美国、越南等国家的汉语传播问题，内容涵盖国际汉语教学宏观和微观层次的诸多问题；我们已承担了包括两项国家社科基金课题、教育部新世纪优秀人才支持计划项目和教育部人文社会科学项目在内的多项汉语国际传播纵向和横向课题；我们正在进行国际汉语教学案例库和汉语国际传播数据库建设……

我们才刚刚起步，我们愿不断努力，与兄弟院校一起在汉语国际传播和国际汉语教学领域拓荒、播种，并愿意与国内外同行分享我们的收获。我们将以全球化的视野、国际化的思维和创新务实的行动，努力开展汉语国际传播和国际汉语教学研究，推动国际汉语教学学科建设，为汉语和中华文化走向世界尽一份绵薄之力。

经过中央民族大学国际教育学院两年多的策划和研究，汉语国际传播与国际汉语教学研究丛书陆续开始出版了。希望这套丛书能从各个侧面对国际汉语教学学科的形成和建设起到支撑作用，能为国际汉语教学的专家学者带来另一股清新的学术空气，给青年学者和博士、硕士研究生选择未来的研究领域提供新的视野，并为汉语国际传播有关机构提供决策参考。这套丛书虽为中央民族大学国际教育学院策划，但我们的作者并不限于本院师生，我们热忱欢迎国内外有志于汉语国际传播和国际汉语教学研究的专家学者加盟我们的队伍，我们愿意将符合丛书主题的学术成果列入丛书出版。

鉴于广大读者甚至很多业内学者和学生对汉语国际传播与国际汉语教学的认识尚不够深入，谨以本人在《语言文字应用》2010 年第 3 期上发表的论文“国际汉语教学学科建设及汉语国际传播研究探讨”作为代序，对汉语国际传播与国际汉语教学做一些学术探讨，以增进学界对国际汉语教学学科的认识。

国际汉语教学学科建设及汉语国际传播研究探讨[①]（代序）

随着汉语快速走向世界，对外汉语教学时代正在转型为国际汉语教学时代，传统的对外汉语教学正在转型为国际汉语教学，因此，有必要努力建立与之相适应的国际汉语教学学科。国际汉语教学学科应该包括传统的对外汉语教学和汉语国际传播两大部分。汉语国际传播是指建立在世界各国对汉语需求的基础之上，汉语遵循语言传播规律，从中国走向世界的语言传播现象。汉语国际传播研究是国际汉语教学研究的重要组成部分。鉴于此前很少有人讨论过相关问题，本文将探讨建立国际汉语教学学科的必要性，国际汉语教学与传统的对外汉语教学、汉语国际传播研究的关系，对外汉语教学向国际汉语教学的转型，国际汉语教学研究的理论基础和研究内容，国际汉语教学的学科建设，当前汉语国际传播研究的领域等问题，以期抛砖引玉，并希望有更多的同行参与到国际汉语教学及汉语国际传播的研究中来，不仅可以推动转型后的国际汉语教学学科建设，而且通过汉语国际传播研究为汉语国际推广工作提供更多的智力支持和决策参考。

---

① 吴应辉：国际汉语教学学科建设及汉语国际传播研究探讨，《语言文字应用》2010 年第 3 期，作者对文章进行了部分删节和小的改动。本文获“新世纪优秀人才支持计划”资助（Supported by Program for New Century Excellent Talents in University，NCET）。

一、国际汉语教学时代已经到来

随着中国综合国力的迅速增强，尤其是经过金融危机的洗礼，中国与世界发达国家的经济实力对比发生了很大的改变，差距正日益缩小。不久前，世界银行副行长兼首席经济学家林毅夫甚至指出，到2020年中国可能成为世界第一大经济体。[①] 中国国际地位的快速上升，使世界各国人民了解中国的需求心理快速增强，汉语热正在世界各地悄然兴起，汉语国际传播的新时代已经到来。国家汉办主任、孔子学院总部总干事许琳说，世界上学习汉语的人数也远超中方预期。据介绍，目前全世界有109个国家、3000多所高等学校开设了汉语课程。特别是中小学开设汉语课的热情越来越高。世界各国学习汉语的人数，很多国家以50%甚至翻番的速度增长。全世界现在学习汉语的人数已经超过了4000万。[②] 世界范围的汉语需求增长迅速，从2004—2009年，应世界各国有关机构的要求，国家汉办派出汉语教学志愿者达6000多人。仅2008年，国家汉办就派出汉语教学志愿者1700多人，分布在46个国家。2008年全国共派出汉语教师2000余人，分布在105个国家。截至2008年底，应世界各地有关机构的请求，全球已建立孔子学院249所，孔子课堂56个。[③] 周边国家的汉语热尤为突出，“日本有200万人在学习汉语。韩国学习汉语的人数超过100万，现有的142所大学全部开设了汉语课程。韩国教育部计划在全国中

---

① 中国新闻网3月22日：http：//www.chinanews.com.cn/cj/gncj/news/2009/03-19/1608221.shtml.

② 新华网：世界“汉语热”远超预期，学习人数已超4000万。2009-03-13。http：//news.xinhuanet.com/edu/2009-03/13/content_11002421.htm.

③ 以上数字引自前教育部部长周济“在2008年孔子学院大会上的工作报告”。

小学普遍开设汉语课。印度尼西亚目前有1000所中学正式开设了汉语课”。[①] “泰国作为汉语热的新兴国家，开设汉语课的中小学已达千所以上，学习汉语的人数10年间增长了20多倍，2007年泰国学习汉语的中小学生超过20万人（206134人）。泰国接收中国汉语教学志愿者人数列各国之首”[②]，2008年接收了870名来自中国的汉语教学志愿者，2009年仅新派志愿者就达800人，[③] 加上留任的志愿者，在泰国的汉语教学志愿者人数已达上千人。泰国孔子学院建设也卓有成效，一个只有6000万人口的国家建立了11所孔子学院和孔子课堂。在泰国，学习汉语已经成为一种时尚，泰国汉语传播速度在当今汉语国际传播中是一个奇迹。在美国、欧洲，汉语教学的发展势头也非常好，美国大学理事会的调查结果显示，全美有2400多所中小学有意向在近几年开设汉语课，[④] 美国出于国家安全的考虑，投入巨资开展“关键语言”（Critical Languages）教学，而汉语就是六种关键语言之一。在英国、法国、德国、俄罗斯等国家，开设汉语课的学校也在快速增加。这些事实说明，国际汉语教学的时代已经到来。

二、国际汉语教学时代需要有与之相适应的国际汉语教学学科

对外汉语教学正快速向国际汉语教学转变，对外汉语教学学科也应该与时俱进，转型为国际汉语教学学科。自20世纪80年代

---

① 中国网：孔子学院影响力独特：4000万洋人学习汉语，2007-03-20。http://www.china.com.cn/international/txt/2007-03/20/content_7987819.htm.

② 吴应辉、杨吉春. 泰国汉语快速传播模式研究［J］. 世界汉语教学，2008（4）.

③ 国家汉办志愿者中心提供数据。

④ 新华网：国外学中文成时尚，美2400所学校愿开中文课，2006-07-06。http://news.xinhuanet.com/edu/2006-07/06/content_4800553.htm.

对外汉语教学学科建立以来，我国对外汉语教学学科取得了快速发展，已形成一套自己的理论体系、研究方法，推出了大批研究成果，建立了本科、硕士和博士三个层次完整的人才培养体系，为中国的对外汉语教学事业做出了应有的贡献。2003年国家汉办推出的“汉语桥工程”① 开始实施，对外汉语教学开始向国际汉语教学转型。2004年，“国务院批准了国家对外汉语教学领导小组制定的对外汉语教学事业2003年至2007年发展规划——《汉语桥工程》，明确提出了‘集成、创新、跨越’作为对外汉语教学和汉语国际推广工作的发展战略，也就是：集成一切资源要素，采取创新的举措，实现对外汉语教学事业的跨越式发展”。② 2005年7月在北京举办的首届世界汉语大会实为汉语国际推广的首次动员大会，来自五大洲66个国家的300多位代表出席了这次大会。此次大会之后，汉语国际推广工作进入了高速发展阶段。

“六大转变”的推出，进一步加快了从对外汉语教学向国际汉语教学的转型。2006年，对外汉语教学向国际汉语教学的转变得到国家汉办等有关部门在政策层面的推动，“针对我国多年来对外汉语教学的主战场在国内，以来华留学生为主要教学对象的传统汉语教学模式不适应国外对汉语的需求状况，提出了转变观念和工作重点，实施六大转变：一是发展战略从对外汉语教学向全方位的汉语国际推广转变；二是工作重心从将外国人‘请进来’学汉语向汉语加快‘走出去’转变；三是推广理念从专业汉语教学向大众化、普及型、应用型转变；四是推广机制从教育系统内推进向系统内外、政府民间、国内国外共同推进转变；五是推广模

① 汉语桥工程主要包括孔子学院，中美网络语言教学、教材、音像和多媒体制作，国内外汉语教师队伍建设，对外汉语教学基地建设，汉语水平考试，世界汉语大会，“汉语桥比赛”，“汉语桥”基金与援助国外中文图书馆和基本建设九个方面的内容。

② 章新胜．加强汉语的国际传播，促进多样文化的共同发展［J］．求是，2005（16）．

式从政府行政主导为主向政府推动的市场运作转变；六是教学方法从纸制教材面授为主向充分利用现代信息技术、多媒体网络教学为主转变。六个转变实际包含了三个层面：体制和机制、对象和教学类型、教材和教法。换言之，从过去的‘请进来’、对有一定学历的成年人进行面对面教学，发展到‘走出去’、对社会上各式各样的人进行多种方式的教学，需要全方位的改进和改革”。① 这一政策的推出，更加快了传统的对外汉语教学向国际汉语教学的转型。

目前的汉语教学除了我国国内的对外汉语教学之外，还有100多个国家都在开展汉语教学。据教育部公布的数据，2008年共有来自189个国家和地区的22万多（223499）名各类来华留学人员②，与世界各国学习汉语人数相比，仅占不足1%（0.56%，按全世界4000万人学汉语的数字计算）。我国2008年派出的汉语教学志愿者和汉语教师达3000多人，但他们只占世界各国汉语教师中极小的一部分。这些数据已经充分说明，汉语教学的主体不在国内而在国外。国际汉语教学时代已经到来。因此，我们有必要在传统的对外汉语教学学科的基础上扩充改造，形成与汉语国际传播形势相适应、更有利于学科发展的国际汉语教学学科。对外汉语教学的内涵是“对外国人的汉语教学”，隐含着“老师是中国人，中国老师教外国学生”之意。但进入国际汉语教学时代，当千千万万的外国人就在自己的国度学习汉语的时候，教授他们汉语的老师可能绝大多数都是本国人，对外汉语教学这一名称在中国以外的其他国家就显得不太合适。作为一个学科，其内涵已发生了巨大变化，甚至已变化到原有的学科名称不能涵盖的程度，

① 许琳．汉语国际推广的形势和任务［J］．世界汉语教学，2007（2）．

② 教育部2009年第6次新闻发布会：介绍2008年中国教育对外开放总体情况及出国留学、来华留学事业发展情况。见教育部网站：http：//www.moe.gov.cn/edoas/website18/02/info1237941653766102.htm.

因此，非常有必要用“国际汉语教学”替代“对外汉语教学”。这样，国际汉语教学学科就能很好地涵盖国际汉语教学时代的学科内涵发展需要。尽管形式上对外汉语教学这一名称的使用仍然居主导地位，但现实中对外汉语教学学科已进入了国际汉语教学学科时代。从这个意义上讲，国际汉语教学这一能够充分反映此变化的新的学科名称替代“对外汉语教学”这一传统学科名称实属必然。

此外，现实中，“国际汉语教学”这一术语已在汉语教学界广泛使用，如由世界汉语教学学会定期召开的学术会议的名称确定为“第×届国际汉语教学讨论会”，由美国中文教师协会与中国大学联合定期举办的学术会议的名称确定为“第×届国际汉语教学学术研讨会”，国家汉办 2009 年 4 月与北京语言大学合作建立了“国际汉语教学研究基地”，其中使用的都是“国际汉语教学”，北京外国语大学出版的学术辑刊叫“国际汉语教学动态与研究”（2009 年开始更名为“国际汉语教育”），国家汉办制定的一套汉语课程大纲叫“国际汉语教学通用课程大纲”，其他使用较多的还有“国际汉语教学创新奖”“国际汉语教学资源展”“国际汉语教学图书展”等。总之，“国际汉语教学”这一术语在没有任何人刻意把它作为学科名称推出的情况下，在现实中已被无声无息地广为接受了。

当然，也有专家认为，应该使用“国际汉语教育”“汉语外语教学”“汉语作为外语教学”“汉语作为第二语言教学”等名称，但笔者认为，“教育”有教书育人之意，隐含道德说教之嫌，中国教育特色太明显，毕竟这一学科名称是要涵盖全球汉语教学的，主要任务是“教书”，“育人”之功能宜弱化。而“汉语外语教学”实为“汉语作为外语教学”的缩写，在人们对“汉语作为外语教学”和“汉语作为第二语言教学”两个术语争论不休的今天，“汉语作为外语教学”强调的是汉语在非汉语环境中作为外语的教学，也就是汉语在中国以外的其他国家自己的语言环境下的汉语教学，而“汉语作为第二语言教学”这一术语的内涵存在两种主要争议，一种意见认为，主要指在汉语环境下对外国人或母语不是汉语的其他人的汉语教学，其中也包括对母语非汉语的少数民族的汉语教学，如在中国对外国人进行的汉语教学或对母语为某种民族语言的少数民族的汉语教学；另一种意见认为，“第二语言是根据习得先后顺序来定义的。因此，对那些汉语为非母语者，无论是在美国还是在中国学习汉语，按照时间顺序，汉语都是他的第二语言，只是学习的环境不同。在中国，汉语是在‘第二语言环境’（second language context）习得的，在美国，汉语是在‘外语环境’（foreign language context）习得的。换句话话说，第二语言与习得环境无关”。[①] 由此可见，汉语作为第二语言教学不仅存在其内涵方面的争议，而且还存在把“对中国国内少数民族的汉语教学”包括进去的情况，将其作为国际汉语教学时代的反映国际汉语教学现实的学科名称显然不太恰当。综上所述，“国际汉语教育”“汉语外语教学”“汉语作为外语教学”“汉语作为第二语言教学”等名称均存在明显的不足，相比之下，“国际汉语教学”这一名称既能反映汉语走向世界的现实，又能充分反映学科的内涵，而且不带任何道德说教之嫌，显得比较中性，兼顾了各个方面，作为一个学科名称，应该是最佳选择。当然，也有意见认为，这个学科名称国际接轨程度不高，主要理由是，以英语为例，就没有“国际英语教学”之说。但是中国应该有自己的创新，中国人应该有勇气创造出一个响亮的学科名称“国际汉语教学”，也许“国际汉语教学”这一名称使用后，世界各国会效仿创造出“国际××语教学”等一批学科名称。

① 王建勤．汉语国际传播标准的学术竞争力与战略规划［J］．云南师范大学学报，2010（1）．

三、汉语国际传播研究是国际汉语教学学科的两大组成部分之一

(1) 汉语国际推广、汉语国际传播、国际汉语教学的区别与联系

汉语国际推广、汉语国际传播和国际汉语教学是一组既有联系又有区别的概念。三个概念的共同点是，都与汉语走向世界有关。汉语国际推广主要是作为一项事业的名称来使用，反映汉语的母语国中国努力把自己国家的语言汉语推广到世界的主动行为。这一术语一度被官方广泛使用，它能充分反映有关机构要把汉语推向世界的主动性、积极性和美好愿望，但会带来“文化侵略”之嫌的负面效应。本人注意到，此术语在正式重要场合，尤其是国际性重大活动中的正式讲话或报告很少使用。汉语国际传播是一个较为中性的学术术语，它能反映汉语走向世界的时代特征，也能涵盖与其相关研究领域当前和未来相当长一个时期的学科内涵，同时能为学科发展拓展更广阔的学术空间，是学术界公认并广泛使用的一个国际汉语教学分支学科的学术术语。教育部副部长、国家语委主任郝平2009年5月指出，“当前，要优先发展当代社会急需的分支学科，如语言规划学、语言教学、计算机语言学、法律语言学、播音语言学、汉语国际传播等。”① 汉语国际传播被国家语委主任列入当前应该优先发展的分支学科，说明发展这个分支学科的必要性和紧迫性。国际汉语教学则是反映全球汉语教学与研究的学科名称，在学科目录中至少应该列为二级学科，是

① 郝平．大力促进应用语言学发展，为国家的繁荣昌盛作贡献，中国语言文字网：http：//www.china-language.gov.cn/.

汉语国际传播的上位学科，汉语国际传播是其分支学科，也是国际汉语教学最重要的组成部分。

(2) 国际汉语教学与对外汉语教学的关系

国际汉语教学应包括传统的对外汉语教学和汉语国际传播两大部分。之所以把对外汉语教学列为国际汉语教学的两大部分之一，是因为对外汉语教学不论是过去、现在还是未来，都是汉语走向世界的重要途径，只不过开展汉语教学的地域不在国外而在国内，开展汉语教学的语言环境是目的语环境而已。国际汉语教学和传统的对外汉语教学的关系是：对外汉语教学是国际汉语教学的前身和重要组成部分，国际汉语教学是对外汉语教学的继承和发展，它拓宽了对外汉语教学的研究视野，使对外汉语教学的交叉性特征更加明显，研究方法更加多样化。国际汉语教学和对外汉语教学是同一个学科，是一脉相承的，但国际汉语教学具有更强的多学科交叉性。之所以使用“国际汉语教学”这个名称，是因为它更能反映汉语国际传播的现实、当前和未来相当长一个时期的学科内涵，同时能为学科发展拓展更广阔的学术空间，总之，更有利于学科的持续健康发展。

从学科归属的角度说，对外汉语教学和国际汉语教学都应该属于语言学及应用语言学，都是一个以汉语言文字教学为基础、关涉到其他许多学科的交叉性学科；对外汉语教学作为国际汉语教学的前身和重要组成部分，经过20多年的努力，已经建立了一套初具规模的理论体系，这些理论体系也是国际汉语教学的重要支撑，但国际汉语教学除传统的对外汉语教学理论体系部分外，汉语国际传播方面的理论体系尚处于草创阶段。也有观点认为，对外汉语教学应该属于教育学科，但笔者认为，该学科的基础、主干课程和教学内容均属于语言学，教育学相关内容仅为其中的很小一部分，所以，还是应该归入语言学及应用语言学。

从理论基础来看，传统的对外汉语教学以语言学、教育学、心理学、文化学等学科理论为基础，但国际汉语教学除以上学科外，由于汉语国际传播还涉及外交、项目管理、国别文化等方方面面，因此其理论基础还应该包括管理学、文化人类学、传播学、外交学、社会学、历史学、地理学、统计学、计算机科学与技术等。

从研究内容来看，国际汉语教学比对外汉语教学更宽、更广。传统的对外汉语教学，主要研究中国的汉语教师对到中国来学习汉语的外国留学生的汉语教学相关的各种问题，主要侧重于“汉语语言学、汉语习得理论、汉语教学理论和研究方法学等基础理论和总体设计、教材编写、课堂教学、测试评估、教学管理和教师培养等应用研究”。①但国际汉语教学则不仅要研究上述问题，还要研究汉语国际传播相关的各种问题，如世界各国的汉语需求，本土化教材研发，国别化汉语教师的培养，国别化教学理论与方法，孔子学院管理机制、办学模式、布局、评估体系及个案，汉语教学志愿者项目和外派汉语教师项目相关的标准、程序、大纲、教材、管理机制、文化适应等问题，国别语言政策与汉语传播、国别文化与汉语传播、国别政治经济与汉语传播、地缘政治与汉语传播、国际关系与汉语传播、汉语国际传播史等研究领域。由此可见，国际汉语教学的研究内容主要包括两部分，一是传统的对外汉语教学的研究内容；二是与汉语国际传播相关的各种问题。

国际汉语教学主要包括中国国内的对外汉语教学和主要研究汉语走向世界相关问题的汉语国际传播两大组成部分，而国别汉语教学是汉语国际传播的一部分。

国际汉语教学学科建设应该主要抓好以下几个方面的工作：一是学科理论建设，二是学科队伍建设，三是学科人才培养。学科理论建设是最为重要的方面，在继续重视汉语教学研究的同时，

① 刘珣．对外汉语教育学引论［M］．北京语言大学出版社，2001：396.

要特别重视汉语国际传播理论体系建设和汉语国际传播实践研究，它是国际汉语教学不可或缺的研究领域，可以说，没有汉语国际传播研究，国际汉语教学学科就不完整。因此，开展汉语国际传播研究是国际汉语教学学科建设的需要。目前发表汉语国际传播研究成果的期刊寥寥无几，我们应该努力创办新的专业期刊，或在更多的学术期刊上开辟汉语国际传播研究专栏，以推动这一领域的研究。此外，学科队伍建设是学科建设的另一重要方面。目前研究对外汉语教学的队伍已初具规模，但研究汉语国际传播方面的学者却屈指可数，因此，有必要吸引更多的业内人士参与到汉语国际传播研究的工作中来，力争在五到十年内形成一支汉语国际传播研究队伍。人才培养对于一个基础薄弱的学科来说十分重要，除继续加大力度培养对外汉语教学硕士、博士研究生和汉语国际教育专业硕士以外，有必要在硕士和博士层次开设汉语国际传播研究课程，以培养高层次汉语国际传播方面的教学、研究和管理人才，确保国际汉语教学学科后继有人，并能持续、健康、稳步发展。

四、汉语国际传播研究的主要领域

实践需要理论指导，目前汉语国际传播研究严重滞后于汉语国际推广实践①。汉语国际传播对于国际汉语教学工作者来说，既是艰巨而光荣的任务，也是难得的机遇。既然时代呼唤理论，我们就有责任、有义务研究汉语国际传播相关的各种问题，让汉语又好又快地走向世界。可以预言，未来很长一个时期内，世界范围的汉语学习需求将持续快速增长并拉动汉语持续快速走向世界。

① 吴应辉．加强研究，指导实践，让汉语又好又快地走向世界——汉语国际传播笔谈前言［J］．云南师范大学学报，2007（5）．

汉语国际传播实践亟须汉语国际传播研究的支撑，汉语国际传播研究将具有广阔的空间。鉴于汉语国际传播蓬勃发展的形势，笔者认为汉语国际传播研究的主要领域应该包括以下几个方面：

一是汉语国际推广战略研究，包括对中国汉语国际推广的总体战略、国别战略、孔子学院布局战略等方面的研究，同时还应包括各国关于自己国家汉语推广战略的研究。汉语国际推广的总体战略应该成为国家战略的重要组成部分，尤其要配合国家的整体外交战略和国际经贸战略，最好有一定的超前性，因此，汉语国际推广战略研究对汉语国际推广实践具有重要的指导意义。

二是汉语国际传播国别问题研究，包括国别教育体制、国别语言政策、国别文化与汉语国际传播等相关问题以及国别汉语教学需求研究。汉语国际传播的成功程度，主要体现在汉语进入国民教育体系的程度，因此，我们应该加强汉语国际传播与不同国家教育体制相关问题的研究，努力促成汉语教学进入所在国的国民教育体系。汉语国际传播必须与所在国的语言政策和当地文化相协调。我们应该把所在国语言政策和文化研究透彻，才能做到知己知彼，顺利传播。各国汉语需求的调查研究对于制定汉语国际传播战略十分重要，我们应该加强各国汉语教学需求的调查研究，定性与定量相结合，为制定长期战略提供科学依据。

三是汉语国际传播体制、机制与科学发展研究。汉语国际传播是新生事物，其管理体制与这项事业的整体可持续发展密切相关，项目的运行机制也直接关系到具体项目的可持续发展，如孔子学院及孔子课堂的发展问题研究，汉语教学志愿者项目、公派汉语教师项目的管理机制研究等，因此，有必要及时研究体制和运行机制方面面临的新情况和新问题。

四是汉语教学的本土化问题研究。在各国汉语教学中，本土化教材、教师、教学法相关问题的研究制约着日常汉语教学的各个方面。国别语言和文化的不同决定了对汉语教材、教师和教学法的不同要求。随着不同国家汉语需求的增长，本土化汉语教材、教师、相关教学法及教学模式等领域的研究必将成为汉语国际传播研究的重要领域。

五是汉语国际传播与国家软实力建设研究。语言传播对提升国家软实力起到积极的作用，但是，通过什么途径、影响力如何测定等都是十分值得探讨的问题。这一领域的量化研究成果对争取国家对汉语国际传播事业的投入将产生积极作用。

六是汉语国际传播典型个案研究。汉语在世界各国的传播模式各具特色，传播效果有所不同，及时总结不同个案的经验与教训，对其他国家和地区的汉语传播有借鉴意义。

七是汉语国际传播的有关标准研究。标准对一个国家或地区的汉语传播来说十分重要，没有标准，无所适从，要制定标准，就必须科学规范。因此，有必要开展适合不同国家和地区的各种汉语教学相关标准研究，如汉语教师标准、不同阶段的汉语课程标准和汉语能力标准、汉语教学大纲、汉语水平测试等方面的研究。

八是汉语国际传播的项目评估体系研究。项目评估有利于确保项目效益，汉语国际传播项目众多，有必要研发相应的指标体系，用于有关项目的评估，以确保汉语国际传播项目的效益。如孔子学院评估指标体系，志愿者及公派汉语教师的离任考评指标体系等。

九是现代教育技术与汉语国际传播研究。汉语国际传播必须与现代教育技术紧密结合，汉语和中华文化教学的多媒体化已非常普及，中国汉语教学技术产品的本土化、网络汉语教学、广播汉语教学、电视汉语教学等相关课题非常有研究和应用价值，对汉语国际传播将产生巨大的推动作用。

十是汉语国际传播史的研究。据张西平教授的观点，汉语和汉字在域外的传播始于商末周初[①]，对几千年的汉语国际传播史的研究既具有很好的学术价值，又为我们揭开了一幅汉语走向世界的历史画卷，将激励更多的汉语教学工作者投身到汉语国际传播事业，并增强其自豪感和使命感。

结　语

汉语走向世界既是中国发展的必然结果，也是中国和世界的共同需要。汉语教学已经从中国国内转到世界各地的今天，建立国际汉语教学学科已显得非常迫切。然而，长期以来，由于汉语教学主要在国内开展，人们的研究主要集中在对外汉语教学领域，甚至相当一部分研究属于汉语本体研究，与目前国际汉语教学需求和汉语国际传播形势存在较大差距。在对外汉语教学时代快速转型为国际汉语教学时代的今天，我们的学科需要与时俱进，更多地研究世界各地与汉语教学相关的各种问题，“国际汉语教学”这一名称既能反映汉语走向世界的时代特征，又能涵盖当前和未来相当长一个时期的学科内涵，同时还能为学科发展拓展更广阔的学术空间，且学术界已普遍习惯并广泛使用。我们应该顺应时代的要求，使用“国际汉语教学”这一新的学科名称替代“对外汉语教学”这一传统的学科名称。全面启动国际汉语教学学科建设，加强汉语国际传播研究，推动汉语又好又快地走向世界。

① 张西平．在世界范围内书写中国学术与文化，《世界主要国家语言推广政策概览》，外语教学与研究出版社 2008 年 8 月版。

目　　录

第一章　国际汉语教学视角的文化

1.1　文化及文化因子

人们通常所说的文化与人类学家所阐释的文化，以及语言教师所教授的文化，三者在概念上存在差异。人们通常所说的文化如《现代汉语词典》（2012）中对文化的解释，即“人类在社会历史发展过程中所创造的物质财富和精神财富的总和，特指精神财富，如文学、艺术等”。或指某一方面的内容特点，如“饮食文化”“节日文化”等。另外，汉语里常说某人“有文化”，某人“初中毕业，文化水平不高”，这里的“文化”指的是一个人的文字运用能力和知识的掌握水平。同样，英语里常常将“文化”与“教养”联系起来，比如，He’s a cultured person.（他是一个有教养的人）。

culture 源于拉丁文的“耕耘/种植”之义，最初指农业生产中的耕作、加工、栽培。而且“耕耘/种植”除了含有照料土地、饲养家畜之义外，还有照料家庭和培养道德、心智之义。后来逐渐引申为教育、培养，其中显然的寓意是文化与自然生成的区分。中世纪晚期的欧洲，culture 逐渐指道德完美与心智或艺术成就。18 世纪的欧洲，文化的集合意义强调了精神观念领域的内向性理想主义的推崇（庄孔韶，2002）。文化主要被理解为知识、信仰、道德等精神活动及其产物，并把文化同“教养”联系在一起，同原始人的“蒙昧”“野蛮”对立起来，标志着一个人受教育的程度

（李建国、杨文惠，1999）。culture 的原初概念在亚洲的传播译介以日本为早，他们选择汉字“文化”对译各类西文中 culture 的同义语，意指不动用权利或刑法，而是依靠文德进行教化。日本的一些著名辞典明确标示“文化”一词来自中国古典文献：如《易经·贲卦》的“观乎天文以察时变，观乎人文以化成天下”；如西汉刘向的《说苑·指武》里“凡武之兴，为不服也；文化不改，然后加诛”；如《后汉书·荀悦传》的“宣文教以章其化，立武备以秉其威”（《日本国语大辞典》，昭和 50 年）。人与人、人与世界之间的精神联系以及所创造的外化形式，就是文化的本义。

文化本身具有丰富内涵。迄今为止，人类学意义上的，有关文化概念的诠释多达数百种。新进化论的代言人之一 J. H. 斯图尔德（Steward）研究生态环境与文化的互动。他以生态环境对技术、行为模式以及其他文化层面的直接、间接和再间接的影响，阐明了文化生态学的要义。他指出，文化是人类适应环境的工具，各民族文化的发展因生态环境的差异而走上不同的发展道路（郭志超，2002）。

20 世纪 30 年代兴起于美国的心理人类学派，借鉴弗洛伊德的精神分析学，展开文化与人格的探讨。研究者们力图表明，文化塑造了各民族的基本人格，各民族的文化差异正是由于基本人格的不同造成的。该学派的主要代表人物林顿（Ralph Linton）是这样界定文化的，“文化乃是习得的行为及行为结果之综合体，此行为结果之组成要素，由某一特殊文化的成员所共享并传递”。他认为，人类环境是由一群有组织的个人所组成的，这就是社会；而该群体的生活方式的特征就是文化。因为个人行为模式的形成，甚至于内心深处的情绪反映，都是个人与人类环境互动的结果。他继而说明，不论何人，他必须是一个社会成员，在社会结构中占据着特定地位、身份，并扮演着特定角色。所以，他同时也是文化的享有者、传递者、修正者和发明者（庄孔韶，2002）。

基辛（R. Keesing）总结了前辈学人对文化的定义，把文化定义成“一个理念体系”（ideational system），因此，文化所指涉的是一个民族的生活方式所依据的共同观念体系，以及该民族的概念性设计或共同的意义体系。他以“社会文化体系”来取代泰勒、林顿等对文化内容列举式的理解；以“理念体系”来定位文化的精神领域，提出“属于行为”“指引行为”的模式，使文化的研究由表面了解人们的风俗习惯，转向探讨人类行为的深层意义（周德祯，1999）。

文化阐释学侧重把人的社会性行为视为象征符号并对其做动态和深度的描述和分析。其领袖人物格尔茨（Clifford Geertz）是这样解说文化的：“文化是指从历史沿袭下来的、体现于象征符号中的意义模式，是由象征符号表达的传承概念体系，人们以此达到沟通、延存和发展它对生活的知识和态度。”（庄孔韶，2002）在格尔茨看来，文化是象征和意义的系统，文化研究是对文化意义进行设身处地的“主位”理解，进而对理解进行评价，在比较好的理解中找出理解性的结论。他认为，象征的意义是文化所赋予的，而意义有两个层次，一是象征的表层意义，二是象征的深层意义。表层意义，当地人可以加以解释，对于深层意义的进一步解释，则要由研究者将象征与其所处的社会结构和群体心态联系起来加以分析，并适度纵深到历史层面，阐释象征所深蕴的文化意义（郭志超，2002）。

关于文化，我们赞同季羡林先生的观点，给文化以宽泛的界定，认为文化就是生活。正像西利（Seelye）指出的那样，与其没有意义地争论哪个文化定义最符合外在现实，对我们更有益的是探讨文化定义对于跨文化能力的教学更有用（祖晓梅，2006）。

文化因子（cultural factor）是文化体系中的重要元素，是具体文化实践的凝练。研究者从文化实践和语言交际中整合具有共同属性的文化内容，提炼出相应的文化因子。文化因子的形成不是随意的，具有相对稳定性。同时文化因子具有区别性特征，能够彰显出某一文化区别于另一文化的特质。可以说，文化因子构成了一种文化的内核，对于文化因子的解读有助于剖析该种文化的特点。另外，从语言与文化关系角度来看，克拉姆契（Krarmch）认为，语言表达文化现实、展示文化现实并且象征文化现实。语言中的文化价值是通过相互关联的语义、语法、语用等体现出来的。语言习得和交际过程中，文化因子的作用不可小觑。语言理解和运用过程必然不能脱离对相应文化因子所映射出的文化信息的感知。本章即从词语的语义角度，识别文化因子，揭示文化价值。

文化因子具有下述特点：1. 真实性。文化因子对应真实的文化内容，是客观文化现实的体现。2. 关联性。主要指语言和文化的相关性，语言反映文化意义，文化通过语言来呈现。正因为语言和文化存在你中有我、我中有你的关系，并且作为语言要素之一的词语与文化意义密切相关，因此基于词义提炼文化因子既具有说服力，又可以拓展汉语教学实践。3. 区别性。如同音位是语言系统中具有区别意义的语音单位，文化因子也是文化系统中具有区别性特征的文化单位，并通过语言体现出来。具体而言，某一文化中的文化因子内涵，与另一文化中的文化因子内涵具有区别意义。就谦敬语文化因子来说，各国文化赋予谦敬的意义略有不同。中国文化向来注重谦逊恭敬，体现在语言上有不少谦敬词。日本文化中的谦敬内涵更为丰富，甚至在语言形式上都有所反映。相比之下，欧美文化更注重平等，很难理解中国文化和汉语中的谦敬。4. 可按主题归类。本研究中的中国文化因子依照主题法归类，各因子之间具有平行关系。主题归类法可操作性强，对主题式汉语教学具有良好的借鉴意义。

对于文化因子的归类解读，我们可以参考美国学者爱德华·霍尔（Edward Hall）构建的“文化教学示意图”进行阐释和梳理。

文化教学示意图具有坚实的理论基础。它的研究基于这样一个设想：文化有生物学基础，其源泉是种种基础文化活动。图中所有信息系统都符合必要的标准。

文化的生物学基础可以通过以下案例来印证：多年前，心理学家描绘了鸡群的啄击顺序（pecking order of chickens），引人注目。在每个鸡群里，总有一只鸡啄击其他所有鸡，而绝不会被其他任何鸡啄击；在鸡群的底层，总有一只鸡被所有的鸡欺负。位于两级之间的鸡有一个秩序井然的啄击顺序，从第二到倒数第二，第二只鸡只受老大的欺负，倒数第二只鸡只能啄最底层的那只鸡。实际上，一切生物都以某种可以辨认的组合模式安排自己的生活。鸡群有啄击顺序，马群有“踢—咬”顺序。康德拉·洛仑兹（Konrad Lorenz）也描绘了两种不同形式的狗的组合模式。狗的两种组合模式的基础分别对应其祖先豺和狼的行为。狼对头狼和狼群都非常忠诚，从生到死，忠贞不渝。另外，豺的组合似乎相当松散，带有情境性特征；它们不像狼那样忠于头豺或豺群，交友多变，既容易“一见倾心”，又不会“天长地久”。组合模式长期不变，如果发生变化，那一定是由于环境的强大压力。著名人类学家林顿指出，肯尼亚的狮子过去是单独或成对狩猎。猎物稀缺时，它们就成群出猎。有趣的是，每一只狮子在群体里都有它特别的角色和功能。其捕猎程序是，狮群形成包围圈，留一只在中心守候。它们吼叫、驱赶、包围猎物，让埋伏在中心的那只狮子猎杀（Edward T. Hall，2010）。这种组合关系反映在语言上，我们可以看到不同阶层的话语形式和说话语气。在日语里，根据说话双方的地位，有严格的尊敬语、丁宁语、谦逊语之分。用汉语进行交流时，同样要考虑双方的身份，选用得体的话语。

黎天睦（Timothy Light）曾指出，为了研究两种文化的差异，可以参考霍尔《无声的语言》中的文化示意图。这个图表安排得很好，使用这个图表可以了解学生出现某种问题的原因。如果对文化感兴趣，可以很好地研究一下这张图表。用这张图表分析问题就比较客观一些（Timothy Light，1987）。文化教学示意图“类似于化学元素周期表”，有助于将文化范畴和文化项目客观归类，并且便于在教学中实际操作。其十个基本信息系统结合国际汉语教学视角的话语交际简析如下：

第一，交际互动：语言是高级的互动模式之一，我们常常通过话语进行信息交流，在运用话语交际时，往往会辅以各种语气和非言语的手势动作。

第二，组合关系：社会及其元素组织构造的各种形式。如不同阶层的话语特点有所不同。在中国强调尊师重道，所以与老师对话要表现出尊重，在称谓上一定要称呼某某老师，而在一些西方国家，师生关系平等，互相可以直呼其名。

第三，生存方式：从个人的饮食习惯到国家的经济，无所不包。在语言运用上，很多行业都会存在反映本行业特点的特殊词汇。

第四，性别差异：一切文化都有男女之别。男人和女人存在不同的行为方式和话语特点，比如大部分男同学喜欢与政治、经济相关的话题，而女同学则相对喜爱谈论饮食等生活方面的话题。

第五，空间观念：行为学者用“领地欲”一词来描绘生命有机体占有、适应和捍卫领地的行为。比起一些欧美国家，大多数中国人并不过分强调人际交往时的空间距离。

第六，时间观念：时间在许多方面与生活相连，不容忽视，如不同文化的工作、休闲时间，各种周期和节律等。

第七，学习方式：人们在不同的文化中学会不同的学习方式。例如美国文化强调动手是一种学习原理。

第八，游戏活动：游戏和学习关系密切，如果你学会并掌握了一个民族的幽默，你几乎掌握了其余的一切。在汉语教学中针对不同的对象设计合适的游戏活动，往往会很好地促进教学。

第九，防卫行为：对人类和动物而言，防卫都是极端重要的特殊活动。人类开发了各种防卫技术，不仅将其用于战争，而且将其用于宗教、医疗和执法，因而产生了相应的专门用语。

第十，开发利用：为了利用环境，一切生物都要使自己的身体适应环境条件。如衣服和住宅是生物体温度控制机制的延伸。器物和语言关系尤其密切，不仅每一个器物有名字，而且其使用方式常常大同小异。没有语言或器物，文化是难以想象的（Edward T. Hall，2010）。

本书结合霍尔的文化示意图，剖析汉语动物词所体现出的中国文化因子与文化内涵，以期为进一步勾勒中国文化的框架及特点奠定基础。

1.2　语言与文化

从大约200万年前到大约1万年前为止，整个世界其实同时存在多种不同人种。在欧洲和西亚的人类成了“Homo Neanderthalensis”，一般简称为“尼安德特人”（Neanderthals）。比起我们这种“智人”（Homo sapiens），尼安德特人更为魁梧，肌肉也更发达，脑容量更大，非常适应西方的欧亚大陆在冰河时期的寒冷气候。但是在大约3万年前，尼安德特人退出了世界舞台，而我们智人成了人类最后的物种。智人胜出的秘籍是什么？智人之所以能征服世界，是因为有独特的语言。智人的语言并不是世界上的第一种语言。每种动物都有着某种语言。就算是蜜蜂或蚂蚁这些昆虫，也有极精密复杂的沟通方式，能够告知彼此食物所在。甚至，智人的语言也不能说是第一种有声的语言。因为许多动物（包括猿类和猴类）都会使用有声语言。例如，青猴用不同的喊叫方式传达不同的信息。动物学家证明，青猴的某种叫声代表“小心！有老鹰!”而稍微调整一下会变成“小心!有狮子!”研究人员把第一种叫声放给青猴听，青猴立刻恐惧地望向天空。听到第二种叫声，青猴会立刻冲到树上。人类语言的独特之处在于能够传达一些根本不存在的事物的信息。据我们所知，只有智人能够表达关于从来没有看过、碰过、耳闻过的事物，而且讲得煞有介事。在距今7万到3万年前，智人出现了新的思维和沟通方式，即所谓的认知革命。无论是人类还是一些动物，都能大喊：“小心!有狮子!”但认知革命后，智人能够说出“狮子是我们部落的守护神”这样虚构的事物正是智人语言最独特的功能。虚构可以让人类想象，更重要的是可以一起想象，只要同样相信某个故事，就能与无数陌生人合作。正因为如此，智人统治了世界。认知革命以来，智人一直生活在双重的现实之中。我们有河流、树木、狮子这种确实存在的客观世界，也有如传说、神、国家这种想象中的现实。智人发明出许许多多想象的现实，也因而发展出许许多多的行为模式，而这正是我们所谓“文化”的主要部分（Yuval Noah Harari，2014）。

在语言学家的眼里，语言是人类最重要的交际工具；在人类学家的眼里，语言是文化行为的方式；在社会学家的眼里，语言是社会集团成员之间的互相作用；在文学家的眼里，语言是艺术媒介；在哲学家的眼里，语言是解释人类经验的工具；在语言教师眼里，语言是一套技能（R. R. K. 哈特曼、F. C. 斯托克，1981）。在实际交往中，我们离不开语言，然而，我们运用话语进行交际时，为什么有的话语行为是成功的，达到了交际目的，而有些话语行为没有获得成功，交际失败，甚至导致了误解。因为语言的运用受到其背后文化规范的制约，符合交际双方的文化规约，话语行为就可能达成交际成功；反之，就可能带来交际误解。语言不仅能够反映使用该语言共同体的凝聚意识，而且是构建共同体的手段。因而，我们应当将语言放在它所处的社会和文化环境中加以研究。

德国语言学家洪堡特（Wilhelm von Humboldt）较早注意到语言与文化之间的关系。他指出，语言是民族的基本特征，是民族精神的外在表现，语言研究不能脱离社会，应该与历史文化、风俗习惯的研究相结合。每一个人，不管操什么语言，都可以被看作一种特殊世界观的承担者。世界观本身的形成要通过语言这一手段才能实现……每种语言中都会有各自的世界观（威廉·冯·洪堡特，1999）。索绪尔（Ferdinand de Saussure）也曾强调，一个民族的风俗习惯，常在它的语言中有所反映；另外，在很大程度上，构成民族的也正是语言（费尔迪南·德·索绪尔，1999）。后来美国语言人类学家沃尔夫（B. L. Whorf）在调查印第安语言的基础上，提出了语言相对论（linguistic relativity），即萨皮尔-沃尔夫假说（Sapir-Whorf hypothesis），认为语言决定着语言使用者的思维和感觉。虽然这一论点受到不少学者的质疑，但是语言与文化的密切关系毋庸置疑。

语言是社会组织的产物，是随着社会发展进程而演变的，所以语言应该看作社会意识形态的一种。……高黎贡山的俅子（独龙族）和北美印第安的怒特迦族都把结婚叫作“买女人”，尽管现代的社会风俗已经变迁，终究掩饰不了买卖婚姻的遗迹。《说文》里从“贝”的字都跟钱币有关系，足见在“秦废贝行钱”以前，曾经有过“货贝而宝龟”的货币制度。由此可见，一个时代的客观社会生活，决定了那个时代的语言内容；也可以说，语言的内容足以反映出某一时代社会生活的各种现象。社会的现象，由经济生活到全部社会意识都沉淀在语言里面（罗常培，1996）。中国文化中有很多旧时的行为现象已经消失，然而表现这种行为现象的语言依然存在。在中国古代妇女有缠足的风俗，女性从幼儿期开始就将双脚用布裹紧，使得脚骨变形，脚背高高隆起，脚形变尖变小，当时的人们都以女性的三寸金莲为美。虽然现代社会缠足的现象已基本消失，但是缠足的概念反映了当时社会人们的审美观和对妇女的压制。

美国语言人类学家海姆斯（D. H. Hymes）强调，语言和社会生活的结合是一种积极的有益现象，实际上存在着一种语言运用的社会规则，不掌握它们，语法规则便毫无用处。克拉姆契也主张，第一，语言表达文化现实。人们在使用语言时，用词造句都是为了表达一种共同的经验。第二，语言体现文化现实。一个文化社团的成员不仅用语言来表达共同经验，同时他们也通过语言来创造经验。第三，语言象征文化现实。语言作为一种信号系统，具有特别的文化价值（孙广治，2004）。汉语的文化背景推崇的是一种“人际间的温暖”式的价值观，因而人与人之间互相关心，嘘寒问暖。反映在语言运用上，有些中国人熟人见面，看到天冷了，对方还穿得比较单薄，免不了关爱地说一句“天冷了，多穿点儿。”这表示关心，完全是好意。可同样的话，用在欧美人身上就不那么顺耳了，“It's rather cold，you should wear more clothes.”他们会不高兴地认为，我自己知道穿多穿少，你当我是小孩子。糊里糊涂，连穿衣服这样的事还要别人来教。这是一句普通的话，但很容易产生误会。这种文化对外语学习影响很大，又不容易学，只学习正式文化，不能解决这个问题（Timothy Light，1987）。

关于语言与文化的关系，各派语言学家有不同的观点，但归纳起来，大体可归为两类：一类着眼于语言的文化性质，一类着眼于语言的文化价值。所谓语言的文化性质，指的是语言本身就是文化，是一种文化现象。语言是文化的凝聚体，是文化总体的一个组成部分。所谓语言的文化价值，指的是语言包含着丰富的文化内容，是体现文化和认识文化的一个信息系统，即语言与语言之外其他文化现象的关系问题，诸如语言与文学、哲学、宗教、历史、地理、法律、风俗以至于物质行为、社会制度、思维方式、民族性格等文化现象的相互关系问题（张公瑾，1998）。这恰好可以简单对应国际汉语教学中，语言要素中的文化教学以及面向汉语学习者的单纯的文化内容教学。语言是学习文化的主要工具，同时，学习一种语言也能够获得该语言所承载的文化。语言要素中的文化教学主要指在进行汉语语音、汉字、词汇、语法教学过程中，都会或多或少地涉及文化问题。因为语言本身就是一种文化现象。单纯的文化内容教学主要指向汉语学习者传授与汉语相关的中国文化内容，如中国人的特点、价值观、思维方式、风俗习惯以及制度国情等。但这些内容的讲解介绍都是为汉语学习服务的，是以提高汉语交际能力为前提的。

语言是文化的载体，文化是语言的环境。文化在很大程度上给人们编排了思维和言行的程序。从我们投入母腹直至告别人世，我们的文化始终以一种不可抗逆的方式影响着我们。文化限制并规定着我们感受世界和形成观念的过程，以至于我们逐渐形成一些由文化决定的感知定式（perceptual sets）。感知的相似性，使得同一文化内共享意义（sharing of meaning）成为可能。我们交际的方式、交际的特定环境，我们所用的语言和语言问题以及我们的非言语行为，基本都是我们文化的反映或作用。交际是带有文化色彩的，因为文化有差异，来自不同文化的个人的交际实践和行为方式也不同。文化和交际是不可分的，因为不仅人们在语言交际中的主次关系，说话内容和先后顺序等是由文化决定的，文化还有助于决定人们如何将信息编码，如何赋予信息以意义，以及是否可以发出、接收、解释各种信息的条件和环境。实际上，我们的全部交际行为，几乎都取决于我们生长所在的文化。所以，文化是交际的基础。有不同的文化，就有不同的交际实践（萨姆瓦等，1988）。

在非目的语环境，汉语的文化特征表现得并不十分明显，比如在美国、日本、泰国，语言的文化环境是美国、日本、泰国的文化，汉语学习者在本国文化的大环境里不太会有机会遇到中国文化方面的交际问题。但在目的语环境，即中国的文化语境中，运用汉语进行交流，在实际的话语交际中会遇到很多现实问题。一位泰国汉语国际教育专业硕士研究生的汉语水平已经很高了，用汉语进行日常交流和学术论文的撰写完全没有问题。他就提出这样一个很令他困惑的问题：如果我去买东西，应当怎样称呼卖东西的人呢？如果对方是女性，我叫她“美女”“小姐”“大姐”“阿姨”还是“老板”……由于汉语里称呼很复杂，留学生在与中国人打交道时，常常不知如何称呼对方。

外国留学生用汉语进行交流，往往会遇到不少文化问题。正如一位法国留学生所言：“如果不了解中国文化，我不能领略唐代的诗歌，这不是语言的问题而是文化的障碍。如果没有文化背景，我什么都不懂。文化和语言是不能分离的。如果要深入地了解一个国家的文化，应该先学会这个国家的语言；同样，如果要学一种语言，必须要掌握使用这一语言的人们的历史、文化、文学……”

文化对语言的影响和制约表现在语言要素的方方面面。在语音方面，汉语里有很多谐音，不少幽默、禁忌、吉利话都和谐音有关。过年时不小心打碎了东西，马上要说“碎碎平安”。年夜饭少不了“鸡”和“鱼”，因为鸡象征着吉利，鱼代表年年有余。汉字和文化的关系也极为密切。汉语中表现思想、感情的汉字大都从心旁，如思、想、感、情、念、愿、愁、忠、怒、恕等，因为中国先人认为“心之官则思”。同样，语法结构也是思维特点的反映。汉语中主谓宾的顺序是“主语+谓语+宾语”，而日语的顺序是“主语+宾语+谓语”。所以我们说“我吃饭”时，日语的表述是“我饭吃”。在语言的各要素中，词汇和文化的密切关系是非常突出的，特别是文化对词义的影响更为强烈。中国古代尚东、尚南，对西方和北方缺少好感，如汉语中的“败北”“喝西北风”等。此外，汉语里的“西风”会让人产生瑟瑟凉意，而“东风”指春天的风，但英国由于地处西半球，报春的是西风，所以，英国诗人雪莱用《西风颂》来赞美春天。

1.3　国际汉语教学与文化

语言是文化的一部分，语言孕育于文化之中。文化影响语言的运用，要熟练掌握一种语言，就应了解其文化内涵。换句话说，不了解语言背后的文化是无法真正掌握该语言的。语言与文化的关系可分为广义的语言与文化，以及语言教学角度的语言与文化。

文化在语言教学中的作用在美国正式受到注意，可以追溯到1953年夏季。当时密执安大学就“通过学习外语了解文化”(Developing Cultural Undersdanding Through Foreign Languag Study)举办了为期四周的讲座。讲座所涉及的语种是法语、德语、西班牙语和英语，这表明与会者都是研究西方语言的。1959年，根据国防教育法案（NDEA）确定了一个研究项目，研究美国与欧洲国家的文化异同。1960年春，以“语言学习中的文化问题”为题召开了东北地区外语教学会议（the Northeast Conference on the Teaching of Foreign Languages)。这次会议，有一位在文化与语言训练关系问题上多有著述的教育工作者 H. Ned Seelye 认为是“不成功”的。因为在讨论中虽然把文化问题摆在了首位，但是出席会议的学者和教育工作者的主要兴趣却在语法和文学方面。十二年后，又举行了第二次讨论文化问题的东北地区会议。Seelye 指出，在这次会议上“进一步承认了外语课中讲授文化的合法性，至于如何与课堂教学结合起来则进展甚微”。1975年，马里兰大学的 Guenter Pfister 编印了一部《通过了解文化学习语言》（*Language Acguisition Though Cultural Awareness*）的文集。所有作者都确认，文化为语言教学中不可缺少的一部分。他们基本接受了 Edward

Hall 在《无声的语言》(*The Silent Language*) 对文化所下的定义和对文化所做的观察 (Adele Austin Rickett, 1980)。

创建于俄罗斯的语言国情学同样主张寓外语教学于该语言的民族文化背景之中，并以此出发建立了一整套教学法体系。1975年参加赫尔辛基欧安会的35个国家代表也一致认为，必须鼓励把外语教学与研究有关国家的文化恰当地结合起来（杨藻镜，1991)。并且一些学者指出，文化学习深切关注的是规范、价值、态度、信仰等主观文化的因素。

克拉姆契主张，教授一种语言就是教怎样塑造一堂课的上下文，这堂课既是单独的个体学习事件，又是一个社会的缩影。教学场景，每个参与者所扮演的角色，教学活动的目的，对话的课题，语气、模式、互动的规范以及各种任务的类别都集中在课堂上。通过外语而塑造上下文的各种途径将决定学生被允许探讨、发现和交流的那些意义。越是能鼓励他们发现更多的潜在意义，他们的学习机会就越丰富（陈申，2000)。语言课堂是社会文化的缩影，在语言课堂教学中，结合语言结构和功能，介绍相关影响语言理解和运用的文化知识，能够削减学习者因不了解文化内涵而产生的文化误读和文化困惑，同时能够帮助增强学习者对于目的语文化的敏感性。

汉语中的“以后再说”“下次再说”有时表示委婉的拒绝，但汉语学习者常常会根据字面意思来理解。一位马来西亚留学生认为，中国人有时候不清楚地说“行”或“不行”。比如说，请中国人吃饭，他们不说什么时间就说“下次再说”；请第二次的时候又说“以后再说”；最后的结果是“回头再说”。这时她才发现这可能是中国人的习惯。我们在课堂上也遇到过这样的问题，有一个根据书中短文判断句子对错的练习，让学生根据课文内容判断“下次再说”是不是表示“行”的意思，结果大部分留学生的答案显示，他们理解“下次再说”就是表示“行”的意思。可见，很多时候，语言教学中文化背景的讲解对语言的掌握是至关重要的。

“二战”前，文化指目标社会（target society）在艺术、音乐、戏剧、社会科学等方面取得的成就。“二战”后，文化指目标社会人们的生活方式，比如人际关系、家庭生活、价值系统、哲学等。前者被布鲁克斯（Brooks）称为“形式文化”（formal culture），又称为“大写C文化”（Culture with a capital C）；后者称为“深层文化”（deep culture），又称为“小写c文化”（culture with a small c）（Sterm. H. H.，1991）。这样来区分文化概念的意义在于，语言是交际的桥梁，第二语言教学中所涉及的文化教学主要是那些影响交际规约、生活方式、思维方式以及价值观念等的深层文化，而非形式文化（张英，2006）。这样粗略的划分确实在某种程度上使问题得到简化，但是对于不断发展、并有讲求精细化趋势的语言教学来说，这种二分法略显简单。

美国“21世纪外语学习标准”（Standards for Foreign Language-Learning in the 21st Century）中明确将“了解并获得其他文化的知识”作为外语学习的标准之一，并提出“5C”，即Communication、Cultures、Connections、Comparisons、Communities。前苏联语言国情学奠基人曾经说过：“培养语言交际能力必须具备与该语言相关的社会文化知识。”同样，汉语学习离不开对汉语所承载的文化的理解。学习和掌握汉语的过程，也是了解汉文化的过程。

学习汉语的同时要学习中国文化，林国立认为，汉语教学中的文化“是一个语言教学范畴的概念，属于应用语言学的范畴，是外国人学习和理解汉语，使用汉语与中国人打交道的时候需要掌握的那种文化，是语言学习和使用过程中涉及的文化”（林国立，1997）。比如汉字“休”，不知道它的来源，光靠记忆印象不深。所以学习汉字时，听老师介绍汉字的来历，看老师用图画的方式展示汉字，这样就容易记住。另外，学习成语必然要涉及文化，不了解成语背后的故事，很多成语不管学了多少遍也记不住。不理解文化背景，学习者在很多情况下理解不正确，汉语里很多词语具有丰富的文化内涵。比如，中国人会说“什么时候喝你们的喜酒？”“喜”和“酒”都学过，外国人可能会想：“喜”是“喜欢”，那么，“喜酒”可能就是“喜欢的酒”。这样的误解是由于对文化的不了解造成的。因此，要掌握一种语言，应该同时了解那个国家的文化，这样才能深深地进入这种语言，否则很难真正地掌握该语言。①

很多汉语学习者都有同感，他们认为文化和语言是密不可分的，讲解语言时不让学生理解最基本的文化是巨大错误。非常明显，所有好的语言老师也应该是目的语文化的内行，当然，讲语言的时候也可以不介绍文化方面的知识，但这样让学生很难学会这种语言。不理解文化背景，学习者在很多情况下用词不得体，比如请同事吃饭、结婚祝福、送礼物时，不知怎样表达才恰当。他们同样也搞不清楚“福”字为什么是倒着贴的。我认为讲语言的时候，这些东西应该是一起讲的。这样做，第一是为了让学生更好地理解目的语；第二是吸引他们的注意力；第三是使学生在学习过程中收获知识。总的来说，任何语言教学都无法避免文化教学，不能使学生学习语言的同时习得文化的老师是不称职的。如果世界上真有这样的老师，我个人希望，没有任何地方聘用他教学生。②

一位加拿大汉语学习者认为，要掌握一种语言，无论是汉语、法语还是英语，应该先了解那个国家的文化，这样才能够深深地进入这种语言，要不永远不可能真正地掌握该语言。拿汉语来说，如果不懂中国文化，包括它的历史，有些成语，不管学了多少次

① 根据泰国汉教硕士的访谈，2012 年。
② 根据捷克汉教硕士的访谈，2011 年。

也记不住。比如“坐山观虎斗”，只有了解了它的背景故事才可以掌握。

关于外语教学中应当融入哪些文化内容，目前尚无定论。以下几种观点较具代表性：吕必松、赵贤洲、张占一等学者主张将汉语教学过程中的文化教学内容分为交际文化和知识文化；陈光磊认为，汉语教学中的文化导入应当包括语构文化、语义文化和语用文化三部分；魏春木、卞觉非将汉语教学中的文化内容概括为文化行为项目和文化心理项目；束定芳、庄智象主张，外语教学中的文化导入，既涉及语言文化的关系，又要考虑外语教学的需要，因而建议将文化导入内容划分为词语文化和话语文化两个类别。可以看出，不管是交际文化、语义文化、语用文化，还是文化行为项目、文化心理项目，抑或是词语文化、话语文化，其理解和运用均涉及“意义”，这里的“意义”既包含理性意义，更主要的是文化意义。因此，我们要围绕语义的互动来解读文化含义。

参考文献：

[美] 爱德华·霍尔（Edward T. Hall）. 无声的语言 . 河道宽译 . 北京：北京大学出版社，2010.

陈申 . Kramsch 的后结构主义语言文化观 . 语言教学与研究，2000（1）.

[瑞士] 费尔迪南·德·索绪尔著 . 普通语言学教程 . 高名凯译 . 北京：商务印书馆 .

郭志超 . 20 世纪文化人类学理论的两大流向 . 厦门大学学报（哲学社会科学版），2000（2）.

李建国，杨文惠 . 对外汉语教学中的文化导入特征：从语言的文化本质谈起 . 华侨大学学报（哲学社会科学版），1999（3）.

[美] 李又安（Adele Austin Rickett）. 对外汉语教学中文化问

题的认识发展过程．语言教学与研究，1980（4）．

［美］黎天睦（Timothy Light）．现代外语教学法：理论与实践．北京：北京语言学院出版社，1987.

林国立．构建对外汉语教学的文化因素体系——研制文化大纲之我见．语言教学与研究，1997（1）．

罗常培．语言与文化，北京：语文出版社，1996.

日本大辞典刊行会．日本国语大辞典（第 17 卷）．东京：小学馆，昭和 50 年．

［英］R. R. K. 哈特曼，F. C. 斯托克．语言与语言学词典．黄长著等译．上海：上海辞书出版社，1981。

［美］萨姆瓦等著．跨文化传通．陈南、龚光明译．北京：生活·读书·新知三联书店，1988.

孙广治．多元文化氛围下的语言文化教学若干问题研究．黑龙江高教研究，2004（4）．

［德］威廉·冯·洪堡特．论人类语言结构的差异及其对人类精神发展的影响．姚小平译．北京：商务印书馆，1999.

杨藻镜．从第二语言教学看语言与文化——论语言文化教学原则在中国俄语教学中的贯彻．解放军外语学院学报，1991（5）．

［以色列］Yuval Noah Harari．人类简史：从动物到上帝．林俊宏译．北京：中信出版社，2014.

张公瑾．文化语言学发凡，昆明：云南大学出版社，1998.

张英．对外汉语文化因素与文化知识教学研究．汉语学习，2006（6）．

中国社会科学院语言研究所词典编辑室编．现代汉语词典（第 6 版）．北京：商务印书馆，2012.

周德祯．教育人类学导论——文化视点．台北：五南图书出版有限公司，1999.

庄孔韶．人类学通论．太原：山西教育出版社，2002.

祖晓梅．主观文化与第二语言教学．南开语言学刊，2006（2）.

Sterm. H. H. Issues and Options in Language Teaching. 孟贵贤、王国萍摘译．London Oxford，1991.

第二章　语义的文化互动

2.1　语义的文化背景

语言的特性是民族精神特性对语言不断施与影响的自然结果。一个民族的人民总是以同样的独特方式理解词的一般意义，把同样的附带意义和情感色彩添加到词上，朝同一个方向联结观念、组织思想，并且在民族智力独创性与理解力相协调的范围内同样自由地构造言语，于是这个民族便逐步使其语言获得了一种独一无二的色彩和情调，而语言则把它获得的这类特征固定下来（威廉·冯·洪堡特，1999）。

索绪尔认为，语言作为特殊的符号系统是概念和声学形象之间的融合。语言的形式和内容的关系是任意的，语言的意义也是人为添加的，同时，能指和所指的结合是约定俗成的。正因为约定俗成，才衍生出了绚丽多姿的文化意义。这里约定俗成的前提条件是共同特定的文化背景。我们假设符号的概念意义是相同的，但它所附加的表征意义就因文化不同而大相径庭（李朝辉，2008）。不同语言里都有“鸭蛋”一词，指鸭子下的蛋。中国人通过鸭蛋的外形联想到数字0，所以也用“鸭蛋”借指零分。意大利学者乌蒙勃托·艾柯（Umberto Eco）认为：确定符号所指物为何的某种企图，都迫使我们去根据抽象实体界定所指物，而这种抽象实体充其量是一种文化规范。对这些文化单位的表现形态的认知，就包括把语言理解为一种社会现象（乌蒙勃托·艾柯，

1990)。只有把语言理解为一种社会现象，同时使这种社会现象与整个文化范式联系在一起，才能为语言的意义寻找一种可能的阐释语境。在这一阐释语境中考察语言的意义，才可能给予语言意义一种合理的定位（李红，2005）。

20 世纪 70 年代中期，英国著名语言学家利奇（G. N. Leech）将语义放置于社会文化背景之中，突出了交际功能。他在《语义学》一书中，将词的意义归纳为七种类型：1. 理性意义；2. 内涵意义；3. 社会意义；4. 情感意义；5. 反映意义；6. 搭配意义；7. 主题意义。利奇还把其中 2、3、4、5、6 五种意义统称为“联想意义”（Leech，G. N.，1974）。另外，利奇也提出，除了主题语义，词义可以简单分为理性意义和联想意义两大类。理性意义是一种可以从词典里查到的意义，是语言交际的核心因素，是语言中不可缺少的组成部分。联想意义主要指看到或听到某一事物时所做出的反应或说话人及听话人对事物的看法及态度，它来源于语言所处的社会及文化，也可称为社会文化意义（杰弗里・N. 利奇，1987）。如果说概念意义是所获得的意义，那么联想意义则是人们在使用语言时情感上的反应，并从广义上显示出特定语言集团的社会文化特征，因此被称为社会文化意义（social-cultural meaning）（邓炎昌、刘润清，1989）。可以说，词汇的文化伴随义，是词汇概念意义之外被赋予的社会文化背景和心理情感的附加意义。汉语中“方便”一词的理性意义是便利、适宜的意思，同时，它含有“手头有富余的钱”和“排泄大小便”的委婉义。

维列夏金与科斯托马罗夫共同发展出语言国情学的核心理论——词汇背景理论，为词汇的非概念意义的分析提供了理论与实践框架。20 世纪 90 年代以来，两位学者发展了他们的词汇背景理论，先后提出了含义切分法和言语行为策略理论。在此基础上，他们进一步将词汇背景理论和言语行为策略理论综合在一起，提出了具有普遍意义的语言文化学新学说——语言信息单位理论。

两位学者认为，语言单位的语义结构深层蕴含着丰富的民族文化语义，采用含义切分的方法可以将语言与文化相互作用的研究具体化、对象化，是利用语言学手段研究语言单位及其集合中蕴含的民族文化语义。在他们看来，语言信息单位正是社会文化记忆对现实的表现凝结在说话人的意识中的印迹的语言表达，这种印迹是说话人获取民族文化和世界文化精神价值在语言符号中的凝缩。语言信息单位就是要揭示隐藏在语言符号能指之后作为所指的文化含义，语言信息单位就形成了一个两层的语言符号系统，语言层面作为能指，文化层面是其所指。通过语言符号，语言信息单位表达的是知识、思想、传统、风俗、迷信、禁忌、民族观念、性格等特征（彭文钊，2008）。词汇是语言的基础，同时也是社会生活的产物，它与特定的社会文化、历史背景、习俗制度、行为规范、民族心理等密切相连。词语所包含的文化内涵更是受到这些因素的影响。中国社会曾有很长一段时间存在重男轻女、男尊女卑的观念，三纲五常强调“夫为妻纲”，并且要求妇女“三从四德”。但社会在进步，观念在更新，新社会男女平等，妇女也能顶起半边天，所以“半边天”被赋予了“新社会的妇女”的文化含义。

意义系统是人类文明历史成果的总和，它永远处在绵延不绝的历史文化传承过程之中。每一个解释者都必须站在传统的基础上，从某一个历史片段入手来进行理解与解释（彭文钊、刘玲，2006）。大体说来，文化词语除了具有一般语言义之外，总是或多或少、或隐或显地与一定时代的社会文化意识相联系；客观事物、现象总是内敛着特定的文化因子，表现出人们的心理状态、思维方式、思想观念、审美理想等。因此，汉语词汇库中一切包含了特定思想、道德、伦理、观念形态的意义，都是文化词义，它是汉语词义中理念化了的抽象意义；一切附加了象征、比喻、借代、联想等词义成分的意义，都是文化词义，它是汉语词义中特别形象化了的色彩意义、附属意义和联想意义；一切蕴藏了特定文化基因，与文化直接或间接联系的具体事物、现象所表现的意义，也都是文化意义，它是打上了深深的时代烙印和鲜明的民族特征的意义（毛远明，2004）。文化伴随义离不开特定的文化背景，语义是民族性的一种表现，它反映使用该语言的国家的历史文化和民族风俗，具有民族文化特色。也就是说，语义在反映概念的基础上增添了附加的民族文化色彩，离开民族文化背景，难以准确理解词语的含义（王德春，2002）。汉语中有大量成语、谚语、歇后语，很多词语背后多有历史典故、神话传说，如果离开了这些历史文化背景，理解和学习起来都会有不少困难。

语言意义的形成根植于我们对事物感知的原初经验，这种原初经验是语言表意系统的基础。在这一原初经验中，我们直接面对事物而不是指称事物的抽象符号。面对事物本身即是面对经验的原初在场，事物的在场方式构成了我们与事物的最初关系，语言符号只是用来指称这一关系。因此，我们的思考便是在一种远离事物的抽象的意义空间中进行的。这一意义空间包含着特定的人类群体共同的经验。恩斯特·卡西尔（Ernst Cassirer）指出的人是一种符号的动物的意义即在于此。人是一种符号动物指人是依赖整个符号系统来与世界以及自身进行交往的，是在一种意义的转换之中完成自我与自我、自我与他人、自我与世界交流的。总之，语言及其意义是与整个民族的文化紧密相连的。某一民族的感知事物的方式积淀和被抽象化为一种表意逻辑，这一表意逻辑所形成的语法系统又反过来规定了这一民族的言说方式。一种语言方式同时是一种思想方式，它受制于某一民族的文化规范（李红，2005）。中国的亲属称谓中，父系亲属中的父辈男性分长幼，比父亲年长的称伯，若小于父亲的称叔，而父系亲属中的父辈女性却不分长幼，统称姑；另外，母系亲属中的父辈男性也不分长幼，统称舅。从汉语中的亲属称谓我们可以了解到中国的传统社会是重父系，而轻母系。

语言承载着特定的文化内涵。不同的文化背景制约着语义的形成和发展，同时也影响了词语的理解和运用。文化内涵的揭示有助于汉语学习者更好地理解汉语词汇的意义。В. Г. Костомаров指出，外语教学实际是教授交际，教授不同文化间对话的基础。Е. М. Верещагин 和 В. Г. Костомаров 认为任何语言的词语中都携带有一定的民族文化成分，词由词位和义位构成，分别对应词的表达平面和内容平面。而义位由若干义素构成，义素包括概念义素和非概念义素，非概念义素的总和即为词汇背景。例如：俄语名词 сова 在词典中的解释就是一种动物，猫头鹰，不过在俄罗斯有些大学的门口却摆放着石头雕刻的猫头鹰，俄罗斯人解释说，这是“智慧”的象征，在希腊神话中，它是智慧女神雅典娜的原型。在这里，“智慧”就是 сова 一词的背景义素。这正如中国人在门前摆放石狮子，为的是镇宅护院，但汉语词典中同样没有这个义项阐释（杨洁，2010）。

Вежбицкая 在《通过关键词汇理解文化》一书中指出，文化的语义视角是文化分析中不能忽视的一个组成部分。语义的涉猎范围非常广泛，所以词汇语义研究在文化分析中的作用最明显和突出。语言中不仅有那些能反映使用同一语言的人们特有的生活方式的词汇：物质文化、社会仪式和规约制度，而且还有能反映并影响这个语言共同体内人们的价值观、世界观、理想、信念的语言词汇单位，它们就是我们赖以理解一个民族基本价值观念的钥匙。Вежбицкая 认为通过详细、系统的词汇语义分析方法就能证明文化内涵与词汇的关系，从而就避免通常对文化现象进行的那种含糊不清的、不可靠的概括（杨洁，2010）。文化因其涵盖的内容包罗万象、纷繁复杂，至今对它的研究还需要不断深入。以词汇为切入点，从词汇的角度对文化现象进行概括和阐释或许不失为一个好的思路。

词汇是语言中最活跃的部分，社会生活的变迁，文化的发展无不记录在词汇当中。词汇见证了社会文化的发展。语义体现人们对客观世界的认知。很多基本义相同的词语，在不同文化背景中形成了相异的联想义、色彩义，以及某一文化特有的事物或概念。理解意味着建立起某种联系。词语的文化义是一种客观存在，因此国际汉语词汇教学中，为使学生正确把握汉语词义，无论是词汇理解方面，抑或是词汇运用方面，都要充分考虑词语背后的文化因素。

2.2　语义的文化互动

文化是一张意义之网，这张网由同属某个社会文化群体的人们合力编制完成。只有在意义网路到达的地方，以及意义内涵共通的世界，声音和事件才能被了解，讯息才能经由传达而镶嵌入共同意义体系。同样，只有共同拥有这张意义之网的人们，才了解其中的意义，也才能互相作用、建构意义。与此同时，格尔茨也指出，文化是人类个体的集体创作，它固然有可能先于个人存在，但作为沟通体系，它必须靠个人学习、思考和理解来完成体系的运转，所以文化的面貌受到人类心智和头脑结构的塑模与限制（周德祯，1999）。可以看出，文化是某一群体共同创造出来的，同时也为该群体所共享。

同理，语义也是某一群体约定俗成的。语言是符号系统，它具有象征意义。意义的一个基本特征是语言编码系统。通过语言，我们能够摄取外部刺激所提供的原料，并且通过给这些类别命名和定义而产生意义。最终，我们学会将经验进行语言编码，以便能记起它们，熟练地使用它们并跟别人分享；而且通过表达我们经验的言语的使用，把它们跟别人的经验联系起来，进而代表它们。如此，意义跟我们的语言产生了联系，并且取决于我们用什么样的语言去描述。应该说，人本身持有意义，词激起了存在于人的意义。每个人来自他自己的个人背景，自行决定着某一符号的意义。只有当人们在持有相同经验或者能够预期相同的经验时，他们才持有相同的意义。具有各种不同的背景和经验，能够使意义有所变化（萨姆瓦等，1988）。中国人提到白酒，马上会想到“茅台”“五粮液”等名酒，一般是粮食酿造的。法国也有白酒，而法国的白酒是水果酿造的，中国白酒和法国白酒的酿造方式也不相同。此外，在中国，白酒中有很多高档名酒，而在泰国，喝白酒的大多是穷苦人，比如搬运工。词义在不同的背景和经验中发生了变化。

每种语言都有自己的特点或是独特之处，词汇以及表达它们的方式是每个民族所特有的。努内斯·德莱昂开列出了一份清单，罗列出了他认为不可译的葡萄牙语的单词和短语，其中包括“saudade”（意思相当于“怀念”或“思乡”）一词。这个例子至今仍经常被引用（彼得·伯克，2007）。正如美国语言学家拉多（Lado）认为：“人们将生活转化成经验并赋予语言以意义，是受到文化的影响制约，各种语言由于文化不同而相互区别，有的语义存在于一种语言之中，而在另一语言中却找不到踪影（Lado，Robert，1957）。”

文化与语言是相呼应的，表现在词汇层面上，某一种文化内涵在其语言中有相应的词语表达，而在另一种语言中则缺少相应的词汇。弗雷克（Charles O. Frake）在 1961 年对菲律宾的一个土著部落疾病诊断文化进行研究。他分析了这个部落语言中 186 个疾病名称和 724 种草药名称，发现这些病名可以表示各种各样当地疾病的性状和特征。但大部分名称在英语中没有对应的单词可以代替。为了表达同样的病症，英语必须使用解释性的语句，但本地语却有明确的术语。草药的名称也同样反映了本地的文化，而且制约了诊断思路和治疗方法，也规定了消灾解难、为病人祈福的办法。当然，用英语也可以介绍这一切，但英语不能反映出只有土著人民才能感受到的那种语言与文化的内在联系（潘永樑，1994）。

空缺词通常具有一定程度的不可译性，具有相对独特的文化意象，同时也是民族文化生活方式的反映。受生态环境、生活条件、社会制度、思想观念等方面的制约，汉语中亦存在不少其他语言缺少的对应词，如梯田、戈壁、熊猫、旗袍、四合院、八股文、科举、改革开放、红娘、黄道吉日、风水、叩头、麻将、武术、纸老虎、八卦、胡同、火锅、饺子、粽子、气功、阴、阳等。

词汇具有多重属性，从不同的属性角度进行剖析便形成了不同研究。意义是表达的基础、交际的核心。实际上，掌握一门外语的前提条件就是认识新的语言世界图景。不同的民族、不同的言语形式，对世界的接受认识也不同，所形成的语言世界图景也不同。俄罗斯人热爱冬天，冬天的冰雪对他们有着特殊的意义，寄寓着他们对生活的热爱和对真善美的追求。冬天从某种意义上说已经成为了俄罗斯性格的象征，具有很强的审美功能。它象征着纯洁的心灵、坚韧的毅力、豁达的胸怀等许多优良品质，象征着俄罗斯人追新求变的精神理想，也反映了他们对过去、对未来、对人生的思索。与俄罗斯人相比，冬天在中国人的印象中则冷酷严寒，孤独悲苦。因此，语言的世界图景会产生不同的认识，产生不同的影响，所以人与语言的世界图景休戚相关，密不可分（赵迎菊，2002）。下表是一些国家的留学生对同一颜色词红色所代表的意义的认知，从中我们可以看出不同文化语言图景的差异。

红色的文化附加义

汉语	英语	法语	泰语	意大利语	缅语	越语	哈萨克语
吉祥、喜庆、成功、革命、嫉妒	危险、暴力、血腥	激进、凶恶、色情	政治暴乱（红衫军）、爱情、国家、星期日	色情	勇敢、决心	吉利	喜庆和爱情
白俄罗斯语	伊朗语	马来西亚语	韩国语	印度尼西亚语			
（革命）生命、爱情	权利	喜庆、华人	热情	勇敢、色情			

维列夏金和科斯托马罗夫在《语言与文化》一书中主张把揭示、巩固、活用隐含在语言单位（包括词、词组、句子、成语、谚语等）中的民族文化语义贯穿于外语教学的全过程中。它表明，外语教学的目的不是单纯记住外语符号、记会语法规律，而是要在掌握语言的同时，了解该语言的民族文化背景、隐含的民族文化语义，使学生真正全面掌握语言，进而准确地活用于语言交际之中（杨藻镜，1991）。汉语中的成语向来是汉语学习者学习汉语的难点之一。成语背后蕴含着历史文化故事，如果不了解这些背景知识，很难理解并记住成语，更无法谈到应用。

重视探讨语言本身文化成分的做法应当取代过去那种视语言为传递文化信息载体的狭隘观念。语言不可能在对信息未加重塑的前提下，原封不动地传递信息。恰恰相反，这个所谓的载体必将信息重新组合而反映一个崭新的意义世界。文化绝不仅仅是一种外加的知识与技能，而是通过语言而发现的一种新的世界观（陈申，2000）。后结构主义语言学家克拉姆契主张在教学中鼓励文化互动（Interaction），而不是避免冲突。因为冲突本身就是互动过程，互动的结果是化解冲突。她认为教师的任务不是“架桥”而是“划界”——指出文化的不同。只有让学生领悟到世界是多元的，人们的文化背景差异是很大的，才能克服单一狭窄观念的束缚，了解别人，也了解自己。一般人都认为，不同文化背景的专业技术人员，由于职业相同，会有一种共同的专业语言相通。但是如果考虑到职业的训练常常是与某种文化价值相关的教育制度和政治体制紧密相连，那么就不难理解即使是同一专业概念也会因文化差异而有不同解释。例如，就“工程师”这个再简单不过的职称名词而言，在美国、德国、英国所表示的职责范围、社会地位都有很大的区别（陈申，2000）。再如“老师”一词，在汉语里的含义较为宽泛，凡是传授文化、技术的人或在某一方面值得学习的人都可以称之为“老师”，学校里的教师，包括办公室的行政人员，也一律被称为“老师”。然而，在美国、法国、日本等国家，老师只是指真正授课的人，办公室里办公人员是不能称为老师的，所以很多外国留学生最初来中国，是不知如何称谓办公人员的。

外来词体现出文化交流与文化影响。任何时候，语言都是一个敏感的指示器，能表明文化的变迁，虽然并不只是个简单的反映。在这方面，借用外来词汇和用法的语言史是有启发意义的。在16世纪和17世纪，英语从意大利语中借用的词汇，尤其是艺术的用语，如aria（咏叹调）、chiaroscuro（明暗对照法）、fresco（壁画）和piazza（广场）等，就向我们表明了这两种文化的一些情况：在艺术上，意大利处于领先地位，而英国正在有意地追赶着它。同样，法语在18世纪也向英语借用了一些词汇，特别是政治用语，如budget（预算）、club（俱乐部）、jury（陪审团）、pamphlet（传单）和vote（投票）等，因而说明了这两种政治文化之间存在着的差异，同时也表明在法国有过一场以英国为榜样的运动（彼得·伯克，2007）。

民族志学科（ethnoscience）发展了成分分析法的技术。研究者细致地收集某些典型文化领域的词汇，诸如颜色词、亲属称谓词、食品词等，然后对一个文化领域的词汇做语义分析和比较。分析中使用双分法标记每一个语义值，即用加号或减号表示某一语义特征是否存在。不同的社会文化中，这些词汇的语义特征并非都一样。所以，通过语义成分分析就可以了解有关社会文化中人民的认知心理。例如，有人对英语中母狗、公猪、小牛、驴、马驹等45种能用一个单词表示的常见动物作了语义成分分析，分离出“四足”“公”“母”“家畜”“成年”等17种语义特征。利用这些语义特征就可以最经济地定义这些词汇，再用双分法列表比较，看上去就一目了然。然后，再用成分分析法研究其他社会或社团中同一领域的词汇集。经过比较就会发现，不同文化中有关的语义特征不尽相同。这种不同反映了人们文化观念的差异，说明了生活在不同社会文化中的人们有着不同的经验结构（潘永樑，1994）。

感知在很大程度上是受被感知的对象对感知者的重要性所操纵的，而这种重要性是随着文化的不同而变化的。对爱斯基摩人来说，在感知时对雪和冰进行高度细致的区别和描述是重要的；而对阿拉伯人来说，重要的则是沙的颜色或骆驼的年龄。这些观察和注视上的区别在跨文化的交往中表现出来：某些事物对一方显得是重要和值得注意的，而对另一方则显得无足轻重，这种情况会使伙伴双方感到不解，甚至会造成误解。此外，某一文化中的人将各种颜色赋予与我们平常所熟悉的完全不同的意义。特别是由于我们通常把我们的色彩象征看作天经地义的。白色在中国表示哀悼，灰色在印度的某些氏族中表示“欢喜”，我们对诸如此类的色彩象征感到大惑不解，甚至认为他们是不妥帖的（马勒茨克，2001）。

学习一种语言的过程就是学习一种文化。欧洲国家之间有文化差异，但欧洲国家与亚洲国家的差异更大，我们学习汉语时，不能忽略汉语背后的习俗和文化。我跟中国人交流时，不明白他们说的话的意思，同样，我说的话，中国人也不明白。这不完全是语言的问题，而是思想的差异。我发现，我越了解中国文化，这种情况就越少。学习一种语言，仅仅是学语法、背词汇是不够的。要了解词汇和概念背后的东西，以及所带有的文化内涵，否则，你不能学会地道的语言。①

语言的交流是一种互动，语言课堂的教学也是一种互动，通过互动，我们能了解对方，也能更好地认识自己。中国人常常会说××东/西/南/北门，比如民大西门、北大南门、清华东门，但是在泰国和意大利完全没有这样的表述。并且，很多留学生提到，在问路时，被告知往东走、往北走，他们会很迷茫，因为根本找不着北。没有和其他语言的对照，我们可能并没有意识到“××西门”有何特别，但从外语的角度反观汉语，我们能够更加清晰地发现其特点。郝德森（R. A. Hudson）曾指出：语言的许多特点，同时也是普遍的文化特点，而且只有把意义同文化与思维联系起来，对意义的研究才能收到最佳效果（赫德森，1990）。语义在反映概念的基础上附加了民族文化色彩，离开特定的民族文化背景，难以理解语言单位的意义（王德春，1995）。在不同语言和文化背景下，词义具有丰富的文化内涵，这种文化意义是特定的社会文化所赋予的。通过语义互动，即词义对比，同时结合霍尔的文化教学示意图，我们可以简略勾描出国际汉语教学视角的文化范畴，并对其特点进行阐释，而这种阐释是有据可依的。

参考文献：

［英］彼得·伯克．语言的文化史——近代早期欧洲的语言和共同体．李霄翔，李鲁，杨豫，译．北京：北京大学出版社。2007.

陈申．Kramsch 的后结构主义语言文化观．语言教学与研究，2000（1）.

① 根据法国留学生的访谈，2008 年。

邓炎昌，刘润清著．语言与文化．北京：外语教学与研究出版社．

［英］杰弗里·N. 利奇著．语义学．上海：上海外语教育出版社，1987.

［英］赫德森．社会语言学．丁信善等，译．北京：中国社会科学出版社，1990.

李红．语言、色彩与文化——俄汉颜色词的文化意义透析．山西大学学报（哲学社会科学版），2005（5）。

李朝辉．中日跨文化的话语解读．北京：知识产权出版社，2008.

［德］马勒茨克．跨文化交流——不同文化的人与人之间的交往．潘亚玲，译．北京：北京大学出版社，2001.

毛远明．汉语文化词语释义问题．辞书研究，2004（3）.

潘永樑．从民族志学科到民族语言交际学：语言与文化研究的一个重要进展．解放军外语学院学报，1994（3）.

彭文钊．俄罗斯语言文化学：源流与发展．广东外语外贸大学学报，2008（4）.

彭文钊，刘玲．作为语言文化阐释学的语言文化学．解放军外国语学院学报，2006（6）.

［美］萨姆瓦等．跨文化传通．陈南、龚光明，译，北京：生活·读书·新知三联书店，1998.

王德春．多角度研究语言．北京：清华大学出版社，2002.

王德春．国俗语义学略论，邵敬敏，主编：文化语言学中国潮. 北京：语文出版社，1995.

［德］威廉·冯·洪堡特．论人类语言结构的差异及其对人类精神发展的影响．姚小平，译．北京：商务印书馆，1999.

［意］乌蒙勃托·艾柯．符号学理论．卢德平，译．北京：中国人民大学出版社，1990.

杨洁．俄语语言与文化关系研究综述．山东外语教学，2010（5）．

杨藻镜．从第二语言教学看语言与文化——论语言文化教学原则在中国俄语教学中的贯彻．解放军外语学院学报，1991（5）．

赵迎菊．俄罗斯语言文化研究的新进展．陕西师范大学学报（哲学社会科学版），2002（6）．

周德祯．教育人类学导论——文化视点．台北：五南图书出版有限公司，1999.

Lado，Robert. Linguistics Across Cultures，University of Michigan Press，1957.

Leech,G. N. ,Semantics. Harmondsworth:Pengnin Books,Ltd，1974.

第三章　动物词的文化意蕴

3.1　动物词概述

大千世界，芸芸众生，动物与人类共存于地球。世上的动物品种繁多，数量巨大，人类给动物命名，动物名称丰富了语言词汇，另外，动物语义的生动形象，增添了语言的表现力。

3.1.1　动物词概述

动物在人类生活中扮演着重要角色，与人类的生存与发展息息相关。《现代汉语词典（第5版）》中收录动物词语630个（包括所有立目的又名）（郑燕萍，2008）。每种语言里都有一些基本动物词，如猫、狗、鸡、鼠、鱼、猪、羊、牛、老虎、狮子、狼、狐狸等。但在不同的语言里，动物的类别、形象及其寓意是不对等的。就拿和鱼相关的词语来说，中国大部分地区是大陆，只有沿海部分省市盛产海产品，所以普通话里表达鱼种类的词汇并不十分丰富，而邻国日本由于是岛国，四面环海，水产极为丰富，因此各种鱼类词语的表达繁多。

根据《现代汉语词典（修订本）》（1988）、《中国成语大词典》（王涛等，1987）和《掌故大辞典》（古风，1990）为依据进行统计，汉语中单音节动物词组词数量的排序如下：马（153）、龙（132）、虎（128）、凤（90）、狗（90）、牛（67）、鸡（55）、狼（31）、鼠（31）、羊（30）、鹤（29）、狐（27）、蛇（26）、猴（17）、驴（17）、兔（16）、猪（10）、鹅（9）、鸭（8）、狮（7）、猫（6）、鸽（1）。一类词语数量的多少通常反映该民族与这一类事物的关系密切程度。尽管在现代生活中，汉民族与马的关系已不太密切，但历史上马在汉民族心目中的地位十分重要，从汉语对马的细致分类中可以看出这一点。《诗经》中提到马的名称多达16种，如驪（纯黑色马）、骓（青白杂色马）、駓（黄白杂色马）、骆（黑鬃白马）等。马在中国古代战争中起了重大作用，因此，不少由马组成的词语都与征战有关，如戎马倥偬、人仰马翻、单枪匹马、厉兵秣马等。马作为古代主要的运载工具，也为汉语增添了不少词语，如快马加鞭、马不停蹄、车水马龙、车马盈门等（牛新生，2003）。可见，词语体现了不同历史阶段的社会生活，是民族文化的真实反映。

语言反映生活，同样，留学生对汉语的认知和使用也离不开日常生活。有一次阅读考试，里边有一个短文阅读的内容是关于筷子的，其中一个问题是“使用筷子的便利之处有哪些”，班上的多个日本学生不约而同地指出吃鱼的时候用筷子挑刺很容易，而其他国家的学生都没有提到这一点。可见，鱼类在日本人生活中至关重要的地位。

动物的外部形态是动物种类在外观上的具体表现，不同种类的动物往往呈现出不同的外形、颜色、动作。动物的外部形态是动物本身最具有可视性的要素，人们在运用象征思维来类比某些特定观念意识和对象的过程中充分利用了这种动物在外部形态上呈现出来的可视特征。这种可视特征与人们内在的某些观念意识和心理状态之间往往存在着一定的相似之处。而这种相似特征，通常成为人们赋予动物词文化意义的重要依据（张艺芬，2010）。不同文化的思维方式与民族心理、思想观念既有共同之处，又存在差异，它们在各种动物的文化内涵中均有体现。动物的文化意象折射出不同民族的文化特征。

在汉语中，形容人相貌威武有“燕颔虎颈”；身体魁梧健壮有“虎背熊腰”；身体消瘦、面容憔悴有“鸠形鹄面”；相貌丑恶猥琐、心术不正的人为“獐头鼠目”；鼻子高而直的有“鹰钩鼻”；女性婀娜、柔细的腰姿为“水蛇腰”；形容人尖嘴巴、瘦面颊，相貌丑陋粗俗有“尖嘴猴腮”；脸型长而难看的为“马脸”；还有“斗鸡眼”“兔唇”“猪头狗脸”；也有直接用动物指代人，如“肥猪”“瘦猴”（张艺芬，2010）。这些都是基于人们对动物的形象观察而形成的。

除形象外，在汉语中，动物鸣叫声的表达也别具特色。我们可以用“叫”来笼统地表达动物的叫声，但也可用其他词，诸如“龙吟、虎啸、犬吠、鹤唳、鸡鸣、鹊噪、猿啼、羊咩、牛哞、蝉鸣、狮吼、狼嚎、鸦噪、马嘶、猫喵、鸟啾、鸭嘎、猪哼”等来表达。这类拟声词常被用来描述或类比其他相关的人或事物的行为特征，如：用“狼嗥鬼叫”形容声音凄厉；用“凤鸣鹤唳”形容优美的声音；用“龙鸣狮吼”比喻沉郁雄壮的声音；用“鸮啼鬼啸”形容声音凄厉幽怨；用“聚蚊成雷”比喻说坏话的人多了，会使人受到很大的损害；而“鹤鸣九皋”用来比喻贤士虽隐身而声名显赫；用“鸦雀无声”形容非常安静；用“莺声燕语”多比喻女子婉转悦耳的语声（张艺芬，2010）。

不同文化背景的人对动物鸣叫声音感知是有差异的。比如，猫的叫声，汉语记作喵喵（miao miao），而日语却是ニャ—ニャ—（nia nia）。下雨的声音，中国人听到的是哗哗（hua hua），而日本人听到的则是ザ—ザ—（za za）。我们可以从下面两个原因来进行解释。

首先，是各自不同文化感知的结果，同时也包含教育的因素。日本著名人类学者祖父江孝男为我们揭开谜底：“那是我在美国的大学，出席人类学课堂讲授时遇到的事情。某位日本教授说：‘在日本狗是ワンワン（uanuan）地叫，猫是ニャーニャー地叫[①]’之后，学生们哄堂大笑地散去。再让我们看一个流行的西部剧吧。‘手枪嘭地射击，子弹乒哟地响着飞出去，把窗户上的玻璃哗啦一声撞碎了。’玻璃破碎的声音，在日本人的耳朵听来是‘嘎嚓’，可是如果让美国人听，结果就变成‘哗啦’了。手枪的声音 bang、子弹的啸响 ping、玻璃的破碎声 splash，都是人为地变成这个样子的。……假设在日本的环境中，一直上溯到古代的某个时期，人们觉得狗叫的声音是ワンワン的，就以这样的形态表现出来，于是，ワンワン就作为日语的一个单词固定下来了。其结果是在日本出生的孩子，都受到‘狗ワンワン地叫’的教育。像这样被教会的知觉方式，最后变成像天生的那样，好像除了‘ワンワン’之外，狗的一切叫声，都不曾被他们听见似的（祖父江孝男，1987）。”

其次，在各种语言环境里，拟声语是受语音体系制约的。在汉语里，形容鸟叫用“叽叽喳喳”，但在日语里却用“ギャーギャー（gia gia）”。各自不同的语音体系客观上影响了其对声音的认知。

动物具有鲜明的形象和突出的特征，人们赋予动物词以丰富的文化内涵。汉语中的动物类词语是汉语的重要组成部分，很多时候，它们并不单纯指某一动物，而是与人文环境互为映照，具有鲜明的人文特征，在动物词的运用过程中，都有人的感情和喜好参与其中。人们用动物词对有关的人或物的外貌、品质动作或特征进行描写，从而达到生动形象的效果。并且不同文化背景的很多动物词，它们的基本义相同，而象征义却迥然有异。

① 在美国，狗是 bow-wow 地叫，猫是 mew-mew 地叫。

3.1.2 四灵

四灵是中国古人对动物的古老的分类。古人根据动物的生活习性、体形特征及活动范围与天象相结合，创造出四灵说。大约在殷商前后，古人把春天黄昏前后南方的若干星辰想象为鸟形，把朱雀作为南方神兽，以此类推，东方以龙为神兽，西方以虎为神兽，北方以龟为神兽，形成最早的四灵说，后又发展为“四象”。

《礼记·礼运》云：“故圣人作则，必以天地为本，以阴阳为端，以四时为柄，以日星为纪，月以为量，鬼神以为徒，五行以为质，礼义以为器，人情以为田，四灵以为畜。……何谓四灵？麟、凤、龟、龙，谓之四灵。故龙以为畜，故鱼鲔不淰。凤以为畜，故鸟不獝。麟以为畜，故兽不狘。龟以为畜，故人情不失。”孔颖达疏：“此四兽有神灵异于他物，故谓之灵。”如果龙成为家畜，则鱼鲔不惊走，鳞族部下跟随而来；如果凤成为家畜，则鸟不惊飞，羽族部下纷至沓来；如果麟成为家畜，则兽不惊跑，归顺而至；以龟为家畜，则可以预先体察人情。

这四种灵物，曾是中国社会原始部族的图腾崇拜。除龟以外，其他都是超越现实而存在的想象之物。龙、凤、麒麟集多种鸟兽鱼形象于一身。而自然界中的龟则被神化为“灵龟”。商代曾以龟甲占卜吉凶，并以此引领行动。古人认为“麟体信厚，凤知治乱，龟兆凶吉，龙能变化”都是吉祥的表征。“四灵”演变成中国传统文化中具有象征意义的吉祥物。帝王将龙神化为皇室威严和权力的标志。在民间，平民百姓则希冀这些吉祥的灵物给他们带来幸福、平安、吉祥。

龙是中国古代传说中的一种动物，身体比较长，身上有鳞、有爪、头上有角，能上天入海，能兴云降雨。《说文解字》释龙为“鳞虫之长，能幽能明，能细能巨，能短能长，春分而登天，秋分而潜渊，从肉、飞之形，童省声”。

据现有资料，最早的具有传统龙特征的龙形象是辽宁阜新查海遗址 1994 年 6—10 月间发掘时发现的 1 条距今 8000 年的兴隆洼文化石块堆塑龙。这条龙用大小均等的红褐色砾岩摆塑，全长 19.70 米，龙头部最宽处约 2 米，龙身至尾部宽约 1 米或不足 1 米。呈昂首张口、弯身弓背状。这是考古学发现的年代最早、体型最大的堆塑龙形。在龙的南侧还发现有排列紧密的墓葬和祭祀坑。它在聚落中的分布特点，表明早在距今七八千年前，龙在当时的社会中就具有特殊的含义（杜振明等，1994）。其次是距今 6000 年前河南濮阳西水坡遗址出土的蚌壳龙。蚌壳龙头朝北，背朝西，身长 1.78 米，高 0.67 米。龙昂首、曲颈、弓身、长尾、前爪扒、后爪蹬、状似腾飞。蚌壳摆塑的动物图案，一共发现三组。第一组蚌壳动物图案，其造型有龙和虎（濮阳市文物管理委员会等，1988）。第二组蚌壳动物图案有龙、虎、鹿和蜘蛛等。第三组蚌壳动物图案有人骑龙和虎等动物图案。1993 年 6 月在湖北黄梅县白湖乡张城村焦墩遗址发现的远古先民用卵石摆塑的 1 条巨龙，其年代与河南濮阳蚌壳龙的时间相当。其“龙身长 4.46 米，高 2.28 米，宽 0.3~0.65 米，昂首直身，曲颈卷尾，背部有三鳍，腹下伸三足，长颈曲折弯卷，独角上扬，恰似一条正在腾飞的巨龙（濮阳西水坡遗址考古队等，1989）”。整个遗址中的动物图案有龙、龟、鱼、蛇、羊（鹿）等。龙呈侧面图案，龙头朝正西，尾向正东，反映了古人精确的方位概念。龙头昂首，头上一角。龙头形为牛头并作冠状，龙身呈波浪状，尾上卷。色彩各异的河卵石造成龙鳞闪闪的效果（陈树祥，1993）。

从考古资料看，在河南、湖南、湖北、甘肃、内蒙古、辽宁、山西均发现有新石器时代的龙形象，而且龙形象各不相同，这些龙形象很可能都是后世龙的早期形象。所以可以推测，中国龙的起源是多元的，而不是一元的。秦汉之后，由于宫廷龙文化的出现，宫廷龙形象成为各地、各民族的共同模式，这样，各地、各民族的龙形象逐渐趋于一致（何星亮，1999）。

凤同样是中国传说中的祥瑞动物。《说文》中记载："凤，神鸟也。天老曰：凤之象也，鸿前麐后，蛇颈鱼尾，鹳颡鸳思，龙文虎背，燕颔鸡喙，五色备举，出于东方君子之国，翱翔四海之外，过崐崘，饮砥柱，濯羽弱水，莫宿风穴，见则天下大安宁。"这是对凤外形较早较为详细的描述，也揭示了凤的吉祥寓意。

包含中国古老神话传说的地理书《山海经》，内容包括古代地理、神话、巫术、宗教、古史、民俗等内容。其中记载凤的文字多达 12 处，如："凤皇、鸾鸟皆戴瞂。""沃之野，凤鸟之卵是食，甘露是饮。""其状如鸡，五采而文"，产在"丹穴"。将凤、凰、鸾这三个名称皆归为一种五色神鸟："有五采鸟三名：一曰皇鸟，一曰鸾鸟，一曰凤鸟。""凤鸟首文曰德，翼文曰顺，膺文曰仁，背文曰义。"可见，凤凰融合了德行、顺从、仁义等美好品行。

河姆渡文化有双鸟负日的象牙鸟形器（李修松，2002），属于大汶口文化的山东莒县陵阳河遗址出土的陶器上有一个字，上为日，中为鸟形，下为火。此字反映了先民对太阳的认识：太阳就是由飞行的神鸟载着一团熊熊燃烧的火焰（蔡英杰，2001）。有人认为，这里的神鸟即是早期的凤凰。

中国最早的一部工具书《尔雅・释兽》在解释什么是麒麟时尤为详备："麐（即麟），麕身，牛尾，一角。"麕就是獐子，其身体比山羊大不了多少，麕身是说其身体像獐子一样。稍后的汉代经学大师许慎在《说文解字》一书也坚持了《尔雅》中对麒麟的描述。清代训诂学家、经学家段玉裁对《说文解字》进行注释，在"麟"目下注："状如麕，一角，戴肉，设武备而不为害，所以为仁也"（吕复伦，2011）。麒麟是中国文化的重要题材，雕塑、壁画、绘画、长命锁、玉佩、织锦、年画、剪纸、刺绣等各种艺术形态都有麒麟的影子，甚至走进了舞蹈。传说孔子诞生之前，有“麒麟吐玉书”于其家院，故而民间还有跪拜、祭祀麒麟，向麒麟许愿求子的风俗。

先秦文献中关于麒麟的记载并不鲜见，早在《诗经·周南》《春秋》《公羊传》及《左传》等春秋文献中麒麟以“麟”或“麐”见载，“麒麟”并称的早期文字记载始见于《礼·礼运》：“山出器车，河出马图，凤凰麒麟，皆在郊薮”，又谓：“麟凤龟龙，谓之四灵。”《山海经·海内西经》称其为“开明神兽”。《山海经·海内西经》有载：“海内昆仑之虚，在西北，帝之下都。昆仑之虚，方八百里，高万仞。上有木禾，长五寻，大五围。而有九井，以玉为槛。面有九门，门有开明兽守之，百神之所在。在八隅之岩，赤水之际，非仁羿莫能上冈之岩。……昆仑南渊深三百仞。开明兽身大类虎而九首，皆人面，东向立昆仑上。”此处所载之“开明”原作“启明”，据称，以“开”代“启”是汉人为避景帝讳而改变的。

龟为中国古代四灵之一，有天、地、人之象，是神圣的宇宙模型，特别是上古轩辕黄帝族以龟为图腾，龟文化与祖灵崇拜文化合而为一。更不可忽视的是易卦起源于龟腹甲上的构纹，龟文化成为炎黄子孙哲理智慧《易》的渊源。玄龟与天文学关系密切，龟为水母。龟长寿，是古人追求长生不老所崇拜的灵物，是生命崇拜的偶像。龟崇拜、祖灵崇拜与太阳崇拜的结合，便产生了黑水神话，进而成为生命循环、太阳运行的神话。龟文化在中华文化中的崇高地位，在中国古代有诸多展现（吴庆洲，2009）。此外，中国灵龟文化，对周边国家，特别是日本产生了不小影响。灵龟崇拜和长寿思想在日本文化中多有体现，日本三位天皇曾分别以“灵龟”“神龟”“宝龟”等作为年号。奈良时代的民间传说《浦岛太郎》中的灵龟形象，和中国的灵龟报恩故事异曲同工。中国灵龟文化对日本园林艺术也产生了重要影响，正如大西幸子在《中国的龟崇拜对日本园林的影响》一文中所言：……中国的龟崇拜思想很早就传到日本，影响及于日本的许多方面。包括人们的观念和艺术构思，对日本园林造型的影响尤其重大。……最晚至平安时代，龟鹤思想影响到了日本的造园活动。平安时代日本《作庭记》中，已要求池塘应成龟或鹤的形状。镰仓时代进一步发展了龟鹤思想。……从飞鸟时代到江户时代，不管是山水园林或是池泉式园林，龟崇拜始终影响着日本的园林建筑造型（大西幸子，2005）。

3.1.3 六畜

中国古代六畜指马、牛、羊、猪、狗、鸡，孔颖达疏：《尔雅·释畜》马、牛、羊、豕、犬、鸡谓之六畜，《周礼》谓之六牲。养之曰畜，用之曰牲，其实一物也。“六畜”一词，始见于《周礼·天官·庖人》：“庖人掌共六畜……辨其名物。”“六畜”一词，屡见于《左传》《周礼》等先秦典籍。如《左传·昭公二十五年》载：“为六畜、五牲、三牺，以奉五味。”杜宇注此五牲为：麋、鹿、麏、狼、兔。还有一种流传较广的说法认为五牲为牛、羊、豕、犬、鸡。《周礼·夏官·职方氏》载：“河南曰豫州……其畜宜六扰。”郑玄注：“六扰，马、牛、羊、豕、犬、鸡。”中国古代著名蒙学读物《三字经》也说：“马牛羊，鸡犬豕。此六畜，人所饲。”《中国农业百科全书·农业历史卷》中称：“中国是世界上最早将野猪驯化为家猪的国家；中国是世界上已知最早养鸡的国家；狗是中国最早驯养的家畜；牛、羊是中国最早驯养的动物；马是中国历史上最重要的役畜之一，被奉为六畜之首。”六畜丰富和影响了中国文化，于是出现了大量关于六畜的熟语，包括成语、俗语、谚语、歇后语等。比如关于六畜的世代相传的成语有：一马当先、天马行空、汗马功劳、老马识途、椎牛歃血、牵牛下井、汗牛充栋、如牛负重、爱礼存羊、多歧亡羊、饿虎扑羊、闻鸡起舞、偷鸡摸狗、杀鸡取卵、狗仗人势、狗皮膏药、狗血喷头、猪卑狗险、猪朋狗友、猪突豨勇等（吕丹斌，2010）。六畜与人们的生活密切相关，《三字经》里说："犬守夜、鸡司晨。"狗在夜间不睡觉替主人看家护院，鸡在清晨报晓，在古代人们日常生活中发挥了不小的作用。

中国是世界马种的发源地和养马最早的国家之一。中国马之形象最早见于甲骨文，后来出现于青铜器上。古籍上说："自轩辕以来，服牛乘马。"轩辕即中原各族的共同祖先黄帝，服牛乘马即驯服乘坐牛马的意思，也就是说，从黄帝以来才有了六畜之一的家马，供人役使。我国从夏代初年开始养马，之后始终是畜牧业中的一个重要分支。周朝时期，对马的认识和驯养已经有了相当深入的把握，朝廷还专门为马盖马厩，设官职，配人员，负责马的放牧、饲养、调教、乘御、保健、繁殖，形成了较为完整的马政制度；与此同时，对马的选种、长势、鉴别（相马）、管理、疾病防治等也积累了丰富经验。之后，我国历史上出现过许多养马的著作，如《马书》《相马经》之类。我国的少数民族，如以游牧为生的蒙古族，更对牧马业的发展作出了重大贡献。到了农业社会，马的食用功能减退，主要用作交通工具。以马代步，骑马出行，骑马行商，骑马传邮，马驮运货，无论官方或民间，马都是那个社会主要的陆路交通工具。马车的出现使马的交通运输功能大为提升。我国西南山区，山路崎岖，多以马驮运货，牵着、驮着、走着、赶着或马十余匹，或马百余匹，结而成帮，称为"马帮"。古代作战方式，主要有步战、车战和骑战，其中的车战和骑战都离不开马，因此，东汉有位愿"马革裹尸"的将军马援说，"马者，甲兵之本，国之大用"。在冷兵器时代，交战双方拥有马匹的数量，往往是代表军力和决定胜负的一个标志。战国七雄之首的秦国，有车千乘，骑万匹，卒百万，兵强马壮。秦始皇兵马俑坑内的大量战车，骑兵俑和步兵俑，就是秦国强大军队的缩影（巫其祥，2014）。

《说文·牛部》载："牛，大牲也。牛，件也；件，事理也。象角头三、封尾之形。"古人根据其对牛的认识把牛分为几个种类，如"特、牡、犅、犗"是指雄性的牛，"牝"则指雌性的；"犙"指三岁牛；"牭"指四岁牛；"牻、犡、犖、犥、犉"分别指毛色黑白相杂的牛、白脊的牛、毛色不纯的牛、黄白色的牛、黄色毛黑色唇的牛。牛在中国农耕社会发挥了重要作用。说到牛，中国人自然会想起勤勤恳恳、忠厚执着、任劳任怨辛勤劳作的形象。

在我国的传统文化中，羊往往被人们视为吉祥瑞兆、美好兴旺的象征。在汉字中，很多有吉意的字眼都与"羊"有关。比如在我国古时候，"羊"与"祥"字是相通的。汉代许慎的《说文解字·羊部》云："羊，祥也。从羊，象头角足尾之形。"而《示部》"祥"下说："福也。从示羊声，一曰善。""善"字也与羊的性格相近。在《汉字大字典》中，以羊为部首的汉字就有204个，充分说明羊对我们祖先生活影响力巨大。我国考古工作者证明我国黄河、长江、珠江、黑龙江各流域，以至沿海各省和西北、西南等地区，在新时器时代就已有养羊业，据碳测定把我国养羊历史推进到八千年前（赵有璋，2015）。传统中国人性格的羊文化特征乃是农耕文明的产物。王保国博士认为：农耕文明极易养成以下整体民族心理和行为趋向：封闭保守，勤劳务实，和平文弱，消极避世，因循守礼，纯朴简单。这些趋向是养成传统中国人性格特征的基础，它不仅是典型中国人的基本特征，也是我们对于羊的性格趋向的基本印象。查阅有关羊的大量考古与文献资料发现，"羊"已经不仅是一种作为生物的存在，还是作为一种观念或者说精神渗透进中国传统文化之中，甚至渗透进传统中国人的性格中（王保国，2006）。

古人认为家中有猪才为家。《说文·宀部》载："家，居也。从宀，豭省声。"《说文·豕部》："豕，彘也。竭其尾，故谓之豕，象毛足而后有尾。”段玉裁注：“豕首画象其头，次象其四足，末象其尾。”《方言》载：“猪，关东西或谓之彘，或谓之豕。……其子或谓之豚，或谓之豯。”《玉篇·豕部》：“豕，猪豨之总名。”《孟子·尽心上》：“舜之居深山之中，与木石居，与鹿豕游。”《说文》：“豚，小豕也。”《周礼·天官·庖人》：“凡用禽兽，春行羔豚，膳膏香。”郑玄注：“羔豚，物生而肥。”可见，“豕”“彘”皆是猪的说法，只因方言的不同而称呼不同，而“豚”则指小猪。

动物考古学家袁靖先生认为，至少在距今8500年~8000年间，在中国的内蒙古、华北、淮河上游和长江三角洲地区这样一个相当大的范围内就已经存在饲养家猪的行为。由于兴隆洼、磁山、贾湖和跨湖桥遗址出土的遗迹、遗物各有特色，它们相互之间不存在文化交流的现象，因此可以推测不同地区的家猪饲养都是独立起源的。特别值得关注的是贾湖遗址和跨湖桥遗址出土的猪骨显示出当时猪的齿列已经变形，这意味着饲养家猪起源的时间还可以进一步向前追溯。通过对众多原始社会遗址出土的动物骨骼进行定性定量的研究证明，自饲养家猪起源以后，在黄河流域，随着时间的推移，家猪在当时人获取的全部动物中所占的比例越来越大，从距今6000年开始，家猪在有些地区已经占据绝大多数，开启了中国人以吃猪肉为主的历史。考古学家在中国原始社会的众多遗址里都发现了埋葬、随葬完整的猪、猪头或下颌的习俗。这种行为遍布中国大地，持续数千年。但是自商代中期以后，统治者逐步发展演变为主要使用马、狗、羊和牛进行祭祀。这些变化有助于区分献祭者的身份。以大量牛、羊或牛与其他动物的组合作牺牲，比用猪作牺牲，能更加具体地反映出等级制度。尤其是商代晚期，开始驯养马，马作为一种新的具有力量的动物，在商代晚期的祭祀活动中发挥了特殊作用。这种现象一直延续到西周及其以后。可见祭祀用动物的多样化，也与国家的形成与发展进程密切相关（袁靖等，2007）。

“犬”和“狗”其实是一组同义词。从文字史的角度来看，是先有“犬”后有“狗”。“犬”字在商周甲金文字里就已经大量使用，然而“狗”字尚未见于甲骨文。甲骨文里“犬”多用作牺牲，但也有用作地名、人名或方国名。而金文里，“犬”多数表示官名、地名或者人名。在春秋以前传世文献里，也只见“犬”字不见“狗”字。战国时期，传世文献中“犬”“狗”通用（徐志林，2007）。

《说文·犬部》载：“犬，狗之有县蹏者也。象形。孔子曰：视犬之字如画狗也。”同时指出“大者为犬，小者为狗。”《礼记·曲礼上》云：“效犬者左牵之。”孔颖达疏：“然通而言之，狗犬通名；若分而言之，则大者为犬，小者为狗。”对于狗的叫声，《集韵》载：“狺，犬吠声。”《说文》载：“猩，猩猩，犬吠声。”“狠”“狋”皆指犬吠声。《楚辞·九辩》载：“猛犬狺狺而迎吠兮，关梁闭而不通。”王逸注：“谗佞讙呼而在侧也……迎吠，拒贤人使不得进也。”此时，对于狗的贬义已露端倪。此外，《说文》中，“猎、狩、臭”都说的是用犬来协助人们打猎。“猎，放猎逐禽也。”“狩，犬田也。”“臭，禽走，臭而知其迹者，犬也。从犬从自。”《说文·犬部》载：“獸，守备者，从兽，从犬。”杨树达《积微居小学述林》曰：“从犬者，猎必以犬，此狩猎之所用也。”《说文稽古篇》记载：“游牧时代，惟犬獨多，穴居则畜犬守御，狩獵则攜犬自随，因而人必畜犬。”可见，犬在游牧时代，其狩猎功能居多。

狗是中国最早驯养的家畜。在中国，新石器时代的磁山、裴李岗文化遗址中业已发现有狗骨遗存，经鉴定为家犬（开封地区文物管理委员会等，1979）。可见至迟在距今七八千年前，犬在中国也已经被驯养。我国考古资料还证明，在新石器时代，各地养犬就很普遍，北方的仰韶、龙山、大坟口、齐家及南方的河姆渡、马家滨、裕泽、良渚等文化遗址中，都发现有家犬骨骼遗存（中国社会科学院考古研究所，1984）。这些史实说明，犬的驯化家养早于其他家畜。

殷商时代，先民们已经开始用将鸡脖子和鸡腿用绳子绑住的方法来驯养鸡，甲骨文中也有“鸡”字。鸡犬相伴、鸡鸣狗叫在中国人看来是有人气的象征。如老子说“鸡犬之声相闻”；曹操《蒿里行》“千里无鸡鸣”形容渺无人烟等。《说文解字》解释鸡为“知时畜也”。既说明鸡是家畜，又强调了它的报时功能。《汉书·五行志》载：鸡者，小兽，主司时起居人。古代社会，鸡被人们认为是能够报时的通天神灵。古时，雄鸡除为人们提供肉食、司晨报晓外，也是文武勇仁信兼备的至德象征。雄鸡头戴鸡冠，形象文质彬彬，是为文德；鸡脚有突出的足趾，能够进攻，是为武德；在强敌面前，鸡不退缩，勇于拼搏，是为勇敢；孔子的弟子子路常常戴着一顶雄鸡冠，以显示自己勇武。后来人们还利用鸡勇武的特性，形成了斗鸡的习俗。鸡得到食物后不独占，会呼朋引伴一同啄食，是为仁爱；雄鸡每天准时报晓，方便了人们的生产生活，所以《说文解字》说鸡是“知时畜也”，是为守信。

中国人过年用鸡是一种古老而普遍的习俗。早在汉代应劭《风俗通义》中就记载，除夕要将一只公鸡挂在门上，所谓“以雄鸡着门上，以和阴阳”。这种习俗后来演变为用鸡的图像来替代。晋人王嘉《拾遗记》中就提到当时的人们“每岁元日，或刻木铸金，或图画为鸡于牖上，”唐人也有“元日贴画鸡于朱户”的记载。直到今天，许多地方的人们还会张贴带有鸡图案的剪纸或年画。鸡除了用在门户上，还是过年期间的重要祭品。祭神祀祖是重要的年节习俗活动，人们用丰富的祭品表达对神灵、祖先的感恩之情，并希望在新的一年继续得到神灵祖先的佑护，鸡则是不可或缺的祭品。有些地方，人们上供的祭品，或五牲或四牲或三牲，都包括鸡，且往往使用全鸡（侯仰军，2017）。

3.2 动物词的文化意蕴

英国语言学家 Ogden 和 Richards 在他们合著的《意义的意义》一书中对词义联想现象进行过分析。他们说："词语的力量是我们生活中最守旧的力量。"人类学家仅仅在昨天才开始承认这些纠缠着我们的思维，使我们无法摆脱词语绳索的存在。共同继承的概念模式（common inherited scheme of conception）包围着我们，像空气一样自然而无可争议地影响着我们，强加于我们，以无数的方式限制着我们的思维活动。因为这一切都是人类不得不使用的任何一种语言中固有的特点（C. K. Ogden，I. A. Richards，1949）……

古希腊希罗多德的著作《历史》中有这样的记载：波斯王大流士在征伐斯奇提亚人时陷入了进退两难的境地。这时斯奇提亚人派使者专程送来一份"礼物"——一封"实物信"。这封信里面没有文字，也没有图案，而是这样的实物：一只鸟、一只老鼠、一只青蛙、五支箭。使者没有说明这封信的意思，只是说"如果波斯人还够聪明的话，让他们自己来猜一猜这些礼物的意义吧"。大流士王认为这是斯奇提亚人向他投降的表示。他的理解是：老鼠是土里的东西，它和人吃着同样的东西；青蛙是水里的东西；而鸟和马则是很相像的；箭表示斯奇提亚人要献出他们的武力。事实上，这封"实物信"的意义是：波斯人，除非你们变成鸟高飞到天上，或者变成鼠隐身到泥土中，或者变成青蛙跳到湖里去，你们将被这些箭射死，永远回不到家里去（谭文辉，2001）。可见，同样的动物被赋予了不同的象征意义。

"兔子"在中国被看作可爱的小宠物，而英国人常用兔子指胆小怕事的人。因此"rabbit heart"含有"懦夫"之意。中国是一个农业社会，牛作为主要的耕作牲畜与人们的生产生活关系密切，深受劳动人民的热爱，因此，提到“牛”，人们通常会想到“勤劳、任劳任怨”。而在英语国家人们并不会产生如此联想。汉语中的“白马王子”一般都是高大英俊、能干富有，但英国人完全不会把“horse”与“高大英俊”联系起来。汉语中说“马有失蹄时”，表示高明的人也会犯错误，而韩语说“猴子也会从树上掉下来”。英语中把“山羊”和“绵羊”区别对待，“绵羊”表示“好人”，而“山羊”含有“好色之徒”的意思。汉语中认为羊一般是比较温顺的，不会区分“山羊”与“绵羊”不同的象征意义。“鸽子”含有和平之意，在英语中也用来比喻胆小，有时还指傻瓜，而汉语中则无此意。提到“海燕”，很多中国人会想到高尔基作品中“迎着暴风雨的海燕”，“海燕”象征英勇善战、大智大勇的革命先驱者。而“a stormy petrel”则与汉语的象征意义完全不同，表示“带来麻烦或预示动荡不安的人”。

在越南人的眼里“狗”是一种下贱的动物，由于它是唯一吃人屎的动物，因此，越南人认为它是一种可耻、下贱的动物。熟语里的“狗”绝大多数喻指可恶、可耻的坏人，是丑恶、卑贱的代名词。“猪”让人们联想达到笨、脏、懒、粗鲁等的意义。“马”在越语的熟语里多含贬义，多用它来喻指坏人、恶习难改的人，也喻指被压迫的对象。“马”也喻指有价值的东西或财产。由于牛力气大、干重活，是农业不可缺少的重要劳动工具。因此，在越南人的心目中“Trau（水牛）、Bo（黄牛）”相当于一种贵重的财产（吴慧君，2004）。

在不同语言中，表达同样含义的喻体不同，即联想到的动物不同。汉语中“爱屋及乌”语出《尚书大传·大战篇》：“爱人者，兼其屋上之乌。”因为爱一个人而连带爱他屋上的乌鸦。后用来比喻爱一个人而连带地关心到跟他有关系的人或物。而英语中却用“love me，love my dog.（爱我，也要爱我的狗。）”来表达相同的意思。在这里，喻体出现了差异。英语中的“狗”替代了汉语中的“乌鸦”。因为在英语文化中，狗被看作是家庭成员中的一份子，享有重要地位。当被问及家庭成员时，英美学生会回答“我家有爸爸、妈妈、妹妹、我和狗”。怠慢了某人的狗，相当于怠慢了他的主人。汉语“热锅上的蚂蚁”到英国就成了“热砖头上的猫”。汉语形容一个人身体强壮结实说“壮如牛”，而英语用“壮如马”来形容。“猫哭耗子假慈悲”用英语来表达就是“鳄鱼的眼泪”。“落汤鸡”在英语中成为“落汤鼠（a drowned rat）”；“瓮中之鳖”在英语中，困到大坛子里的不是甲鱼而是“老鼠（rat）”。汉语里说大话吹的是“牛”，用英语吹的却是“马”。汉语中说“过着牛马不如的生活”，是指生活中遭受压迫，痛苦不堪，十分悲惨，充满忧虑、不幸等。鲁迅说过，“先给予他牛马不如的生活，再给他等同于牛马的生活。等得到牛马的生活，却很知足。”而英语中同样意思的表达是“A dog's life（狗的生活）”。汉民族认为牛马辛勤劳作十分辛苦，而在英语民族看来，狗比较艰辛。汉语中有“宁为鸡头，不作凤尾”的说法，《战国策·韩策一》《苏秦为楚合从说韩王》篇中有“宁为鸡口，毋为牛后”，与“宁为鸡头，不作凤尾”含义相当。凤代表高贵，鸡代表低微。意思是宁愿在一个小环境中为首做主，也不要在大环境里做个小人物而受人支配。这一俗语里“鸡头”与“凤尾”对照，而英语却用“狗头”和“狮尾”相对照。“Better be the head of the dog than the tail of a lion.（宁为狗头，不为狮尾）。”

此外，还有一些动物汉英的文化联想意义是相近的。由“蜜蜂”联想到“忙碌”；蜜蜂因为勤劳并能为人类酿造出甜美的蜂蜜而深受中国人的赞誉。英语中，bee 也可指忙碌的人，“as busy as a bee.”比喻像蜜蜂一样的忙碌。另外，在西方人的眼里，蜜蜂还是“幸运的使者”。蜜蜂飞入室内是一种幸运将至的吉兆。除此之外，很多文化里，由“鸽子”可以联想到“和平”；由“蜗牛”

联想到“缓慢”；由“猴子”联想到“机灵、淘气、逗乐”；英语的猴子常指玩童、淘气精。“make a monkey of somebody”指愚弄某人。“鹦鹉”都有“学舌、模仿别人说话”的含义。在英汉两种语言文化中，具有相似的伴随意义的动物还有“猪”代表“肮脏贪吃”；“蜗牛”表示“动作缓慢”；“鹿”含有“温顺”之意；“百灵”是“欢乐活泼、声音优美”的代名词等。

“鸳鸯”总是成双成对地出现，在汉文化中人们捕捉到了这一鲜明的特色，因此鸳鸯被赋予“伴侣或亲密爱人”的文化伴随意义。但这一文化意义在很多文化中都是缺失的。“蝉”经常出现在中国古代诗文中，诗人喜欢用“蝉”比喻高洁的人格，或用蝉鸣寄托挥之不去的忧伤，但在其他一些语言中却很少有这样的文化意境。再有“杜鹃”，因传说蜀王望帝禅位归隐化为杜鹃鸟而去，又因杜鹃夜啼达旦、如泣如诉，所以形象哀怨。但这种文化意象较为独特，其他文化中缺少对等之意。又如“麒麟”，是中国古代传说中的动物，象征吉祥，麒麟本身就是中国人想象出的形象，它的象征意义也是汉语中独有的。

燕子被视为春天的象征，有“春燕”之称。《诗经》有“燕燕于飞”的描写，燕子飞来，春到人间。燕子喜欢双飞双栖，又成为爱情的象征，“神柳栽柏春满户，春燕衔泥筑新屋”，成为婚庆的“喜联”。燕子一名天女，是生殖崇拜的物象，据《本草纲目·禽二·燕》引汉代京房云：“人见白燕，主生贵女，故燕名天女。”宋代罗愿《尔雅翼·燕》：“荆楚之俗，燕始来睇。有入室者，以双箸掷之，令人有子。”

由于生态环境、生产方式、社会历史、意识观念和习俗风尚的不同，这些差异都会带给人们对动物的不同认知，赋予动物不同的象征意义。然而由于同一种动物本身具有相似的外貌、行为、习性等，又使得人们产生相同的理解，因而同一动物在不同的文化里具有相同或相似的文化附加义。动物词的文化附加义来源于语言共同体的主观评价，这种评价通常是基于人们对动物本身的特征、生活习性及其在人类活动中的地位而形成的。与人们的观察、解读密切相关。

动物词产生文化意义的基础主要有三：一是动物的外貌、生理、心理、性格、行为、习惯、作用等特征；二是民族的文化内容、文化传统和文化心理，包括神话、宗教、传说、历史、文学、艺术、语言、地理环境、风俗习惯、伦理道德、思维方式、审美情趣等；三是联想。联想是指把动物和另一事物联系起来，而民族的文化传统，特别是文化心理对于联想的产生和腾飞方向起着潜在的，然而也是重要的激发和引导作用。没有联想的作用，就不可能有词义的引申（廖光荣，2000）。由于动物具有鲜明的形象特征，人们常常用动物来比喻人或事物，赋予动物词汇以丰富的象征意义。本书从文化内涵趋同（包括文化内涵部分趋同）与文化内涵趋异两大方面来探讨动物词的文化意象。本书中动物词语的文化内涵分析涉及一些不同的语言，为便于归类讨论，所谓的“文化意蕴趋同（包括部分趋同）”与“文化意蕴趋异”主要是基于汉英动物词之间的对比，旁及其他语言。

参考文献：

蔡英杰．“皇”字本义考．辞书研究，2001（5）.

陈树样．黄梅发现新石器时代卵石摆塑巨龙．中国文物报，1993.

大西幸子．中国的龟崇拜对日本园林的影响．苏州职业大学学报，2005（2）.

杜振明等．辽宁发现龙形堆石．新华社每日电讯，1994.

何星亮．中国龙文化的特征．思想战线，1999（1）.

侯仰军．光明吉祥之禽：鸡年话鸡．光明日报，2017.

（晋）郭璞注．山海经·海内西经．上海：上海古籍出版社影印文渊阁四库全书版第 1042 册，1989.

（晋）郭璞注．山海经．上海：上海古籍出版社，1989.

开封地区文物管理委员会等．裴李岗 1978 年发掘简报．考古，1979（3）.

李修松．上古时期中国东南地区的太阳崇拜．历史研究，2002（2）.

廖光荣．英汉文化动物词对比．外国语，2000（5）.

吕丹斌．“六畜”词语文化义阐释．内蒙古师范大学硕士学位论文，2010.

吕复伦．麒麟及其文化．菏泽学院学报，2011（6）.

牛新生．英汉动物词语中的民族文化心理对比及其误读解析．宁波大学学报（人文科学版），2003（4）.

濮阳市文物管理委员会、濮阳市博物馆、濮阳市文物工作队．河南濮阳西水坡遗址发掘简报．文物，1988（3）.

濮阳西水坡遗址考古队．1988 年河南濮阳西水坡遗址发掘简报. 考古，1989（12）.

谭文辉．动物词语文化意义的认知模型．福建外语，2001（4）.

王保国．羊文化：中国传统文化的新诠释．中州学刊，2006（3）.

巫其祥．中国马文化：历代名将均有宝马　项羽坐骑取名“骓”. 西安日报，2014.

吴慧君．汉越熟语中家畜动物词语的文化意义比较．广西师范大学硕士学位论文，2004.

吴庆洲．龟文化与中国传统建筑．中国建筑史论汇刊，2009.

许秀娟．麒麟文化的变迁与中外文化交流发展的关系．暨南大学硕士学位论文，2003.

徐志林．“犬/狗”的历时嬗变．广东教育学院学报，2007（6）.

许慎．说文解字．上海：中华书局，1963.

袁靖等．丁亥话猪：使者还是牺牲？．文明，2007（2）.

张艺芬．英汉动物词的文化意义来源．西南科技大学学报（哲学社会科学版），2010（5）.

（汉）郑玄注、（唐）孔颖达疏．礼记注疏·礼运．上海：上海古籍出版社影印文渊阁四库全书版第115册，1986.

中国社会科学院考古研究所．新中国的考古发现和研究．北京：文物出版社，1984.

赵有璋．羊年谈中国的羊文化．第十二届中国羊业发展大会论文汇编，2015.

郑燕萍．现代汉语词典（第5版）动物词基本特征计量考察．莆田学院学报，2008（3）.

［日］祖父江孝男．简明文化人类学．季红真译. 北京：作家出版社，1987.

C. K. Ogden , I. A. Richards, The Meaning ofMeaning. London: Kegan Paul, 1949.

第四章　文化意蕴趋同的动物词

任何一种语言中的动物词都不仅是动物形象的符号代表，生态环境、社会风俗和历史文化特点都会给动物打上深深的文化印记，动物词汇也因此具有丰富的文化内涵。动物存在于客观世界，其基本属性是相同的，自然会使人们产生相似的联想。

4.1　文化意蕴趋同的动物词

4.1.1　“狐狸”的文化意蕴

“狐狸”生性狡诈多疑，“狐疑”就是说狐性多疑。据说狐狸每渡冰河，且听且渡，故谓疑者，称为“狐疑”。而且狐狸刚把东西埋好，但不放心，马上又要挖出来看看，所以说“狐埋狐猾”。在中国人眼中狐狸是一种奸诈、狡猾、多疑的动物，汉语里指人狡猾多用“狐狸”，这与 fox 在英语中的意义是相符的。fox 指的是“a crafty sly or clever person（狡猾或聪明的人）”。狐狸在英汉文化中都有狡猾、诡计多端之意。汉语“老狐狸”指老奸巨猾的人；而英语也有“as sly as a fox”或“He is an old fox”之说。

狐狸有时也害人，它在汉语中常扮演祟人、诡计多端的角色。汉语用“狐假虎威”表示仗势欺人，“狐媚”比喻曲意逢迎、投其所好，“狐朋狗党”比喻勾结在一起的坏人。“狐狸精”和“骚狐狸”是形容那些使用各种伎俩勾引男人的女人。

4.1.2 “狼”的文化意蕴

《说文解字》记载：“狼，似犬，锐头。白颊，高前广后。从犬，良声。”狼在汉文化中多表示凶残、野蛮、杀戮，是坏人、灾害的代表。《广雅·释诂三》释：“狼，戾，很（狠）也。”指出了狼的凶狠、暴戾。《左传·哀公六年》道：“彼虎狼也，见我在子之侧，杀我无日矣。”《淮南子·要略》载：“秦国之俗，贪狼强力，寡义而趋利。”《史记·韩长孺列传》云：“虽有亲父，安知其不为虎？虽有亲兄，安知其不为狼？”这里的虎狼皆指凶残暴虐并且无信义。汉语由狼组成的词含贬义较多。人们常说的“狼心狗肺”“如狼似虎”“狼嚎鬼哭”“狼吞虎咽”“狼狈不堪”“声名狼藉”“狼子野心”“狼狈为奸”等都含有消极的语义。英语中的 wolf 也让人联想到野蛮残忍。狼在中英文中都比喻“嗜血”“凶狠”“残忍”等。“披着羊皮的狼”表示人面兽心的伪君子，在英语中有同样的表述“a wolf in sleep's clothing”。狼在英汉文化中，还具有贪色之意。“wolf-call”指色鬼调戏妇女时的怪叫，汉语“色狼”则指贪色之徒。

4.1.3 “驴”的文化意蕴

驴在我国出现比较晚，古生物化石中无驴化石，甲骨文金文中也没有出现“驴”字。顾炎武曾说：“尝考驴之为物，至汉而名，至孝武而得充上林，至孝灵而贵幸。然其种大抵出于塞外，自赵武灵王骑射之后，渐资中国之用。”也就是说，驴本非中原所有，而是战国时期由塞外输入，到汉代才开始逐渐繁盛。同时，由于驴喜欢干燥，不适应潮湿，所以驴主要生活在我国北方。就作用而言，驴能骑乘，但速度比不上马；能犁地，力气和耐力又不及牛，总之不堪大用。外表形象似马，但体格瘦小，毛色灰黄，远不如马的健壮俊朗，鸣叫缺乏美感。以上诸方面原因，使得驴在中国历史上未能成为一种代表性的畜种。“六畜”中没它的位置，“十二生肖”中也没有它的踪迹（杨光熙，2009）。

孔子曰：“学《诗》可以多识鸟兽草木之名。”但“驴”字却不见于《诗经》，也不见于先秦其他典籍。据考证，“驴”是汉朝才从西域引进的家畜。《说文解字》载：“驴似马，长耳。”清人段玉裁补充道：“驴、骡、駃騠，太史公皆谓为匈奴奇畜，本中国所不用，故字皆不见经传，盖秦人造之耳。”由此可见，驴的记载在我国出现较晚，且中原地区的驴很可能是从匈奴引进的（闫续瑞、任正，2015）。当时的驴还未作为役畜而普遍使用。《后汉书·五行志》批评皇帝和大臣争相骑驴时说：“夫驴乃服重致远，上下山谷，野人之所用耳……迟钝之畜。”《弘明集》卷七也有“聋宾听乐闻驴鸣，而悦用为知音”的话。另外，民间有以“蠢驴”骂人的习语，李白《答王十二寒夜独酌有怀》有“蹇驴得志鸣春风”的叹息，这都含有批评和贬低的意思。但是，从总体上说，中国的毛驴在中唐之前主要以正面形象出现，而不是讽刺的形象。在唐代，毛驴的形象便慢慢地变化，寒山《诗三百三首》：“世有一等愚，茫茫恰似驴。”诗歌视驴为愚蠢。在中唐，柳宗元著《黔之驴》使驴的形象发生了根本的转变。到宋代“黔驴技穷”就得到历史的公认（张应斌，2005）。

驴子弱点很多，给人们形成的思维定式是：委琐瘦小、脾气倔强、怪嘶乱叫、忍辱负重、悠闲自得。驴在汉语中的负面意义较多。说一个人“拉着驴脸”，是表明这个人表情难看，待人态度极为不好。成语“黔驴技穷”讲的是身高马大的关中驴刚开始能吓坏没有见过驴的老虎，但毕竟能力有限、外强中干、徒有其表。驴在汉语里是一种较愚蠢的动物，我们常说“蠢驴”“脑袋被驴踢了”。英语中也有“as dull as an ass（蠢得像驴一样）”的说法，英语“donkey/ass ”是“笨汉、蠢材、顽固者”的代名词。“donkey”有时表示爱吹牛而胆小、自私、做坏事的人。根据驴的习性，它谨小慎微，有时又爱炫耀，在危难面前，只顾自己，不管他人。所以《伊索寓言》中“驴和狮子皮”的故事里出现了“说大话的懦夫及蠢材”的驴。同样，西班牙语中“驴”也有愚蠢、固执和丑陋的含义（王岩，2011）。

虽然“驴”有固执、愚蠢、丑陋的含义，但在人类历史记载和神话中经常出现，据说耶稣就是骑驴进入耶路撒冷的。《水浒传》中陈抟、中亚民间传说中的智者阿凡提也骑驴。与骑马的八面威风不同，骑驴是超凡脱俗的风雅之举。塞万提斯的《唐吉诃德》中，堂吉诃德骑马，其侍从桑丘骑驴。中国八仙之一的张果老骑驴，他倒骑毛驴，驾驴娴熟，配合默契。《三国演义》中黄承彦“骑驴过小桥，独叹梅花瘦”。俗话说：“将军爱马，诗人爱驴”，自古诗人和驴就有着一定的不解之缘。东汉“建安七子”之一的王粲，生前好驴，颠沛流离，只有听完驴鸣，才能诗兴大发。唐朝诗人杜甫更有：“骑驴三十载”之语。据说唐朝寒士贾岛为炼好一个精确的诗字，在蹇驴背上痴迷做“推敲”之状（郭文海，2007）。宋朝陆游在其诗《剑门道中遇微雨》中也有诗句“此身合是诗人未，细雨骑驴入剑门”。清朝张问陶的《题画》诗云：“我亦长安车马客，几生修到骑驴人。”

在古希腊，驴的形象不佳，荷马史诗《伊利亚特》第十一卷载：驴是倔强、贪婪和愚蠢的象征。古波斯生活在热带富裕的地方，他们喜爱华丽奢豪的形象，歌咏的是花卉和宝石、玫瑰和夜莺，常把夜莺描绘为玫瑰的新娘。因而，在阿拉伯——波斯文化中，对驴的贬低更甚于希腊。《古兰经》说：“不信主的人们将受火狱的刑罚，那归宿真恶劣！当他们被投入火狱的时候，他们将听见沸腾的火狱发出驴鸣般的声音。”《古兰经》第三十一章《鲁格曼》说：“最讨厌的声音，确是驴子的声音。”在他们看来，驴鸣嘈杂难听，如同地狱般的恐怖。古希腊和中亚的确存在嘲笑和贬低驴的文化（张应斌，2005）。

西班牙加泰罗尼亚人把驴当作遵纪守法、循规蹈矩的象征。“加泰”毛驴勤恳、守法、温顺，加泰人还以“驴的传人”自居。因为加泰人把自己当作驴的化身，才能文明开车，守法行驶。许多人在自己的车上贴一个驴子的标志，作为一种时髦来提高安全责任感。墨西哥的奥通巴镇被称为“世界驴乡”。由于20世纪60年代，驴子是墨西哥乡村最主要的运载工具，几乎家家户户出门都离不开驴，而奥通巴的驴子更是全国最有名的品种。他们举办“毛驴世界杯”，举行“毛驴节”，他们的宗旨是“驴子是人类的朋友，爱护驴子的传统要代代相传”。在埃塞俄比亚，驴是当地人生活的重要组成部分，他们认为，驴善良、忠实、勤劳，食量小，干活干得精疲力竭还在任劳任怨。驴是人们心中的“圣物”，男人没有驴讨不到老婆，女子最好的陪嫁也是驴。当地人说：“如果女人没有驴，她自己就是一头驴。”比喻女人和驴同等重要，在家庭中都是重劳力。驴是女人干活的好搭档，是患难与共的亲密朋友（郭文海，2007）。

4.1.4　“蛇”的文化意蕴

“蛇”（snake）在中国人和英美人心中大多是阴毒的形象，具有“阴险、狠毒”之意。蛇的内涵在中国文化中经历了转变，相传女娲为蛇躯。在中国蛇也曾被赋予知恩图报的美好形象，《白蛇传》里美丽善良的蛇形象流传甚广。现代汉语与英语中蛇的形象基本趋同。英语“a snake in one's bosom”指恩将仇报的人，“a snake in the grass”指潜伏的危险或敌人。汉语有“地头蛇”“蛇蝎心肠”的说法。朱熹《楚辞集·注巴蛇》中记载：“蛇吞下人家鸡窝里的蛋，吞下肚后，便去缠树，使劲地绞缠，绞碎蛋壳，吐出蛋皮。”他在《小学·嘉言》中说道：“亲贤如就芝兰，避恶如畏蛇蝎。”陈陶《小笛弄》有“蛇蝎愁闻骨髓寒”的诗句。这些描写刻画了蛇的狠毒形象。汉语中称外表美艳，但心狠手辣，专门勾引男人的坏女人为“美女蛇”。西方对蛇的不良印象，大概与《创世记》中的魔鬼撒旦分不开。在古希腊、古罗马和《圣经》中，蛇常常扮演不光彩的角色。

俄语中的“蛇”也常用来指代“阴险毒辣”，有谚语如“好心照看蛇，它却咬了你的脖子”“不管养蛇多久，必受其害”等。在俄罗斯的文学作品中，有关蛇的描写也不少。寓言大师克雷洛夫在《蛇》这篇寓言里写道，蛇请求上帝给它夜莺的歌喉，上帝答应了它的请求。蛇的歌声悦耳动听，群鸟为之倾倒。可是当它们看清了“歌唱家”的面目时，全都飞走了。蛇气急败坏地问：“难道我的歌声那么难听吗？”燕子答道：“歌声是美妙的，但是当你露出丑恶的毒牙时，我们吓得胆战心惊。”其寓意是不管毒蛇如何伪装，它始终是可恶可憎的（汪成慧，2004）。而印度史诗《罗摩衍那》中，变成蛇的那互沙能通鸟兽语，是智慧的化身。在印度，有由来已久的崇蛇传统，眼镜蛇深受人们的崇拜。印度人吹笛弄蛇的表演更为人们熟知。印度蛇节，也说明蛇在印度人心中地位之高（吴立莉、杨继玲，2004）。

4.1.5 “天鹅”的文化意蕴

天鹅由于羽色洁白，体态优美，叫声动人，行为忠诚，在东西方文化中不约而同地把白色的天鹅作为纯洁、忠诚、高贵的象征。中国古代又称天鹅为鸿、鹄、鸿鹄等。《诗经》中有“白鸟洁白肥泽”的记载，日语深受汉语影响，“白鸟”在日语中就是指天鹅。唐朝李商隐的诗句“拨弦警火凤，交扇拂天鹅”开启了天鹅的命名。”鹄因飞得高而在汉文化中被赋予远大志向的一种鸟类。“燕雀安知鸿鹄之志”便是此意的写照。

日本是天鹅的越冬地之一，日语中天鹅的古名约有 20 个，有的如“鸿”“鹄”等是由中国传入的，有的则是天鹅栖息的地区的名字，还有的用的是天鹅鸣叫的拟声词，有的是对天鹅形态的描述。在日本有关天鹅的故事很多，它们被认为是天的使者，是“神鸟”（维基百科）。

古希腊对于天鹅的记述很多，亚里士多德的《动物志》就论述了天鹅的习性和行为，还有天鹅形态解剖的记载。《希腊鸟谱》一书中对于天鹅临终的鸣叫有着动人的描述，西方文化中，将文人的临终绝笔之为“天鹅绝唱”（swan song）正来源于此。在英国，卓越的诗人或歌手可以与天鹅作比，例如莎士比亚的雅号正是“艾冯的天鹅”。西方的音乐和文学作品中也有天鹅形象，圣桑的《天鹅之死》、柴可夫斯基的舞剧《天鹅湖》中都有天鹅高贵、圣洁的形象，安徒生用天鹅羽色的变化演绎了一篇动人的《丑小鸭》。星空中的星座也有天鹅的身影，那是希腊神话中宙斯的化身，许多艺术家都以莱达与天鹅为题材创作了传世的美术作品。世界各地以天鹅命名的地名更是数不胜数，姓氏中的 Swan 也是来源于这种美丽而洁白的鸟（维基百科）。

在俄罗斯天鹅被认为是“神圣之鸟”“生命之鸟”，在民间文化中，天鹅也是忠贞爱情的象征。

4.1.6　“公鸡”的文化意蕴

提起“公鸡”，中国人往往会联想到“闻鸡起舞”“金鸡报晓”“雄鸡一唱天下白”的词句。《说文·隹部》载：“鸡，知时畜也。从隹奚声。”《说文》载：“雄，鸟父也。雌，鸟母也。”《说文》载：“雏，鸡子也。”《吕氏春秋·明理》载：“马有生角，雄鸡五足。”《玉篇》曰：“鸡，知时鸟。”鸡在古人心目中地位颇高。一方面鸡被称为“司晨”，在古人的生活中起着不可或缺的报时作用。关于鸡报时催起的作用，在文献中有很多记载。《诗经·郑风·女曰鸡鸣》云：“女曰：‘鸡鸣。’士曰：‘昧旦。’”《诗经·齐风·鸡鸣》云：“鸡既鸣矣，朝既盈矣。”《诗经·郑风·风雨》云：“风雨凄凄，鸡鸣喈喈。”《礼记·内则》云：“男女未冠笄者，鸡初鸣，咸盥漱。”《玄中记》云：“东南有桃都山，上有大桃树，名曰‘桃都’，枝相去三千里，上有一天鸡。日初出，光照此木。天鸡则鸣，群鸡皆随而鸣也。”此外，如唐代书法家颜真卿的《劝学》诗所说：“三更灯火五更鸡，正是男儿读书时。黑发不知勤学早，白首方悔读书迟。”

另一方面由于它能经年如一，知时而鸣，时刻不爽，其品德深为古人所膺服。故古人认为鸡鸣按时乃吉兆。《易林》云：“鸡鸣节时，家乐无忧。”《易通卦验》：“鸡，阳鸟也，为人侯四时。万民闻鸡鸣，皆翘首结带，正衣裳。”《墨子》云：鹤鸡时夜而鸣，天下振动（许家星、吴树勤，2006）。表现出鸡的重要作用。在中国人眼里，鸡是吉祥的动物，鸡谐音“吉”，表示吉利、吉祥，喻指好的东西、好的运气。常用的词语有“吉祥如意、吉星高照、万事大吉、大吉大利”等。每逢节假日喜事等，人们总喜欢拿鸡来招待客人，因为中国人有食鸡来预祝好运气的风俗。

另外，鸡由于身材短小，也带有弱小的含义。《战国策·韩策》云：“宁为鸡口，无为牛后”后成为“鸡口牛后”，与“鸡头凤尾”含义相似，表示宁可在小地方成为主宰，不愿意在大地方做默默无闻的小人物。这里的“鸡”含有弱小的意思。杜甫《缚鸡行》中：“鸡虫得失无了时，注目寒江倚山阁。”用“鸡”来比喻无关紧要的细微得失。王充《论衡·道虚》传说汉代淮南王刘安修炼成仙后，他养的鸡和狗吃了他剩在碗里的仙药，也成了仙，升上了天，正所谓“一人得道，鸡犬升天”。一个人发迹得势，与他具有连带关系的小人物都得到好处。

汉语中的公鸡又称“雄鸡”，是因为生活在农村的人依赖公鸡报晓、打鸣，而公鸡报晓时雄赳赳、气昂昂，很有气势。又因为公鸡有时昂首挺胸、阔步向前，所以进一步引申出“骄傲”的含义，有时会说“骄傲得像只公鸡”。英语中“cock/rooster”是公鸡，“hen”是母鸡，“chicken”是小鸡。“chicken”在英语俚语中有“胆小者”“怯懦者”的含义。“rooster”（公鸡）的文化含义与汉语基本相同，都是“骄傲”的代名词。公鸡具有报晓的功能，因而在20世纪年代，曾出产过一款闹钟被命名为“金鸡牌”，这个品牌对中国人来说象征意义十分明显，但“金鸡”牌闹钟不能被翻译成“golden cock”，因为在英语中“cock”有“雄性动物生殖器”之意，在英国常用于贬义场合，如果贸然翻译成“golden cock”，那么这一产品的形象和销路就会大打折扣。另外，一定不要将“中国的国土像一只公鸡”中的“公鸡”译为“cock”，而宜用“rooster”。

在俄罗斯的俗语和童话中，常常出现公鸡形象，俄语中的“петух（公鸡）”是吉祥之物，雄鸡报晓意味着黑暗过去，一切邪恶、鬼怪也会随之而去。在俄国可以看见人们以雄鸡作为辟邪的信物。除此以外，“петух（公鸡）”也表示“好斗的人”，也有“火神”之意（张帆，2000）。

4.1.7 “兔子”的文化意蕴

兔子在汉文化中占有一席之地。对于兔子，史书有颇多记载，民间也有不少传说。关于兔子的来历，《埤雅·兔》云：“兔，吐也，明月之精，视月而生。”在汉文化中，兔子与月亮有着密切关系，屈原在《天问》中有“夜光何德，死则又育？厥利维何，而顾兔在腹？”的诗句。唐代诗人罗邺在《冬日寄献庾员外》里有一句“兔缺乌沈欲半年”，另一诗人庄南杰在《伤歌行》中写道：“兔走乌飞不相见”。以上两句中的“兔”就是指月亮（梁真惠、陈卫国，2007）。《旧唐书·历志二》载：“月欲有蚀，先月形摇振，状若惊惧，月兔及侧月色黄如有忧状。”唐代黄滔在《省试内出白鹿宣示百官》诗中写道：“形夺场驹洁，光交月兔寒。”还有唐代李白的《观猎》诗云“鹰随月兔飞”。从中皆可看出兔子与月亮的关联及渊源。月兔可代指月亮。

在有些地方（如北京），中秋节有拜兔儿爷（兔头人身的泥制玩具）的习俗。关于兔儿爷的由来，一个流传较广的传说是：有一年，北京城里发生了瘟疫，每家都有病人，而且吃什么药都不见效。在月宫里的嫦娥看到人们受苦，心中难过，就派身边的玉兔到人间为百姓治病消灾。玉兔来到北京城，她挨家挨户地治好了很多病人。人们亲切地称她为“兔爷儿”。为了感谢玉兔，每到农历八月十五中秋之夜，家家在庭前设案供奉兔儿爷，摆上毛豆、鸡冠花、萝卜、果饼等供品，进行祭拜。文学作品中关于兔儿爷的记载也不少。明《北京岁华记》载：“市中以黄土博成，曰兔儿爷，着花袍，高有二三尺者。”清方元鹍《都门杂咏》所写：“儿女先时争礼拜，担边买得兔儿爷。”清《燕京岁时记》载：“每届中秋，市人之巧者用黄土抟成蟾兔之像以出售，谓之兔儿爷。有衣冠而张盖者，有甲胄而带纛旗者，有骑虎者，有默坐者。大者三尺，小者尺余。其余匠艺工人无美不备，盖亦谑而虐矣。”老舍先生在《四世同堂》中有一段对兔儿爷的描写：“脸蛋上没有胭脂，而只在小三瓣嘴上画了一条细线，红的，上了油；两个细长白耳朵上淡淡地描着点浅红；这样，小兔的脸上就带出一种英俊的样子，倒好像是兔儿中的黄天霸似的。它的上身穿着朱红的袍，从腰以下是翠绿的叶与粉红的花，每一个叶折与花瓣都精心地染上鲜明而匀调的彩色，使绿叶红花都闪闪欲动。”应该说，兔爷儿的传说与早期的月亮崇拜有关。月中有兔的传说据说始于春秋时代。汉代依旧流传月中有兔的神话，长沙马王堆一号汉墓出土的帛画印证了这一传说：口衔灵芝的蟾蜍和奔跳的白兔同时出现在一弯新月中。

在道教中有“玉兔捣药”的掌故。汉乐府《董逃行》中相传月亮里有一只浑身洁白如玉的兔子，被称为“玉兔”。玉兔拿着玉杵，跪在地上捣药，做成蛤蟆丸，传说服用此药可以长生成仙。晋朝的傅咸在《拟天问》中也说：“月中何有，月兔捣药”。古时候，文人写诗作词，常常用玉兔象征月亮。河南郑州出土的西汉晚期画像砖“东王公乘龙”出现了玉兔捣药的形象。1968 年，江苏省丹阳市挖掘出的一座南朝佚名陵墓中出土了两块分别表现月亮和太阳的画像砖，月亮砖中画有一只树下捣药的玉兔，杵臼皆具，生动形象。这些都是“玉兔捣药”传说的写照。此外中国还有家喻户晓的嫦娥奔月的传说，诉说着兔子与月亮千丝万缕的关联。

同样，在西方古代文明里，兔子与月亮也有着广泛的联系，这一方面是由于兔子多在夜间活动，另一方面，月亮上的阴影形似跳跃的兔子。在英语文化中，“rabbit（兔子）”是胆小的象征，也代表敏捷和聪明。与中国文化相似的是，西方文化也将兔子与女性联系起来，古罗马作家 Plinny the Elder 认为：兔子是女神 Aphrodite 的宠物，它会给女人带来好处（梁真惠、陈卫国，2007）。另外，在复活节时，给孩子送礼物的是兔子。它源于西欧文化，因为兔子多产，象征春天大地复苏、新生命诞生。因此，现在兔子是给孩子们送复活节蛋的使者。

兔子在汉文化中还是生育之神——多产的象征。兔子是一种温良、灵秀的动物，在人们眼里是阴性的，常常用来喻指女人（有旺盛的生殖力）。“兔”与“菟”是通假字。“菟”就是牵藤寄生的草本植物“菟丝”，也叫“菟丝子”，又名“女萝”，或写作“兔丝”，用来喻指妻室。“兔丝女萝”比喻女子附攀男子。《古诗十九首·冉冉孤生竹》中有“与君为新婚，兔丝为女萝”的诗句（梁真惠、陈卫国，2007）。在汉文化中，兔子的意象常常与“敏捷、机智、善逃”联系在一起。如“静若处子，动如脱兔”“兔起鹘落”“兔走乌飞”比喻行动迅速利落。在英文化中兔子同样是“敏捷、机智”的代言。

4.1.8　“猪”的文化意蕴

猪是我们祖先最早驯化养殖的畜种之一，而且不分南北东西，家家都在养殖，猪几乎无处不在。而且猪的重要性也远在驴之上。它是最早供人食用和祭鬼神用的家畜牛、羊、猪、犬之一。但自汉代以来，除北方畜牧地区以外，牛渐渐主要作为役畜使用，减少食用；犬的食用在魏晋以后也很快减少；羊虽然一直食用，但主要限于北方地区。这样只有猪长期广泛地被人食用，对人而言，其重要性自不待言。正因为猪养殖历史悠久，而且几乎所有地方都养殖，和人关系密切，地位十分重要，可谓影响范围广而有大功于民，所以关于猪的神话传说很多。早在《山海经》里就有彘身人面猪神四十多位，又有双头猪怪，《淮南子》里又有封豕这样的传说。东汉还有猪精下凡投胎为汉武帝的故事（杨光熙，2009）。《西游记》里有猪八戒这样的形象。

汉语中常用“猪”来形容一个人“愚蠢”，如“蠢猪”。此外，汉语中的猪也代表好吃懒做、肮脏之意，英语中“pig（猪）”使人联想到的是“脏、食量大”。在现代英语文化里，猪也被看作贪婪、肮脏和喧闹的动物，常被喻为贪吃贪睡、行为粗鲁和从不考虑他人的讨厌鬼（张春明、潘敏，2007）。

4.2　文化意蕴趋同，喻体不同的动物词

4.2.1　“牛”“马”的文化意蕴

不同民族在表达同一概念时选取不同的事物是与他们各自的生产活动息息相关的。“牛、马”在东西方文化历史中的作用是不同的。中国是农业大国，传统上是耕种国家，有几千年的水稻种植历史，“牛”是主要的生产工具，农民靠牛拉犁耕种。《说文·牛部》载：“犁，耕也。”“辈，两壁耕也。从牛非声。一曰覆耕种也。读若匪。”段注：“壁当作辟。辟是旁侧之语……两辟耕，谓一田中两牛耕，一从东往，一从西来也。”王筠《说文句读》释

曰："盖谓再耕之后而种植也。"

中国古代关于牛的词汇特别丰富。《说文句读》里，犻表示两岁牛，犙表示三岁牛，牭表示四岁牛，犊表示牛子，牡表示畜父，牝表示畜母，犉表示牻牛，犖表示驳牛，犍表示畜栓，犡表示牛长脊，犘㸬表示特牛，特表示朴特牛父，犗表示騬牛，牷表示牛纯色，牻表示白黑杂毛，犨表示牛息声，牟表示牛鸣，牵表示引前，犥表示牛黄白色，犉表示黄牛黑唇，牼表示牛膝下骨，牢表示闲养牛马圈等。现代汉语里这些字大多数都死亡了。可是古字书里既然保留这些字的记录，那么，中国古代社会里的畜牧生活是不可淹没的。这些词汇的死亡，完全是社会制度和经济制度的变迁所造成的（罗常培，1996）。

农业在中国占有非常重要的地位，农民也是最大的人口群体。世世代代的农耕生活使人们对牛怀有十分深厚的感情，赋予它以各种联想意义。因此在汉语中牛多具有褒义。这在诗歌中也多有体现。《诗经・王风・君子于役》云："鸡栖于埘，日之夕矣，羊牛下来"。《诗经・小雅・黍苗》云："我任我辇，我车我牛"等。唐宋诗人多着眼于其勤劳肯干，如李白诗："吴牛喘月时，拖船一何苦"；白居易诗："牛困人饥日已高，市南门外泥中歇"；元结诗："耕牛何处去，耕彼故城东，相伴有田父，相欢唯牧童。"赞扬其牺牲精神的有：王安石的《和圣谕农具诗》："朝耕及露下，暮耕连月出。自无一毛利，至有千箱实。"

"忍辱负重、乐于奉献、任劳任怨、踏实肯干"的人被称为"老黄牛"，"心甘情愿为大众服务"的人被称为"孺子牛"。"孺子牛"来自《左传・哀公六年》："女忘君之为孺子牛而折其齿乎？"杜预注："孺子，荼也。景公尝衔绳为牛，使荼牵之，荼顿地，故折其齿。""荼"指齐景公庶子，后代借喻甘愿为人民服务的人。后来，鲁迅先生在《集外集・自嘲》诗中加以引用，写下"横眉冷对千夫指，俯首甘为孺子牛"的诗句。"孺子牛"从此升华为一种人格的象征，被用来比喻兢兢业业、甘愿为人民大众服务的人。“牛吃下去的是草，挤出来的是奶”也赞扬了牛索取很少，不计得失，勇于无私奉献的精神。

在中国有“牛郎与织女”的民间传说，牛和牛郎相依为命，体现出劳动者与耕牛的亲密伙伴关系。对中华民族来说，牛力大、健壮、勤恳、耐劳，中国人常用“状如牛”表示健壮。有人用“牛劲、力大如牛”来形容人的“力气大”，“酒量大”被称为“牛饮”。“牛脾气”表面上是说一个人倔强执拗，但暗含着说话人的爱怜，暗示一个人毫不动摇的执着。“牛”在中国文化中总的来说是一个很受人喜欢的形象。

在农业中占重要地位的牛在汉语言文化中使用的频率非常高。与汉民族用牛耕地恰恰相反，英国人早期是用马耕地的，与之相对应的是英语言文化中“horse（马）”有能干、健壮、倔强等联想意义。许多英语国家都起源于游牧民族，马在他们的历史上曾经起到了不可替代的作用（杜新宇，2004）。在英语国家里，“牛”更多的是作为“盘中餐”，给人们提供肉和奶，而相应的工作主要由“horse”来承担，所以“horse”代替了汉语中“牛”所具有的许多特点。例如，“力气大”被称为“horse power”，“辛苦、卖力地工作”说成“work like a horse”，“能吃”则是“eat like a horse”。

汉语中的“牛”与英文中的“马”，在文化联想中对应的部分较多。“牛”中国人心目中是终日劳碌，埋头苦干，无私奉献的形象。汉语“牛脾气”“钻牛角尖”“对牛弹琴”“多如牛毛”“俯首甘为孺子牛”等均与“牛”的总称意义相关，具有特殊的文化内涵，而英语里的相关表达则有所不同。因此，以英语为母语的人读到汉语的“牛”这个词时，很难联想起汉民族赋予“牛”的那些独特的文化内涵（李枫，2010）。在许多情况下，中文中的“牛”和英文中的“horse”形象比较吻合。如“吹牛”，英语说成

“talk horse”；“壮如牛”，英语对应的是“as strong as a horse”。

受地理环境、生活方式和生产力发展水平等因素的影响，俄罗斯民族最早属于游牧民族，对“马”的依赖性很强，“马”有健壮、力大、温驯、能干、能吃等象征意义（张帆，2000），而中国属于农耕民族，对“牛”的驯化使用比较广，所以常用牛来形容力大、任劳任怨。

在韩国，牛被视为勤劳善良和财富的象征。在古代，牛是人们从事生产劳动、负重驮运和拉车的主力帮手。牛又是最初原始贸易市场上以物易物的等价物——原始货币之滥觞，牛还是人们餐桌上的美味佳肴。因此，牛在人们心目中是最忠实、最勤劳的动物（郭晓沛，2010）。然而同为亚洲国家的日本对牛并无太多好感，所以牛的象征意义偏消极，常象征“笨拙、迟缓”等。在印度，母牛也是一种勤劳淳朴温顺的动物，印度教徒对母牛非常崇敬，认为它是圣洁的动物。尤其是被用来祭祀的黑母牛，更是被誉为世间吉祥纯洁的象征（任飞，2003）。

另外，西方人对“bull”（公牛）有一些看法，在西方人眼中“bull”横冲直撞，桀骜不逊。“a bull in a china shop”从字面上理解是瓷器店里的公牛，但它暗含着是一头“粗鲁蛮横、满不在乎地闯进一个精美的瓷器店里”的公牛形象。常用来比喻把事情搞得一团糟。据说，英语“bull”用来比喻鲁莽行事，始于苏格兰医生、作家 John Arbuthnot。他写了题为《约翰牛的生平》（*The History of John Bull*）的讽刺文，将主人公“约翰牛”（John Bull）人格化、形象化，将其行为描写成当时英国人的标准行为。作者笔下的约翰牛盛气凌人，欺辱弱者，为人粗暴冷酷，桀骜不逊，颇有些牛劲。1816 年 Amberst 勋爵代表英国前来中国交涉贸易发展事宜，由于鲁莽行事而导致外交失败，被英国一家报纸以漫画形式描写成一头闯入瓷器（china）店中的公牛（bull）——“a bull in a china shop（行动/说话鲁莽之人）”。从此，这个短语便成了这类人的形象描述。此外，“throw the bull”表示“胡言乱语”，在美国俚语中也有“吹牛、夸张”的意思。

在德国，“牛”曾是农民家中的重要财产，象征财富时，德语通常用“Kuh”（奶牛）一词。另外，由于牛身形庞大、动作迟缓，总是任劳任怨地辛苦耕作，又被赋予了蠢笨的含义。如说明一个人愚笨时，可以用牛来比喻，德国文化赋予牛一种愚笨的本质。类似于汉语中的“对牛弹琴”。

西班牙语中“牛”的含义非常丰富。西班牙有一种闻名世界的竞技活动——斗牛。起源于18世纪中期的斗牛，在西班牙经久不衰，而且传到了中南美洲的西属殖民地各国。人与兽的搏斗体现了西班牙人英勇善斗的民族精神，但是西班牙人不单享受胜利的快感，同时从斗牛和斗牛运动中体会出许多深刻的道理，这些道理用简练的话概括，世代相传就形成了关于斗牛的谚语或是借助于斗牛运动比喻描述其他事物的谚语。“在远处观看斗牛”和汉语的“隔岸观火”“袖手旁观”含义大体相当。因为斗牛是一项危险的活动，在成为一名斗牛士之前必须经过长时间的严格、艰苦的训练，稍有疏忽可能就会成为公牛脚下的牺牲品。所以一般的人只能远观（王岩，2011）。

汉语赋予“马”的文化联想意义极为丰富，可借马指人，如“千里马”指“人才”；“车水马龙”指人多车多、连续不断、非常热闹；“老马识途”中的“老马”指经验丰富的人。在汉民族文化中，“马”还代表了一种勇往直前，蓬勃向上，势不可挡的民族精神。如“马到成功”“马不停蹄”“龙马精神”“一马当先”等。《礼记·礼运》载“河出马图”。孔颖达疏引《尚书中候·握河纪》“伏羲氏有天下，龙马负图出于河。”在中国古代，古人认为龙和马可以互变，二者关系非常密切。《周礼·夏官》云：“马八尺以上为龙，七尺以上为騋，六尺以上为马。”龙马一说是指骏马，一说是指似龙似马的动物，身高八尺五寸，颀长高大、伟岸无比。此外，《周易·说卦》曰：“乾为马。”孔颖达疏：“乾象天，天行健，故为马也。”先祖们认为马属阳性，意喻刚健、光明、热烈。马是天的象征，又代表着君王、祖考、君子、威严、健康、善良、生生不息……因而，《周易·乾卦》中总结：“天行健，君子以自强不息!”所以，龙马精神成了中华民族自古以来所崇尚的奋斗不止、自强不息、拼搏向上的民族精神。

在中国文化中，马还是“人才”“能力”的象征。《战国策·燕策一》记载了“千金买骨”的故事：古代有一位国君，想用千金购买一匹千里马，但多年没能如愿以偿。有一位侍臣毛遂自荐去寻找千里马，过了几个月，侍臣找到千里马，但是马已经死了。侍臣花五百金买下千里马的骨头，并回去向国君交差。国君大怒道，我要的是活的千里马，你用五百金买了匹已死的马有什么用？侍臣回答说，死马尚且值五百金，何况活马呢？世人必定认为大王有求千里马的诚意，千里马很快就会上门了。果然不到一年，千里马纷纷而至。这则故事展示了“求贤（千里马）若渴”的道理。

《说文》对马的说明是：怒也，武也。形象地概括了马的威武属性。汉语中很多关于马的表达都有战争的影子，如“戎马生涯”“金戈铁马”“戎马仓皇”“单枪匹马”“马前卒”等。还有“厉兵秣马”意为准备战斗；“马到成功”形容迅速取得成效；“兵慌马乱”形容社会混乱状态；“马革裹尸”谓英勇作战，战死沙场。“夜阑卧听风吹雨，铁马冰河入梦来”表现出作者骑着身披铁甲的战马，驰骋沙场，英勇杀敌的抱负。《孙子兵法·作战》记：“驰车千驷，革车千乘”。驰车指战车，革车指专运粮草器械等物的辎重车。《说文》中有不少关于马行走奔跑状的词语，“骎，马行疾也。”“冯，马行疾也。”“骤，马疾步也。”“騀，马行相及。”“驱，马驰也。”“骋，直弛也。”“驰，大驱也。”“骛，乱马也。”“駾，马行疾来貌。”

马在古代用于交通工具。《说文·马部》："驾，马在轭中，从马加声。"段玉裁《说文解字注》解释说："驾之言以车加于马也。"可见，"驾"的本义是以马驾车。从《说文》"驾、骈、骖、驷、驸"等字可以看出马车形式的丰富多样。"驾，马在轭中。""骈，驾二马也，从马并声。"并像二人并立，二马并谓之骈，犹二人并立谓之并，"骈"就是一车驾二马。"骖，驾三马也。"古人乘车，尊者在左，御者居中，右侧还有一人以保持车的平衡。"骖"指驾在车前两侧的马。还有一种说法认为，左边的马叫"骖"，右边的马叫"騑"。"驷，一乘也。"是拉同一辆车的四匹马，驷马车在古代是速度最快的交通工具。马是古代重要的交通工具，据说，河南洛阳东面的白马寺，就是因为汉明帝时，印度人摄摩腾、竺法西自印度以白马驮佛经而创建命名的。

在韩国，马是一个交通工具，并不代表成功、能力、人才、力量等。在韩国神话中，马是帝王出现的征兆，被视为与太阳有关的神物。在韩国的婚姻风俗之中，新郎要骑着白马到新娘家中迎娶，这与韩国神话中与马相关的太阳神话和天马思想有关。马体现了象征天空的太阳，而太阳又意味着男性，选择马中的白马是因为白色象征着纯洁和光明，并且有神圣、伟大和吉祥的意味。马日被认为是吉日，在马日做酱的话，酱的味道好。与此相比，在马日不能凿井，人们相信如果在马日凿井就会招来祸事或者井中无水的后果。这是因为地属于阴，在阳气旺盛的马日挖地是被禁止的（权娥麟，2010）。在韩语中，马也作为讽刺某人或某事时的语言素材。如："马粪蛋都不认得，还当马医生。"与"没有金刚钻，别揽瓷器活"同义。"只要能活下来，即使活在马粪堆也好。"与"好死不如赖活"同义（郭晓沛，2010）。印度人有新郎骑着牝马迎娶新娘的风俗，故用骑牝马喻结婚。另外，"牲畜市场上的母马"还指代出卖肉体的女人（任飞，2003）。

4.2.2　“狮”“虎”的文化意蕴

虎是中国本土生长的动物，在河南省濮阳市西水坡仰韶文化遗址（距今已5000多年）墓葬中曾发掘出用蚌壳砌塑的龙、虎（王维堤，1990）。中国人对虎比较熟悉，在华南有华南虎，在东北有东北虎。老虎在中国被称为“森林之王、百兽之王”，象征着“勇猛、顽强、威风凛凛”。从小孩子穿的虎头鞋、戴的虎头帽上可以看出中国人对虎的喜爱和敬仰之情。有些地方给孩子取名时也用虎字，如虎娃。老舍先生的名著《骆驼祥子》中女主人公的名字虎妞，显示出她泼辣的性格。民间“武松打虎”的传说也说明了虎的威力。虎在汉语中是“勇猛、有活力、尊贵、权威”的象征，许多带虎字的词语都表达这方面的意思，如：“虎虎生威、虎视眈眈、如虎添翼”等。汉语中的虎常与龙搭配，表示“有生气、有威势”，如“龙腾虎跃、生龙活虎、藏龙卧虎”等。当然在汉语中，虎也有“凶猛、残暴、狠毒之意”，如“拦路虎、狐假虎威、苛政猛于虎”等。此外，虎还表示“危险、困难、险峻的地势、恶势力”等，如“虎口余生、前怕狼后怕虎、龙潭虎穴、纵虎归山”等。

韩国人对虎更是喜爱有加，他们非常喜欢称自己是老虎，认为虎是代表韩国的动物，韩国有关虎的故事和传说比世界上任何一个国家都要多，韩国的绘画作品中虎也频繁亮相。对于中韩两国来说，虎是气势威猛和强者、胜利者、统治者的象征（郭晓沛，2010）。

狮子是外来动物，据罗常培先生考证，古代文献《班超传》《顺帝记》《洛阳伽蓝记》分别记载了狮子的不同来源地：月氏、疏勒、波斯，时间在公元1世纪到2世纪之间（罗常培，1996）。汉语中由狮组成的词并不多，但在中国人的心目中，狮子是人民心中吉祥的化身，寄托着人民消灾除害、吉祥如意的愿望，因此人们逐渐形成了在喜庆佳节及其他重大活动里“舞狮”的习俗，以营造祥和、升平和欢腾的气氛。因而，狮子又获得象征“喜庆”和“吉祥”的语义。在中国，舞狮先是在皇宫内院，继而流传到民间。

狮子在中国的传统建筑物中占有重要位置。中国古代的建筑大多用雕刻的狮子来作守门兽，此外，古人的陵墓、河流上的桥梁也往往会雕上一些狮子。这是因为这些狮子都给人一种威严、庄重的感觉，古人认为能起到避邪的作用。除了在建筑物中狮子很常见之外，中国人都很熟悉舞狮这种传统活动。在春节以及一些庆祝活动中，舞狮跟舞龙一样已经成为中华文化的一个象征。

汉语里有“河东狮吼”的说法，比喻妇人凶悍，对丈夫大吵大叫。原为佛经用语“狮子吼”代表的是“如来正声”，能降服一切魔鬼，形容佛宣流正法，震恐魔军的情态，后来演绎出“河东狮吼”融入了中国民俗文化。“河东狮吼”出自宋朝的大文学家苏轼之笔。诗中写道：“龙丘居士亦可怜，谈空说有夜不眠。忽闻河东师子吼，拄杖落手心茫然。”（宋·洪迈《容斋三笔·陈季常》）苏轼借佛家语言“狮子吼”和陈季常开了个玩笑。苏轼的这首诗成了流传后世的成语。后人经常用“河东狮吼”来比喻妒悍的妻子发怒，并借以嘲笑惧内的人。如《清平山堂话本·快嘴李翠莲记》说：从来夫唱妇相随，莫作河东狮子吼。清·彭养鸥《黑籍冤魂》第二十二回说：少不得太太面前还要趋奉趋奉，防是“河东狮吼”起来，要不太平（王玉英、明月，2007）。另外，由于狮子张口的特点，人们常以“狮子大开口”来谑指贪心、开高价和所提条件离谱。

汉语里和狮子有关的习语较少，而与虎组合的成语、习语则较多。一个有趣的现象是，有些时候，汉语中的老虎可以替换英语中的狮子（杜新宇，2004）。在有着古希腊和古罗马文化传统的欧洲狮子象征着勇猛，因为狮子在他们的文化生活中起了重要作用，他们把狮子看作勇猛强悍的化身。英国人以狮子作为自己国家的象征，如“the British Lion”就是指英国。英语中表达类似于老虎的威风、气势的含义时，常用“lion（狮子）”代替，如：英语中有“regal as a lion”（壮丽如狮）“majestic as a lion”（庄严如狮）。“a literary lion”意思是文学界的名人。这些例子说明“lion”在英语中有积极意义（胡文仲，1997）。英国国王 King Richard I（理查德一世）由于勇敢过人，史称“the Lion Heart（狮心王）”。克伦威尔也曾被誉为“The Lion（狮子，即勇敢的人）”。《圣经》中“lion”有丰富的关联意义：力量、威严、勇敢、凶猛、诡秘、敌人。所以在翻译时，汉语里与“虎”有关的词组通常都被改成英语里的“狮子”，如：“拦路虎（a lion in the way/path）”“深入虎穴或虎口拔牙（beard the lion in his den）”“狐假虎威（donkey in a lion's hide）”“老虎屁股摸不得（one should not twist the lion's tail）”等。在印度，狮子是林中之王，威严勇猛。印度人对狮子的高贵地位和孔武有力推崇备至。他们自称印度为“南亚雄狮”，锡克教男子都以狮子作为名字的一部分（任飞，2003）。

在西方童话故事中，“lion（狮子）”被尊为百兽之王。狮子的形象是勇敢、有气势、威严。所以在英语文化中，“lion”享有汉语文化中“虎”的殊荣，反而“tiger（虎）”倒没有特别联想意义。

参考文献：

包惠南．文化语境与语言翻译．北京：中国对外翻译出版公司，2001.

杜新宇．从动物词汇看英汉语言文化的差异．民俗研究，2004（3）.

郭文海．汉语动物词“驴”之国俗语义探析．昌吉学院学报，2007（5）.

郭晓沛．汉韩动物词文化内涵的对比分析．作家杂志，2003（11）．

胡文仲．英美文化词典．北京：北京外语教学研究出版社，1997.

李枫．对外汉语教学文化因素处理的阶段性划分．语言教学与研究，2010（4）．

梁真惠，陈卫国．动物词“兔”的汉英国俗语义探析．昌吉学院学报，2007（4）．

罗常培．语言与文化．北京：语文出版社，1996.

马坚译．古兰经．北京：中国社会科学出版社，1981.

权娥麟．中韩语言中“马”的象征意味与文化背景初探．理论界，2010（2）．

任飞．印汉动物词语的文化喻义与翻译．解放军外国语学院学报，2003（1）．

汪成慧．俄汉动物语汇文化价值之关联与比较．西华师范大学学报（哲社版），2004（4）．

王维堤．龙的踪迹．大连：大连出版社，1990.

王岩．西汉动物词国俗语义对比及翻译．怀化学院学报，2011（7）．

王玉英，明月．英汉动物词“狮子”之国俗语义探析．浙江树人大学学报，2007（3）．

吴立莉，杨继玲．东西方蛇文化之比较．合肥工业大学学报（社会科学版），2004（2）．

许家星，吴树勤．从《说文》动物词的文化说解看先民的思想认知．重庆邮电学院学报（社会科学版），2006（6）．

闫续瑞，任正．中国“驴”文化考论．史志学刊，2015（6）．

杨光熙．西游记中猪八戒形象的前身是“驴”．学术月刊，2009（4）．

张春明，潘敏．新牛津英汉双解大辞典．上海：上海外语教育出版社，2007.

张帆．俄汉动物词文化伴随意义对比初探．绵阳经济技术高等专科学校学报，2000（3）.

张应斌．驴形象的演变与唐代中外文化交流．国外文学，2005（3）.

http：//zh. wikipedia. org/wiki/%E9%A9%B4.

http：//zh. wikipedia. org/wiki/%E5%A4%A9%E9%B9%85.

第五章　文化意蕴趋异的动物词

5.1　文化意蕴趋异的动物词

5.1.1　“龙”的文化意蕴

“龙”是中国古代传说中的一种动物，在中国古代传说中，龙是一种能腾云驾雾、兴云降雨的神异动物。《周易·乾卦》中称“云从龙，风从虎，”因而它也象征着神通广大。如古代人们建龙王庙以镇水，舞龙以求雨。《本草纲目》记载东汉学者王符较为详细地描述了龙是九种动物合一的形象：“其形有九，头似驼、角似鹿、眼似兔、耳似牛、项似蛇、腹似蜃、鳞似鱼、爪似鹰、掌似虎是也。其背有八十一鳞，具九九阳数。其声如戛铜盘，口旁有须髯，颔下有明珠，喉下有逆鳞，头上有博山。”可见龙的形象是集多种真实动物形象之大成。据古代文献以及历代流传下来的石刻、图像记载，上古时代伏羲、女娲都是人首龙身（也有“伏羲龙身、女娲蛇身”之说）。龙深受中国人的喜爱，中国先民尚龙，传说华夏民族先祖炎帝和黄帝都和龙有密切的关系，华夏民族的祖先黄帝在荆山铸鼎成功以后乘龙飞上天。因此中国人习惯称自己为“龙的传人”。

早期的龙文化主要发生于红山文化、大汶口文化。红山文化中出土的“龙”被考古学家命名为“玉猪龙”。进入青铜时代，龙纹和螺旋纹一起涌现在青铜礼器上，但龙纹所占的地位尚不重要。春秋以降，龙的形象不仅仅出现在礼器上，也开始出现于一般的日用器具，如铜镜、丝织品、帛画上，变成了一种突出祥瑞气氛的图案。战国、秦汉之际，龙纹趋于成熟。由于自秦汉始，皇帝被说成是真龙天子，所以龙就有了三重含义：一是通天的瑞兽，二是君主的化身，三是吉祥瑞兽。北宋美术理论家郭若虚的《图画见闻录》总结了“三停九似”的画龙理论。三停即说在画龙时，龙首至前肢、前肢至腰、腰至尾三部分长度相等。九似即角似鹿、头似驼、眼似兔、项似蛇、腹似蜃、鳞似鱼、爪似鹰、掌似虎、身似牛。这成为后世画龙的框范。明清时代，龙纹成为皇室象征和标志臻于鼎盛。到现代，龙文化成为认祖归宗、团结凝聚和喜庆祥瑞的表达（张锦文，2008）。

龙在中国历史上是一个图腾形象（吴裕成，2004），龙的文化伴随意义直接来源于中国古代的神话和传说，极具神秘色彩。在古人的心目中，“龙”象征着吉祥神圣。“数千年以来，它从未离开过中国人的文化生活，上至达官贵人、下至平民百姓，都尊龙为动物之长乃至万物之长（程立、程建华，2000）。”在中国的神话传说中，龙是人们想象中的灵异动物，在现实生活中并不存在。在商代，“龙”曾是卜问的对象，代表力量和祥和，后来成为封建时期皇权的象征，古代帝王自称为“真龙天子”以神话自己的统治，由此，“龙”就成为皇帝、帝王的象征。《广雅·释诂》称“龙，君也”。凡与皇帝有关的都加一个“龙”字，称皇帝的身体为龙体，皇帝的宝座为龙椅，皇帝的容貌为龙颜，皇帝使用的印章为龙印，还称皇帝的后代为龙子，皇帝的子孙为龙种等。

据《史记·秦始皇本纪》载，秦王政三十六年（公元前211年），“秋，使者从关东夜过华阴平舒道，有人持璧遮使者曰‘今年祖龙死’，使者问其故，因忽不见，置其璧去”。这里的“祖龙”就是指秦始皇。正如《论衡·纪妖》曰：“祖龙死，谓始皇也。祖，人之本；龙，人君之象也。”“龙行虎步”常用来形容帝王之相。

历史上首位主动将自己与龙相联系的帝王是汉高祖刘邦。《史记·高祖本纪》载："高祖，沛丰邑中阳里人，姓刘氏，字季。父曰太公，母曰刘媪。其先刘媪尝息大泽之陂，梦与神遇。是时雷电晦冥，太公往视，则见蛟龙于其上。已而有身，遂产高祖。"

封建时代，龙是皇帝至高权力的象征，只有皇帝能用五爪龙当作标记，其他大臣和皇族只能用四爪龙，即"蟒"作为标记，而百姓阶层不能拥有任何与龙相关的物品或形象。汉语里和龙组合的成语，或带有祥瑞的含义，或展现出一种强大的气势，如"龙凤呈祥""龙腾虎跃""虎踞龙盘""龙骧虎步""生龙活虎""龙飞凤舞"等。

英语中和汉语"龙"对应的是"dragon"①，"dragon"在传说中是凶猛邪恶的有翼巨兽，身体粗壮，长着巨大的蝙蝠翅膀，形象凶残可怕，并且嘴里吐出的火能吞噬人和其他动物，所以"dragon"带有贬义，常用来指凶恶的人，尤指悍妇。外形上看，西方的龙有翅膀，而东方中国龙没有翅膀。"dragon"这种形象据说源自希腊神话，是一个蛇形鳞身，长有蝙蝠样的双翼，拖着一条长长的尾巴，口中能喷烟吐火的怪物，给人们带来的是"灾难""邪恶"和"恐怖"。英语古诗《贝奥伍夫》（*Beowalf*）就是歌颂那位与凶残暴虐的怪物恶龙搏斗而取得胜利的英雄史诗。《圣经》中，与上帝作对的恶魔撒旦（Satan）被称为"the great dragon"。《圣经》的《新约·启示录》中描述的"dragon"是一个长着七头十角的红色怪物，不仅在外观形象上与龙有很大差异，而且"dragon"是魔鬼撒旦的化身，后来被天使用一根大铁链捆绑起来扔进了无底洞。因此"dragon"象征"邪恶残暴"。在基督教中 dragon 也总是与邪恶联系在一起。一些圣徒如圣麦克尔、圣乔治等都以杀死 dragon 为其业绩。由于它令人感到恐怖，所以很早就被用来

① 由于"龙"和"dragon"的意义并不对等，因而，有学者认为应当用"loong"作为"龙"的英文翻译。

作为战争的旗帜。在诺曼人征服英国以前，“dragon”是英国皇家的主要战争徽记。据陈德彰对英、美、加、澳多人的调查结果表明，“dragon”的联想意义多为“暴躁、神秘、恐怖、凶恶”（牛新生，2003）。在俄文化中，龙也象征邪恶、残忍、无情，含否定评价色彩。可见“龙”和“dragon”除都是传说中的动物外，在基本义与象征义，包括文化附加义方面并无其他共通之处。

在日耳曼民族史诗《尼伯龙根之歌》里，龙是凶恶的动物，被英雄希格弗里德杀死。正因为龙在德国的文化中不被人喜爱，所以常作为贬义的词语来使用，如某个女人很厉害，蛮横不讲道理，人们就把她喻为“Hausdrachen”，本义是“家龙”，比喻为“泼妇”（朱小安，1995）。而受中国文化的影响，在日本、韩国文化里，龙也是一种神圣的动物，代表着吉祥、才能、权力等。

5.1.2　“凤”的文化意蕴

除“龙”以外，具有明显象征意义传说中的动物词还有“凤凰”。据《尔雅·释鸟》中记载，凤凰的形体为：“鸡头、蛇颈、燕颔、龟背、鱼尾、五彩色、高六尺许。”是一个集众多动物于一身的神鸟，象征吉祥。《说文解字》曰：“凤，神鸟也。”《山海经·图赞》中记载凤凰有五种如文字的纹路：“首文曰德，翼文曰顺，背文曰义，腹文曰信，膺文曰仁。是鸟也，饮食自然，自歌自舞，见则天下安宁。”《诗经》中有“凤凰灵鸟”的记载。在神话传说中，凤凰是一种神异动物，与龙、龟、麒麟合称“四灵”，凤凰前如鸿鸟，后像麒麟，它有蛇的颈、鱼的尾巴、龙的纹彩、龟的身躯。原是东夷少昊氏部族的图腾，后与其他动物图腾融合神化而成（李萍，2000）。

凤凰自古被汉民族视为吉祥的神鸟，它给人间带来吉祥、幸福。古人认为如果出现凤凰则是时代太平、国家昌隆的吉兆。《诗经·大雅·卷阿》载：“凤凰鸣矣，于彼高岗。”是说周文王出世时，岐山有凤鸣。《尚书·益稷》载：“箫韶九成，凤凰来仪。”是说在大禹治水后的盛典中，凤凰飞来载歌载舞，以示祥瑞。《淮南子》曰：“凤凰之翔，至德也，雷霆不作，风雨不兴，川谷不澹，草木不摇。”

凤凰又是高贵的象征，《史记》说“凤凰不与燕雀为群，它出于东方君子之国；非梧桐不栖，非竹实不食，非醴泉不饮。”韩愈《与崔群书》中说：“凤凰，芝草，贤愚皆为美瑞。”认为凤凰是美丽吉祥的鸟，被赋予高贵神秘的色彩。

凤凰象征着富贵吉祥，是鸟中之王，所以有“百鸟朝凤”的说法。民间艺术中有“百鸟朝凤”的剪纸，也有“百鸟朝凤”的绣花图，也有“百鸟朝凤”的乐曲。凤凰寄托了人们对美好生活的向往，所以，旧时凤也用来比喻有圣德的人，象征有贤能、才华，“龙跃凤鸣”比喻才华出众；“龙驹凤雏”或“麟子凤雏”比喻英俊聪慧的少年。“山沟里飞出了金凤凰”表示在偏僻的乡村出现了有特殊才干的人。现代的人们也常用“望子成龙，望女成凤”表达对子女拥有美好前程的希望。而且以前中国父母给女孩子取名时，也爱用“凤”字。凤凰是吉祥如意的象征，同时它也代表数量极少的珍贵事物。如“凤毛麟角”象征珍贵而不可多得的人或事物。

“凤凰”分为雌雄，“凤者为雄，凰者为雌”，但是龙凤相结合，就把凤凰“雌”化了。古时，人们相信凤凰出现预示着天下太平。后世多以龙比喻皇帝，以凤凰比喻皇后，皇帝与皇后相配则是“龙凤呈祥”，喻指幸福。作为美好女性象征的凤，常与代表男性的龙连用。这在很多习语中都有所体现，如“鸾凤和鸣、龙驹凤雏、龙生凤养”等。此外“龙飞凤舞”的形象在我国古代建筑上常常见到。

英语中 phoenix 源于埃及神话中的“长生鸟”，每 500 年衔木自焚，又从灰烬中再生，因此 phoenix 表示“死而复生、复活、纯洁”的含义，据说它在阿拉伯沙漠上生存了五六百年，临死前为自己筑了一个里面铺满香料的巢，唱完一支凄凉的挽歌后，用翅膀扇火，将自己烧为灰烬，然后在灰烬中又诞生一只新的 phoenix，因此英语中有一句成语叫“rise like a phoenix from the ashes”，意为“毁灭或失败后重新兴起”或“回复生机”（张宗久，2007）。

西班牙人心目中的凤凰也来自埃及神话中的长生鸟或不死鸟（孙义桢，2008）。中国国际航空公司有一句广告词为：“一旦踏上中国国际航空公司的班机，吉祥的凤凰鸟定会给您带来旅途的愉快，事业的成功。”在西班牙学者看来，不会有任何一家西方的航空公司会冒险使用这样的形象来进行广告宣传（王岩，2011）。

5.1.3 “狗”的文化意蕴

“狗”的本义是一种哺乳动物。在汉文化历史上，狗曾经具有“信使”的含义。王实甫《西厢记》就曾写道：“不闻黄犬音，难传红叶诗。”但是后来，狗的伴随意义发生了变化，趋于贬义。

在汉语中，狗多是用来指骂卑劣丑恶的人，以狗喻人则是对人的大不敬。《墨子·耕柱》曰：“言则称于汤文，行则譬于狗豨，伤矣哉！”带有明显的贬义，大概开了后代“狗”含贬义的先河。明代学者顾起元《客座赘语》中有“嘲事之失度、人之失意也曰狗”，这就是说，做事卑劣或身份低贱者会被人视为狗（唐汉，2003）。汉语中狗可以用来表示令人讨厌或憎恶，比如吴敬梓《儒林外史》中有：“万雪斋这狗头，如此可恶！”《四世同堂》中说：“他也想象到怎样顺手儿教训教训那些人模狗样的科长科员们。”狗可以用来比喻坏人、恶人。如“狗胆包天”，《金瓶梅传奇》第九回：“荔枝儿冷冷一笑，咯咯咬得银牙响，着恼说道：哪个充你小姐？青天白日，你们狗胆包天，胆敢抢夺民女，不怕朝廷三尺王法？”（石兰，2010）

汉语中狗也可以用来比喻伪劣的、质地不好的东西。比如

“狗尾续貂”“狗皮膏药”“挂羊头、卖狗肉”“狗头军师”“画虎不成反类犬”等。“狗血喷头”形容骂得痛快淋漓。吴敬梓《儒林外史》第三回：范进因没有盘缠，去同丈人商议，被胡屠夫一口啐在脸上，骂了一个狗血喷头。

狗还可以表示不务正业或者荒淫的人，如“狐朋狗友”“声色犬马”，《红楼梦》第十回说道：“恼的是那狐朋狗友，搬弄是非，调三窝四；气的是为他兄弟不学好，不上心念书。”《聊斋志异·续黄粱》称：“声色狗马，昼夜荒淫，国计民生，罔存念虑。”狗还可以比喻势利、目光短浅。例如“狗仗人势”“狗眼看人低”“狗咬吕洞宾——不识好人心。”

汉语里带“狗”的词大都是负面评价的，如“狗腿子”“走狗”“老狗”“哈巴狗”“癞皮狗”“狗改不了吃屎”“狗仗人势”“落水狗”“狼心狗肺”“狗嘴里吐不出象牙来”“狗急跳墙”“狗屁不通”等。

虽然与狗组合的词大多含贬义，但是因为狗有忠诚的一面，汉语中长久以来流传着这样的佳句：“儿不嫌母丑，狗不嫌家贫。”人们在赞扬狗的忠实、勇猛的同时，也把有功之臣或得力的助手比喻为狗。《史记·萧相国世家》中有这样一段话：“夫猎，追杀兽兔者，狗也；而发纵指示兽处者，人也。今诸君徒能走得兽耳，功狗也；至如萧何，发踪指示，功人也。”此后，功狗、功人便用来比喻立功的将士。而当刘邦将韩信置于囚车意欲杀他时，韩信则以良狗自喻，高呼：“狡兔死，良狗烹。”希望刘邦能忆起他曾立下的汗马功劳而从宽发落。后来，“兔死狗烹”就用来比喻为统治者效劳的人事后被抛弃或杀掉。此外，古时臣仆对君主自喻为“犬马”，表示自己的忠诚，甘愿为君主奔走效力。人们用“犬马之劳”表示对上级或朋友的衷心。如施耐庵《水浒全传》第六十三回中有：“李某不才，食禄多矣，无功报德，愿施犬马之劳。”而《汉书》之《赵充国传》中赵充国称自己的年龄为“犬马之齿”。在英语中，当赞美某人待人忠诚时，常说“as faithful as a dog.”一位英国妇女甚至以“I am a one man's dog.”来表达自己对丈夫的忠诚和挚爱（达妮卡·赛莱斯科维奇、玛丽亚娜·勒德雷尔，1992）。

此外，汉语中可以用“犬”作谦词。人们用“景升豚犬”或“犬子”谦称自己的子女，如：清代李渔《闲情偶寄》词曲《结构》中有：“向忧伯道之忧，今且五其男，二其女，孕而未诞，诞而待孕者，尚不一其人，虽尽属景升豚犬，然得此以慰桑榆，不忧穷民之无告矣。”再如《红楼梦》里北静王见过宝玉之后与贾政的对话，北静王见他语言清朗，谈吐有致，一面又向贾政笑道：“令郎真乃龙驹凤雏，非小王在世翁前唐突，将来雏凤清于老凤声，未可量也。”贾政陪笑道：“犬子岂敢谬承金奖，赖藩郡余恩，果如是言，亦荫生辈之幸矣。”并且我国北方农村以及边远山区的人家喜欢以狗给自家的孩子取名，比如：二狗子、狗剩、狗娃、细狗等。这是因为迷信传言粗鄙、命贱者长寿，而狗的生命力顽强，给子女取这样的名字寓含有希望自己的孩子像狗一样贱生贱长、成长顺利之意（石兰，2010）。

反观欧美人认为狗忠诚而有责任感、值得信赖，既能看家护院，又能成为生活的伴侣，往往将狗视为家庭的一员，其语义指向是“家人”，因此对狗倾向于好的联想，常将狗用于拟人，与狗相关的习语大多带有褒义成分。“top dog”为优胜者；“big dog”表示要人；“lucky dog”指幸运儿；“clever dog”代表聪明孩子；“gay dog”指快乐的人；“as faith as a dog”说明像狗一样忠实；“If the old dog barks, he gives counsel.（不听老人言，吃亏在眼前。）”这里的“old dog”指上了年纪经验丰富的老手。当然，狗有时也带有消极色彩，如“dog's life”就表示潦倒的生活。

在英语口语中，“dog”可以表示“男人、小伙子、家伙”的意思，本身并没有贬义，而是视其前面的形容词具有不同含义。

例如：在“dumb dog（沉默寡言的人）”“lucky dog（幸运儿）”“top dog（位居要津的人）”中，“dog”前面的形容词不具有贬义，所构成的词语也没有贬义。而在“sly dog（阴险的家伙）”“dirty dog（卑鄙的家伙）”“surly dog（脾气粗暴的人）”“lazy dog（懒汉）”中，“dog”前的形容词本身具有贬义，则与其构成的词语也具有贬义。以狗拟人的用法在英语中相当普遍，例如：“Every dog has his day.（每只狗都有他的好时光）”。而“dog eat dog”意为“同类间的残酷无情的竞争”，它可以用来指企业之间的竞争、体育竞赛乃至社会生活中各方面的激烈竞争。比如：“During the California gold rush，men had a dog eat dog life.（加州的淘金热时期人们生活在激烈的竞争中）。”（陆谷孙，1993）

英美人常以狗自称或互称，而不带有贬低之意。现代作家 Noel Coward 曾写过这样的戏谑语：“Mad dogs and Englishmen go out in midday sun.”意为“英国人在中午太阳最热的时候出去从事户外体育活动就像疯狗似的”。英国人听了这话并不介意。但如果把句中的 Englishmen 改成 Chinesemen，再说给中国人听，那会被认为是一种莫大的侮辱（文军，1989）。此外，西方传说行雨的巫师常变成猫，而狗又是风神的使者，故而“to rain cats and dogs（下猫下狗）”被赋予了“倾盆大雨”之意。

在西方，人们通常将“dog”作为宠物来养，有些家庭养狗以防盗，在一些牧羊区狗被用作牧羊犬帮助管理羊群。“dog”被称为人类最好的朋友，因此西方人对于食狗肉十分反感。在英语中，狗的比喻基本上用于褒义，大多用来形容和描述事物好的一面。1972 年在德国慕尼黑举行的二十届夏季奥运会，第一次使用犬为吉祥物，这是一头短腿长身的德国腊肠猎犬，代表着人们坚毅、坚持和敏捷的特性，吉祥物将奥运会价值拟人化了，为其赋予实际的形体并使之广为儿童所接受，开辟奥运会吉祥物历史的先河（马大君等，2006）。

相反，印度人把狗从生到死贬得一无是处，用狗来比喻好闹事、阿谀奉承、虚伪、贪吃、卑贱低微的人（任飞，2003）。狗这一词的伴随意义呈褒贬两重性。在具体的语言情境中可能出现不同的伴随意义。一方面人们认为狗忠诚于主人，给予褒扬，如俄国作家契诃夫就曾称自己的妻子为狗；另一方面人们也注意狗的借势欺人，给予贬斥。

5.1.4　“象”的文化意蕴

在汉语中，“象”是吉祥物，中国有不少地方以象命名，如浙江有象山，广西有象州、象鼻山，西藏有象河……“象”还是地位的象征，如上古时代，黄帝乘坐象驾之车；远古时贵妇身穿绘有各种图案的象服。“象”据说与佛教传说颇有渊源。相传迦毗罗卫城（Kapilavastu）的摩耶夫人梦见白象而受孕生下了后来的佛祖乔达摩·悉达多王子。观世音菩萨在得道前去须弥山朝拜，途中遇险，幸得白象两次相救才脱险。在深受佛教文化影响的中国，人们喜爱大象。在古代，南方邻国向中国进贡大象，这些象被驯养，在皇家举行典礼时出场展示威仪。

相反，在英语中，“白象”比喻大而无用、累赘的东西。英语“white elephant”，指一项很贵重，需要高昂费用维持，但难有巨大经济效益的资产。这词的来源有不同说法，一般认为是 1901 年，当时的纽约巨人棒球队（今旧金山巨人）经理 John McGraw 评论费城商人 Benjamin Shibe 收购当时的费城运动家棒球队（今奥克兰运动家）时说的。当时，运动员队经理 Connie Mack 选择了“象”作为球队的标志及吉祥物，球队有时被称为白象（维基百科）。

还有一种说法源于泰国，泰国国王如果不喜欢某个臣民，就会送他一只大白象，以示惩罚，白象稀有而珍贵，且是泰国皇室的象征。受到保护，但由于大象食量巨大，耗费也庞大，又没有实际用处，因而受赠者往往苦不堪言。所以“白象”常用来比喻笨拙、累赘。

而在泰国，象是国家的象征。泰国很多府的标志都有象的图案。相传白象为古时泰北的兰纳王朝带来幸运，自此成为泰国的国宝。皇家白象勋章是泰国皇室勋章的最高级别。据说上海的白象牌电池在东南亚国家卖得很好，而在欧美国家的销量则不大，这应该可以从白象背后的文化意蕴推想而知了。

5.1.5 “山羊”的文化意蕴

绵羊性情温顺，在中国人看来是驯服、温顺、任人宰割的小动物，故而有“可怜的小绵羊”“迷途的羔羊”“替罪羊”等俗语，表达了人们对绵羊的爱怜与同情。同样，英语中“sheep”（绵羊）也代表驯服、温顺，有时指愚钝的人。如“to follow like sheep”表示盲从。

《说文·羊部》载：“羊，祥也”。《考工记注》载：“羊，善也”，并补注说“義、美字皆从羊”。因此“祥、善、美、義”皆从羊得义，表示吉祥，美好之意。《墨子·明鬼下》曰：“有恐后世子孙，不能敬莙以取羊。”因而，“羊”在中国文化中象征“吉祥”，如成语“三羊开泰”。羊性情温顺，畜养容易并且肉肥味美。《礼记·月令》：“仲春之月……载青旗，衣青衣，服仓玉，食麦与羊。”

而中西方文化赋予“山羊”的象征意义有所不同。据说，山羊是一种聪明好奇的动物，经常能想出各种办法跨越护栏，并且可以轻易地爬到树上。汉语中“山羊”蕴含着博学的意思，而英语中“goat（山羊）”含有“好色的、不正经的男子”的文化内涵，因为希腊神话中好色淫乱的“森林之神”，常常以长着山羊腿的怪物形象出现，因此，英语中“goat”代表淫荡邪恶，常常含有“好色的、不正经的男子、色鬼”的意思。《圣经》中把绵羊比作善人，把山羊比作恶人。在犹太文化中视山羊为叛逆。在俄罗斯文化中，公山羊比喻（在某方面）毫无用处的人；干坏事的人；形容唱歌难听，长相难看；形容男人性格倔强。母山羊用来形容女人性格倔犟，也比喻地位卑微的人（袁俭伟，2011）。

5.1.6 “老鼠”的文化意蕴

在汉语文化中，“老鼠”的内涵以负面居多。《诗经》中有喻指贪官污吏的“硕鼠”；《荀子》里无专精的“鼯鼠五技之穷”；《史记》里的“鼠窃狗盗”；《汉书》中的“投鼠忌器”等，其中“鼠”都含有贬义。此外老鼠还有喻指“猥琐、卑鄙、心胸狭窄”的人，是胆小的象征，如常用来形容一个人“胆小如鼠”“鼠辈”；形容神情鬼鬼祟祟的“贼眉鼠眼”；比喻气量狭小，只考虑小事，不顾大局的“鼠肚鸡肠”；常常喻人眼光短，见识浅的“鼠目寸光”；比喻像老鼠那样的惊慌逃走的“鼠窜”，都是负面的含义。而在英语老鼠则比喻贫穷或品质恶劣等。同时它还是“安静”的喻体，因此，英语有“as quiet as a mouse”这样的比喻。英语中“mouse（小老鼠）”给人老实可爱的印象，多形容生物，常用于儿童。

而在民间信仰中，老鼠也有吉祥的一面。中国民间流传着“鼠咬开天，天开于子”的故事，小小的老鼠在天地相交之处，阴阳交接的子时将人类带出混沌，开创了人类世界，也便有了十二生肖鼠为先的原始信仰（黄阳艳，2006）。汉民族亦有以鼠为钱神、财神的信仰。老鼠夜间吱吱鸣叫，如数铜钱之声，俗称“老鼠数钱”（姚立江、潘春兰，2002）。另外，子鼠神系繁衍生育多产神，是化生万物者，是生命繁衍的象征，人们敬祭鼠神，祈求子孙满堂、早生贵子（黄阳艳，2006）。

在日本，老鼠是福运的象征。俗话认为鼠来则福至，鼠去则福去：老鼠在地板下叫则喜事临门；老鼠每晚在塌塌米上跑起尘土预示福运要来或有乔迁之喜；老鼠咬破衣帽则有喜事来临……

人们尤其认为白色的老鼠入宅吉利，家有白鼠会发财，捉住白鼠运气好。但也有地方民俗认为老鼠也会给人们带来不幸：梦见老鼠不吉利；在室内吹口哨老鼠会增多；夜里模仿老鼠叫会招引蛇（王秀文，2008）。

而在韩国，老鼠却受到不同待遇。韩国人提到老鼠多想到两个象征意义：第一个是灵性，包括它的机灵和性能通灵两个方面。鼠嗅觉敏感，胆小多疑，警惕性高，加上它的身体十分灵巧，穿墙越壁，奔行如飞。另外，民间还认为鼠性通灵，能预知吉凶灾祸。第二个是生命力强。老鼠的繁殖力强，成活率高，寿命长，这是其他动物可望而不可即的。虽然在韩国，鼠的文化含义多代表褒义，但是在韩语中关于老鼠的谚语跟吉祥有关的非常罕见，大多数是比喻东西少或动作幅度小等（郭晓沛，2010）。

5.1.7 “熊”的文化意蕴

“熊”在中国人和英国人头脑中产生的联想意义大相径庭。中国人一谈到与熊有关的词汇想起的是“窝囊、没本事”等文化内涵，中国人说一个人“真熊”，实际上是说对方“真笨、无能、软弱”。而英美人可能认为熊是凶猛、危险比较笨拙的动物，同时又觉得动物园或野生动物园里的熊调皮淘气、滑稽可爱。在英语口语中“bear（熊）”可形容有特殊才能的人、佼佼者，如“He is a bear at mathematics（他是个数学天才）”。“bear cat”指大力勇猛的人。

熊是俄罗斯民族的图腾，象征着力量、勇敢。俄国人非常喜欢“медведь（熊）”，在1979年前苏联中央电视台“动物世界”栏目，倡议在全国开展征集1980年在莫斯科举办的第22届奥运会的“吉祥物”活动中，“медведь（熊）”得票最多，最后小熊米什卡成为吉祥物。并且在俄国许多人还以“медведь（熊）”作为自己的名字。另外，“медведь（熊）”还有表示“主人”的象征意义，如俄语谚语“家中之主犹如林中之熊”。也有未婚夫之意，姑娘梦到“медведь（熊）”象征将出嫁（张帆，2000）。另外，因为熊体态臃肿，所以在俄文化中，它也是笨拙的代名词（韩彦伟，2006）。

人类文化的开端是神话，每个国家都有属于自己的神话。从中韩两国神话中出现的动物形象上，可以看出两国动物词文化内涵差异性的端倪。韩国的开端神话是《檀君神话》。这个神话故事中，出现了“熊”。熊变成了一个女人，熊女与桓雄天王结婚，生下檀君。这个檀君，就是古朝鲜的开国君主。因此经过漫长的煎熬和苦难而变成人的熊女被视为韩国（朝鲜）的国母形象，是柔顺、勤勉、乐观、上进的形象。因此在韩语里有“像熊一样的媳妇”，比喻媳妇温顺、大方。而在中国“熊”的文化含义没有韩国丰富多彩（郭晓沛，2010）。

5.1.8 “猫”的文化意蕴

中国人认为猫可与主人作伴消遣，而且猫还抓老鼠颇具实用价值。中国人比较喜爱猫，用“馋猫”比喻人贪吃，用“走猫步”来形容T型台上的模特走路姿势，用“猫眼”来指对稀有石头的珍贵。宋代大诗人黄庭坚，明代大文人文征明都写过《乞猫诗》，表现了人们对猫的喜爱。猫在中国文化还是长寿的象征。蝴蝶简称“蝶”，“蝶”与“耋”谐音，“猫”与“耄”谐音，“耄耋”是指年纪很大的人，因此，猫和蝴蝶的图案象征长寿（居阅时、瞿明安，2001）。然而和猫组合的词有时也含负面意义，如“照猫画虎、猫噬鹦鹉、争猫丢牛、猫哭耗子、三脚猫功夫”等。

猫在汉语中代表温和柔顺，但英语国家的人厌恶猫。猫文化在人类驯养家猫之初便已出现，这时的猫被尊为“圣兽”，而且在古埃及早期艺术中兼具太阳神和月亮神的双身份：在古埃及陪葬文集《死者之书》的插图中，猫是太阳神——拉的化身，正在处决黑暗与邪恶之蛇——阿波菲斯；而有时候作为一座雄伟庙宇中矗立的猫首人身巴斯特青铜神像，猫又是月亮女神的象征。在希腊雅典城出土的雕有猫形的墓碑、在意大利南部出土的猫浮雕，以及在庞贝城出土的栩栩如生的“猫捉鸟”马赛克镶嵌壁画等，都表明了在古希腊、古罗马等古代文明中猫文化的崇高地位依然十分牢固地随史流传。在中国猫也曾被神化，《礼记·郊特牲》中记载了“蜡祭八神”中的猫神。后来猫的形象发生了大幅度转变，不仅走下了“神坛”，而且常是善良和邪恶两种截然不同的化身。西方一幅猫天使和猫魔鬼正在争夺猫女郎的灵魂的宗教插画，恰如其分地表现了猫文化随后的发展历程。文艺复兴初期，欧洲人将猫视为异教徒的象征，使其遭到了空前浩劫。猫的神圣地位直转而下，蜕变为邪恶的代表、不祥的动物。尽管后来猫的命运有所改观，但西方关于黑猫的禁忌却源远流长。这个禁忌可能出自一个古老的迷信传说：黑猫是魔鬼撒旦的化身，并与巫婆相伴。因此西方人常把黑猫与厄运关联以至于在当代文学作品《哈利·波特与魔法石》中，最后也证实了常与一只黑猫一起出没的那位住在女贞路的神秘老太婆的确是一个巫婆（李湘涛，2015）。

英文中很多与猫有关的习语都含贬义，“She is a cat.”意为她是一个包藏祸心的女人。“He is a queer cat.”表示他是个怪人，“a cat in the pan”表示临阵脱逃，“turn the cat in the pan”表示见异思迁，“Let the cat out o f the bag.”表示泄露秘密。cat 在英国传统文化中是魔鬼的化身，是中世纪巫婆的守护精灵，因此常用来比喻心地恶毒的女人。特别是黑色的猫会让西方人产生不祥的联想。此外，英语中的 cat 还有“下暴雨”的意思。这个喻义源自北欧神话。“dog”（狗）和“wolf（狼）”象征“风”，“cat”（猫）象征“雨”，所以大雨倾盆可以说成“rain cats and dogs”。在俄罗斯，当有乔迁之喜时，总要按传统让猫先行入室，希望能带来幸福和睦，所以在俄语猫有象征家庭幸福之意。但他们却十分厌恶忌讳黑猫，认为黑猫会带来厄运，无论谁要做什么，只要见到黑猫就不是好兆头。

在日本有一种常见的猫型偶像摆设，通常用陶瓷制作。一般为白色，形态为其中一手高举至头顶，作出向人招俫的手势。这就是所谓的“招财猫”。有人认为招财猫之概念源于古代中国，唐代段成式著《酉阳杂俎》就写道：“猫洗面过耳则客至”，招财猫的形象跃然纸上；可以确定至少在一千年前的唐代，当时中国民间就有此习俗了。而日本的招财猫传说可以追溯到约四百年前的江户时代，可是真正出现陶制的招财猫，却是一百五十年前。关于招财猫的典故有种种民间传说，日本人也实在不知道哪个传说是正确的，不同的说法成就了当今日本招财猫不同的流派（维基百科）。

5.1.9 “猫头鹰”的文化意蕴

“猫头鹰”又名“枭”，旧时人们认为枭是恶鸟，见到它的人会遭遇不祥之事。在汉族广大地区猫头鹰常被与前兆迷信关联起来。由于猫头鹰昼伏夜出，常在夜间活动，并盘旋于坟场，且在深夜里发出凄厉的鸣叫，人们把它的叫声与死人相联系，说猫头鹰叫孝。迷信的人认为它是不祥之鸟。人们一听到猫头鹰叫就会想到厄运或不吉利的事即将来临，所以有“夜猫子（猫头鹰的别称）进宅，无事不来”的说法。

英语中“owl（猫头鹰）”的形象与汉语的猫头鹰完全不同，“owl（猫头鹰）”在英语中代表智慧的鸟。在希腊神话中“owl”是智慧女神雅典娜的使者，常常栖息在智慧女神雅典娜的身边，所以英语中认为它是一种聪明、机智的鸟，因而带有“精明、智慧”等文化内涵。禽兽间的争端要请它来裁决，紧要关头要向它求教。“as wise as an owl（像猫头鹰一样智慧）”即是一例。西方有一个传说，说猫头鹰原是一个面包师的女儿，一天上帝到了面包师的铺子里，想要一点吃的，女主人听了他的话之后，把一块面饼放到烤炉里烘烤。她女儿说饼太大，又从里面取出一半，面饼烤得越来越大，达到惊人的地步，面包师的女儿不断地叫“吆！吆！”，并迅速变成了猫头鹰（刘俊，2002）。在俄罗斯，人们把猫头鹰看作吉祥鸟，是一种智慧之鸟，智慧女神雅典娜的脚下总是栖息着一只猫头鹰，在童话故事中，动物之间的纷争总是由聪明的猫头鹰加以解决（韩彦伟，2006）。

在日本，猫头鹰的发音“ふくろう”（Fukurou）同“不苦劳”“福郎”相近，引申出不辛苦、招福之意。在印度神话中，猫头鹰是财富女神吉祥天的同伴，是丰饶的信使。在希腊神话，猫头鹰象征智慧，因此在很多童话故事中，猫头鹰都以博士形象出现（维基百科）。在印度，猫头鹰主要是傻瓜的代名词。由于在神话传说中它是财富女神的座骑，所以还用它来讽喻富人（任飞，2003）。

5.1.10 “鱼”的文化意蕴

“鱼”是中国早期的图腾崇拜物。西安半坡遗址出土的鱼纹盆以及人面鱼盆，证明了鱼的图腾崇拜在原始社会就存在。对于原始社会的人来说，鱼和他们的生活息息相关，因为他们临水而居，鱼是他们的食物和生活的保障，没有鱼就意味着死亡，所以就产生了对鱼的崇拜，认为它是美的象征（瞿海平，2011）。鱼在中国文化里，也是一种有灵性的动物，在中国有关于鱼变人的传说。《山海经广注》曰：“人鱼，长四尺许，体具牝牡，人也；惟背有短鬣，微红。”《神异经》曰：“横公鱼，长七八尺，形如鲤而赤，昼在水中，夜化为人。”《灵异记》载“耒阳县东北有芦塘八九顷，其深不可测，中有鲛鱼，五日一化，或为美妇人，或为美男子。”中国古典诗词中，鱼，尤其是鲤鱼，经常充当信使的，传递书信。如：宋·赵令畤《蝶恋花》云：“蝶去莺飞无处问，隔水高楼，望断双鱼信。”宋·秦观《踏莎行》云：“驿寄梅花，鱼传尺素，砌成此恨无重数。”

“鱼”在汉民族的生活中占有极其重要的地位，寄托了人们美好的感情。因为“鱼”与“余”发音相谐，在日常生活中“鱼”寓意“喜庆、富裕”，人们借其音来求得吉祥富足。中国人常说“吉庆有余”“双鱼吉庆”。宴席上有“鸡”有“鱼”，乃是取其“吉庆有余”之义。过年时少不了鱼年画，餐桌上也必有“鱼”，因为要“年年有鱼（余）”，表现出人们对富裕生活的向往。汉语中的“鱼”在民间文化中代表着亨通兴隆、升迁腾达之意。无论是古代传说“鲤鱼跳龙门”，还是现代人在自己公司、商店里养上几只鱼，多为锦鲤，表示“进利”之意。每缸锦鲤里，必然有一条或数条全身乌黑、肚皮金黄被称为“铁包金”的鱼，寓意“肚里有黄金”，即发财。此外，汉语中的“鱼”有生殖信仰象征意义。鱼的繁殖能力强，在母系社会，人们的寿命普遍较短，而大量繁衍是人类得以延续的重要方式，所以人们渴望人丁兴旺、多子多孙（瞿海平，2011）。除上述正面文化意义外，汉语中的“鱼”也指代不良的、劣质的，如“鱼龙混杂”“鱼目混珠”。另外，汉语的“鱼”可指代利益，如“浑水摸鱼”“放长线钓大鱼”等。

而英国三岛由于四面环水，它的地理环境使得鱼成为人们生活中司空见惯的寻常之物，反映在语言上便是褒义色彩淡薄，而常以中性偏贬的文化意义出现。英语中的“fish（鱼）”指各色人等，“a big fish”指的是“大人物”，“a dull fish”指的是“笨汉”，“a poor fish”指的是“可怜的人”。英语“fish”的贬义色彩如“fish in troubled waters”表示浑水摸鱼、趁火打劫，“drink like a fish”表示牛饮。

“He eats no fish.”字面上是“此人不吃鱼腥”，但实际意义为“他是位诚实的人”；为何说不吃鱼腥的人就是诚实呢？这一习俗语与宗教有关。伊丽莎白一世时代，信奉天主教的英国人按照罗马天主教会定下的教规，在星期五那天只吃鱼、不吃肉。但是，信奉基督教人的却不信这一套，在星期五照样吃肉。这样，某人因为不是罗马天主教徒，就用“he eats no fish”来形容他对基督教的忠诚（曾纪伟、黄莹，2006）。

西方也有人鱼传说，西洋传说、童话中的人鱼，上半身是人形，而且多为女性，下半身则是鱼的身体。人鱼在艺术、文学或绘画上，通常作为一种隐喻的象征物而存在，而且大多用来象征不幸的事。大部分的文学艺术作品当中，人鱼的下场都比较凄惨，无法获得幸福，代表性的形象如安徒生童话中的美人鱼。

日本也有人鱼的相关传说，但其姿态称不上美好，以奇形怪状者居多。13 世纪的《古今着闻集》中写道：“头部像猿猴，有着像鱼一样细细的牙齿，”看似是一头怪兽。《诸国里人谈》记载的人鱼“有着人类的头，胸前有着如鸡冠一样红色的肉褶，下半身是鱼的形状。”《古今奇谈莠句册》另有“头部有像人脸一般，眉毛眼睛俱全，皮肤很白，头发是红色的，红鳍之间有手，并且指间有蹼，下半身为鱼形”的记载。

5.1.11 “杜鹃”的文化意蕴

“杜鹃”俗称“布谷”，又称“望帝”，又名“子规、杜宇、子鹃”。古代传说，周朝末年蜀地的君主杜宇，号望帝，后禅位于治水有功的鳖灵，自己则在杜鹃啼鸣的季节离位归隐。一说蜀王禅位退隐后，不幸国亡身死，魂化为杜鹃，暮春啼哭，口中流血，这就是成语“子规啼血”的来历。杜鹃“至春则啼，闻者凄侧”，好像是说“不如归去，不如归去”，容易触动人们的乡愁乡思。杜鹃啼鸣，叫声如怨如诉，被称为怨鸟。《埤雅·释鸟》曰：“杜鹃，一名子规，苦啼。啼，血不止，一名怨鸟，夜啼达旦，血渍草木。”贺铸《忆秦娥》词云：“梨花雪，不胜凄断，杜鹃啼血。”

秦观《踏莎行》词云："可堪孤馆闭春寒，杜鹃声里斜阳暮。"可以想象出杜鹃的哀怨形象。杜鹃那凄厉的叫声同人们的哀愁情绪正相合辙，"愁思"这个抽象概念便物化在"杜鹃"与"啼血"这样的语言符号上了。古人也常把杜鹃与月夜相提并论，通过声与色的渲染，构成了一组奇异的意象，来抒发内心的郁结（瞿泽仁，1996）。杜鹃在中国常与悲苦之事联系在一起，抒写人内心极度的哀怨。

杜鹃（cuckoo）在英语里也称布谷鸟，但形象不固定，有时象征勃勃生机的春天，有时代表愁苦，有时比喻疯人、狂人、傻事、丑事之类。古希腊喜剧大师阿里斯托芬曾写过一个杜鹃建造空中之城的故事，名叫"云雾中的杜鹃国（Cloud-cuckoo Land）"，指的其实是不切实际的狂想空想。20 世纪 70 年代美国还出了一部反映病态社会的电影《飞越疯人院》（*One Flew Over the Cuckoo's nest*），直译也是"飞越杜鹃巢"（瞿泽仁，1996）。

5.1.12　其他不同文化意蕴的动物词

除上面的动物外，还有一些动物在不同文化背景下文化意蕴迥异。

"乌鸦"，因通体乌黑，叫声低沉凄惨，被很多中国人认为是不祥之鸟。在远古时代，我们的先民往往把乌鸦和太阳联系在一起，古人认为，日中有金乌，月中有玉兔。这金乌指的就是乌鸦。在中国古代文化传统中，乌鸦曾被认为是一种孝鸟，用乌鸦反哺来比喻人子的孝思。现在，我们提到乌鸦，一般与不吉利的事情连在一起，如"乌鸦嘴"，是指说出的话不吉利。然而在西方文化中，乌鸦是一种聪明智慧的鸟类，有时也象征绝望和死亡。在其他地区，如吉尔吉斯斯坦把"乌鸦"作为吉祥的象征，这与中国人对于"乌鸦"的理解是不同的（焦冬梅，2009）。在日本，大街上到处都能看到乌鸦的身影，人们看到乌鸦也不会产生不良的联想。在印度，乌鸦被认为是世界上最聪明、最滑头的鸟，并用来比喻这样的人。另外，在印度古代传说中，乌鸦被看作信使，尤其是女主人公爱情的信使。印度人认为听见乌鸦叫或看见乌鸦互相啄食，是有贵客临门的吉兆（任飞，2003）。在希腊神话中，乌鸦是太阳神阿波罗的化身。在盛行佛教的缅甸、泰国、尼泊尔、斯里兰卡，虔诚的佛教徒每年都要举行以乌鸦为名义的庙会，向群鸦顶礼膜拜，人们把乌鸦的嘈聒看作一种吉祥之音，认为乌鸦的叫声是一种喜事将要到来的吉兆。哥伦比亚印第安人的图腾选用乌鸦，是勇猛无畏的象征（冯静，2002）。

“喜鹊”一向被汉民族视为“吉祥鸟”，中国人认为它的叫声能带来喜讯，如：“今朝听声喜，家信必应归”；“破颜看鹊喜，拭泪听猿啼”“鹊声喧日出”……喜鹊鸣叫预示着喜事到来，宋代王炎在《晚憩田家》家书中写道：“家书未到鹊先喜，春事无多莺又啼。”符合人们“开门见喜”“抬头见喜”的美好愿望。喜鹊在汉民族文化传说中还是成人之美的吉祥之鸟，它能促成鹊桥相会。在中国的民间传说中，每年的七月七日喜鹊飞上天河，搭起一座鹊桥，让久别的牛郎和织女重逢相会，因而出现了脍炙人口的《鹊桥仙》：“柔情似水，佳期如梦，忍顾鹊桥归路。”在绘画艺术方面，“喜鹊登梅”是中国画中的常见题材。与猫头鹰相反，在汉语文化中，喜鹊是喜庆的象征，“喜鹊叫，好事到”。喜鹊在汉语中大多具有正面积极的文化内涵，如称乘势崛起为“鹊起”，谓兴盛之意；称喜庆为“鹊笑鸠舞”。英语的“magpie（喜鹊）”常用来比喻爱饶舌、喋喋不休的人。俄文化中，喜鹊也象征饶舌、爱搬弄是非。

“蝙蝠”，在中国传统文化中，被认为是幸福的象征，因为汉语里蝙蝠的“蝠”与幸福的“福”同音，元稹《长庆集》十五《景中秋》诗云：“帘断萤火入，窗明蝙蝠飞。”以“蝠”表示福气。红蝙蝠更是大吉大利的象征，因为“红蝠”与“洪福”同音。

“蝠”与“鹿”联用寓意“福禄”。而在欧洲的民间传说中，“bat（蝙蝠）”是一种邪恶的动物，总是与罪恶和黑暗势力联系在一起。特别是“vampire bat（吸血蝙蝠）”更令人恐惧。英语中的一些惯用语也表明了“bat”的负面联想。如“as blind as a bat”表示像蝙蝠一样瞎，“crazy as a bat”表示像蝙蝠一样疯。如果说某人“batty”意思是他有些反常。

“蝴蝶”是一种十分常见的昆虫，《本草纲目》说：“蛱蝶轻薄，夹翅而飞，枼枼然也。蝶美于须，蛾美于眉，故又名蝴蝶，俗谓须为胡也。”蝴蝶色彩缤纷绚丽，身姿轻盈曼妙，深受人们的喜爱。在中国人眼中，蝴蝶是美的化身，是幸福吉祥的象征，是不死的灵魂。人们通过各种民俗活动和艺术形式来赞美和描绘蝴蝶，来寄寓自己多方面的情感追求。中国古代的爱情悲剧常常以死化蝶作为结局，其中最为人们所熟知的就是梁山伯与祝英台的故事。活着不能成双入对，死后宁愿化作蝴蝶。这些优美动人、可歌可泣的幻想情节，无疑是对生死相依的忠贞爱情的肯定和褒扬。从文化学的角度考察，这类幻想情节的形成是以蝶形灵魂的信仰观念作为深层依据的，是一种文学化的表达，借以歌颂青年男女在爱情问题上的大胆反抗和执着追求（贾晓慧、权玉萍，2009）。而英语的“butterfly（蝴蝶）”比喻缺少恒心，没有常性的人。在俄国，人们用“夜蝴蝶”比喻从事色情业的女子（高健，2010）。印地语中蝴蝶比喻美丽却轻浮嬗变的女子（任飞，2003）。

一般来说，词语形象感不是词语本身的意义内涵，而是给人的一种特定感受。这种感受如果来自一种传统意识的影响，在文学作品中体现得尤其明显。例如“蟋蟀”一词，使我们感觉“萧条、凄清”，就是典型的文化形象感；而英美人在见到“cricket（蟋蟀）”一词时，却会产生一种与我们截然不同的“宁静、舒适甚至幸福”之感（钟嗣良，1991）。莎士比亚的《亨利四世》中提到了“as merry as a cricket（像蟋蟀一样快活）”这一习语，随后英国人就一直沿用。狄更斯在《炉台上的蟋蟀》（*A Cricket On the Hearth*）里曾塑造了一个小仙灵的蟋蟀形象，而且它似乎对书中女主人公充满了希望和鼓励（高丽新、许葵花，2002）。

“孔雀”在中国文化中是美的化身，因为孔雀开屏时，色彩斑斓、光彩夺目，令人产生美感。而在英语中，孔雀却含有“高傲、炫耀、沾沾自喜”的含义。柬埔寨人忌讳孔雀，认为孔雀是一种不祥之鸟，以孔雀命名的商品或带有孔雀图案的物品都不受欢迎。

5.2 汉语独特文化意蕴的动物词

20世纪50年代美国语言学家霍凯特（Charles Francis Hockett）提出语言的空缺现象，他通过对比两种语言的语法模式，发现并提出了“偶然的缺口”的概念。所谓词汇空缺是指一种语言的词汇在另一种语言中无“对等语”。动物词汇语义空缺现象的出现大都是文化差异造成的，很多指称意义相同的动物形象，在一种语言中含有丰富的文化意义，而在另一种语言中没有对等语，或者是完全不能产生等值的意象联想。

5.2.1 “鹤”的文化意蕴

在汉语里，“鹤”有着丰富的形象感。鹤，白羽朱顶，体瘦胫长，风姿秀逸，神态潇洒，“鹤鸣于九霄，声闻于天”，具有一种脱俗的仙气。鹤是中国的珍稀禽类，雌雄相随，具有很高的德性，凝聚着丰富的文化意蕴。古人用白鹤比喻品德高尚的贤能之士，把修身洁行的人称为“鹤鸣之士”。在古人看来，鹤体洁性清，飞高鸣远，行中规矩，舞合韵律，饮食淡泊，不涉淫欲，俨然君子，堪比才俊。所以唐代皇甫湜《鹤处鸡群赋》称其为“鸟中之贤，且具天下之美”。宋代苏轼《放鹤亭记》说“其为物清远闲放，超然于尘垢之外，故诗人以比贤人君子”。明清时代官服的补子纹样，文官一品均为仙鹤。鹤被誉为“一品鸟”，正是由此而来。纹样中的仙鹤既是官职品级的标志，同时也是道德修养的形象化准则，意在表明，为官一品者要像鹤那样行规步矩，修身洁行（贾晓慧、权玉萍，2009）。

在道家文化里，鹤被认为是神鸟，称为“仙鹤”，其在中国文化中是长寿的象征。鹤的寿命一般可达五六十岁，堪称鸟类家族中的长寿明星。因而古代中国人把鹤的这种生物特性升华为一种文化品格，鹤成为中国长寿文化的重要象征之一。从古至今，仙鹤因寿长，松树因长青，二者都是吉祥祝寿图画中的常见题材，如“鹤发童颜”“松鹤延年”“龟鹤齐龄”等。古人以鹤为长寿之鸟，所以常用于祝寿之词。《淮南子·说林训》曰：“鹤寿千岁，以极其游。”表达了人们向往长寿延年的美好心愿。此外，鹤因性情高洁，又有玄素先生之美名。“鹤”暗含“归隐”之意，如“闲云野鹤”表示自由自在，不受红尘俗事所恼。《诗·小雅·鹤鸣》中称鹤为九皋禽，因其超然若隐士，人们又称为九皋处士。刘禹锡《秋词二首》中的“晴空一鹤排云上，便引诗情到碧霄”，体现的就是这样一种意境。最后，由于鹤外形亭亭玉立，汉语里用“鹤立鸡群”来形容仪表和才能出众的人。

鹤形体秀逸，性情悠闲，徜徉林泽，颇似一个潇洒超尘、放浪形骸的人，同时具有“寿不可量”的文化品格，所以古人把鹤幻想为神仙世界中的重要角色。在神仙故事中，仙人们往往要驾鹤飞升，乘鹤往还。王世贞《列仙全传》卷 9 记提到：费文祎，是个好道得仙之人。一次偶过江夏，在辛氏酒馆喝了几年没付钱的白酒。为了表达谢意偿还酒钱，费文祎在酒馆墙壁上画了一只鹤。这只鹤颇为灵异，“客来印，但令拍手歌之，鹤必下舞”。辛氏因此而财富巨万。最后费文祎跨此鹤乘云而去，辛氏即于飞升处建楼，名黄鹤楼。唐崔颢“昔人已乘黄鹤去，此地空余黄鹤楼”

诗，即咏此事（贾晓慧、权玉萍，2009）。在神话传说中，仙鹤作为一种吉祥的灵鸟，成为神仙的坐骑，常与神仙相伴，受仙人庇护，寄托了人们美好的情感。所以汉语里有“驾鹤西游、驾鹤西归、驾鹤成仙、驾鹤仙游”等表示死亡的委婉表达。

“crane（鹤）”对于西方人来说，没有特别的文化内涵，它的理性意义是鸟类的一种，因为其颈长，在英语中只有“伸长脖子”的引申义，如“She craned her neck to look for her friend in the crowd.（她伸长脖子在人群中找寻她的朋友）”。除此之外，几乎没有其他的词义联想。而在寒冷的俄罗斯，鹤每年春天飞回北方，秋天成群结队飞往南方，啼叫声悲切，流露出对家乡的眷恋和对祖国的思念。在俄语中鹤成为“春天”和“忠于祖国”的象征（谭文辉，2001）。在印度文化中鹤是老奸巨猾的伪善者形象。立在水边装作冥思状的鹤其实是捉鱼的好手，所以鹤就指生活中伪装成好人，其实无时无刻不在谋算害人的骗子（任飞，2003）。

5.2.2　“蝉”的文化意蕴

“蝉”在中国文化中具有丰富的内意义，被赋予品行高洁、纤尘不染、超凡脱俗的含义。“蝉”的形象经常出现在古代诗文中。晋明帝《蝉赋》曰：“寻长枝以凌高，静无为以自宁。”蝉栖息在高枝上，远离尘嚣，被赋为“高尚、廉洁、淡薄”的喻义。《史记·屈原贾生列传》中说屈原“蝉蜕于浊秽，以浮游尘埃之外，不获世之滋垢，皭然泥而不滓者也”。以蝉“弃浊澄清”的行为喻人，表明屈原在浊秽的环境中超脱于世俗污垢之外，出淤泥而不染。骆宾王在《咏蝉》中借蝉抒怀言志，为自己的清白申辩，喻示自身清高廉洁：“西陆蝉声唱，南冠客思深。不堪玄鬓影，来对白头吟。露重飞难进，风多响易沉。无人信高洁，谁为表予心？”唐虞世南托蝉寓意，谓《蝉》曰：“垂緌饮清露，流响出疏桐。居高声自远，非是藉秋风。”诗人将蝉人格化，强调蝉立身高洁，居高而能致远。

中国古人常以动物习性比喻人之品德。在晋・陆云《寒蝉赋（并序）》中，称赞蝉具有文、清、廉、俭、信等美德。蝉成为儒家理想人格的形象之一。

蝉在中国诗词中也以戚幽悲切的形象示人。据说这一意象来自一个凄美的传说。《中华古今注》记载："昔齐后忿而亡，化身为蝉，登庭树嘒唳而鸣，王悔恨。故世名蝉为齐女焉。"这一传说使得蝉在中国文化中形成了独具特色、挥之不去的悲情色彩，也成为文人墨客歌咏不断的感伤意象。在柳永的"寒蝉凄切，对长亭晚，骤雨初歇"一句中，秋后蝉鸣凄凉的景象跃然纸上。这种寄托方式在英文中没有对应。

5.2.3　"蚕"的文化意蕴

"蚕"产于中国，它能吐丝结茧，蚕丝织成的丝织品雍容华贵，深受人们的喜爱。丝绸是中国古代对外贸易的主要商品之一，因而中国古代与海外进行经贸往来的通道就被命名为"丝绸之路"。中国是蚕文化的发祥地，拥有悠久的历史，商代甲骨文中就有"桑"字。考古资料显示，华夏民族养蚕的历史可以上溯到新石器时期。远古陶器上就刻有蚕纹图像符号，发现蚕和蚕蛹造型器物的地点很多，如江苏吴县梅堰遗址出土的黑陶刻画蚕纹；浙江余姚河姆渡出土的蚕钵；山西芮城县西王村仰韶文化晚期遗址中出土的陶蛹；河北正定南杨庄仰韶文化遗址出土的蚕蛹；江西靖江筑卫城的蚕形和蛾形印纹陶饰；辽宁沙锅屯出土的石蚕；安阳殷墟出土的土骨蚕等，都是确凿的证明（赵丰，2005）。1958年，在浙江吴兴县钱山漾良渚文化的遗址，出土了丝线、丝绳、麻布、稻谷、细麻绳、棕丝刷子，以及盛有绸片、丝线、丝带、麻布片的竹筐（周匡明，1980）。钱山漾出土的丝线、丝带等说明家蚕丝的使用出现在四千多年前。到殷商时期，由于家蚕丝的增多，丝绸在祭祀礼仪中广泛使用。如殷墟妇好墓中出土的青铜器，使用织物包裹的有 50 多件，而其中 40 件左右的包裹织物是丝织品。1984 年在河南荥阳青台村新石器时期遗址出土的丝织物残片，这些纺织品大部分在埋葬儿童所用的瓮内，用作包裹儿童尸体。这些丝织品残片的年代在公元前 3500 年左右，是我国北方迄今为止发现的最早的丝织品实物。从出土的丝织品的丝纤维看来，是属于典型的桑蚕丝，也就是家蚕丝（赵丰，2005）。

《山海经 · 海外北经》载："呕丝之野在反踵东，一女子跪据树呕丝。三桑无枝，在呕丝东，其木长白仞，无枝。范林方三百里在三桑东，洲环其下。"（袁珂，1980）呕丝之女是传说中的蚕神，也是蚕的化身，传说她住在北方的荒野，东边有三棵大桑树，高百仞、无枝丫。她常常半跪在树上食桑叶，然后从口里吐丝线。她日日吐丝，用这些丝织成美丽的丝绸。

中国最早的诗歌总集《诗经》中与蚕桑有关的内容也不少，如："十亩之间兮，桑者闲闲兮。十亩之外兮，桑者泄泄兮。"从中可以看出当时黄河流域蚕业和丝织品生产较为普及。中国的蚕文化源远流长，体现在农业生产、经济生活和社会文化等方面。人们常用"春蚕到死丝方尽，蜡炬成灰泪始干"歌颂蚕"勇于献身"的无私奉献精神。

5.2.4 "鸳鸯"的文化意蕴

"鸳鸯"雌雄成双成对地生活在水中，形影不离，晋朝崔豹《古今注 · 鸟兽》曰：鸳鸯，水鸟，凫类也。雌雄未尝相离，人得其一，则一思而死，故曰"匹鸟"。因此人们常用鸳鸯象征忠贞的爱情和夫妇和睦。民间流传"只羡鸳鸯不羡仙""棒打鸳鸯"等说法。鸳鸯的这种文化意象很符合中国人夫唱妇随的观念。以鸳鸯为题材的吉祥图案，常见于新婚物品或装饰品上。但在西方人眼里，鸳鸯没有任何文化含义。而古代印度人用鸳鸯毛装饰权高位重者的帽子，所以“贴鸳鸯毛”比喻高贵出众者（任飞，2003）。

鸳鸯在中国人眼中是爱情永恒、夫妻和美的象征，传说鸳鸯一旦结为配偶，便比翼并肩，不离不弃。如果一方不幸离世，则另一方孤独余生，不再另觅新欢。“鸳鸯相对浴红衣，短棹弄长笛”“梧桐半死清霜后，头白鸳鸯失伴飞”，感动了无数人。然而，“鸳鸯”最初并非喻指夫妻，而是用来比喻亲密的兄弟。《苏武诗四首》其一诗云：“昔为鸳和鸯，今为参与辰。”联系诗中“骨肉缘枝叶”“四海皆兄弟”“况我连枝树”等诗句，这显然是抒写亲密无间的兄弟之离别。晋朝郑丰《答陆士龙》诗四首中第一首《鸳鸯》的序文中说：“鸳鸯，美贤也，有贤者二人。双飞东岳，扬辉上京。”这里的鸳鸯是比喻陆机、陆云兄弟二人。三国时期嵇康送哥哥稽喜参军而作的《赠兄秀才入军》诗，也是用鸳鸯来比喻兄弟情谊。“鸳鸯于飞，肃肃其羽。”“鸳鸯于飞，啸侣命俦。”

鸳鸯成为忠贞爱情的化身，据考证出自唐代诗人卢照邻《长安古意》一诗，诗中用“愿作鸳鸯不羡仙”赞美美好的爱情，后人纷纷效仿。渐渐地，鸳鸯便成为夫妻的代名词。

5.2.5　“麒麟”的文化意蕴

“麒麟”是中国古代传说中的吉祥动物，雌的称麟，雄的称麒。《礼记·礼运》云：“凤凰麒麟，皆在郊薮。”《说文》说解麒为：“麒麟，仁兽也。麋身、牛尾、一角。”麒麟是中国动物中的四灵之一，《礼记·礼运》把它列为四灵之首。其被称为“仁兽”的理由是：“一角而戴肉，设武备而不为害，不履生虫，不折生草。”《春秋》哀公十四年注：“麟者，仁兽，圣王之嘉瑞也。”麒麟的出现与否，也被视为人事的吉凶祸福之兆。有王者至，则现；无王者至，则隐（许家星、吴树勤，2006）。《春秋·感精符》有云：“王者德化，旁流四表，则麒麟臻其囿。”《荀子·哀公篇》也说道：“古之王者，好生恶杀，故麒麟游其郊野”。麒麟成为圣王出世所感见的灵物。

先秦关于麒麟的主要记载，一是《诗经·周南·麟之趾》，共三章："麟之趾，振振公子，于嗟麟兮！麟之定，振振公姓，于嗟麟兮！麟之角，振振公族，于嗟麟兮！"二是《春秋》记载："哀公十有四年春，西狩获麟。"三是《左传》记载：西狩于大野，叔孙氏之车子（管车马的官）获麟，以为不祥，以赐虞人（管家畜的官）。仲尼观之曰："麟也。"然后取之（叔孙氏把麟取去）。传统的"麟趾呈祥"，一直作为喜庆横额世代流传（吴宗海，2007）。

晋代王嘉的《拾遗记》中有将麒麟与孔子诞生这一特定的送子事件联系起来的记载："夫子未生时，有麟吐玉书于阙里人家。"最有名的是孔子修《春秋》绝笔于"西狩获麟"。相传孔子还作有《获麟歌》："唐虞世兮，麟凤游，今非其时，来何求？麟兮麟兮，我心忧。"由于"麟吐玉书"这则神话传说，与《春秋》的"西狩获麟"有联系，而且符合中国古人重视儿子的传统，便一枝独秀，广为流传，"麟吐玉书，天生孔子之瑞"，成为旧时、家喻户晓的典故。"麟吐玉书"与孔子及生男一联系上，便衍生出了麒麟文化，而其核心便是"麒麟送子"，这在文学、艺术、民俗上都有反映（吴宗海，2007）。

"麒麟儿"一词早在南朝（陈）时便被宝志上人用于称徐陵，称之为"天上石麒麟"，后因以之颂人幼子聪颖。杜甫《徐卿二子歌》："孔子释氏亲抱送，并是天上麒麟儿。"又可引申为杰出人才，如汉宣帝画功臣霍光到苏武等十一人图像，就将其置于麒麟阁中，以昭彰其功业（吴宗海，2007）。麒麟在中国文化中虽然是一种想象出来的动物，却昭示着人们追求吉祥美好生活的心愿。

5.2.6 "龟"的文化意蕴

"乌龟"在汉语中多以两种形象出现，一种象征长寿。《礼记·礼运》中将龟列为四灵之一。郭璞《游仙诗》中的"借问蜉蜉辈，宁知龟鹤年”，道出乌龟长寿的特性。龟长寿，具有顽强的生命力，《述异记》载：“龟一千年生毛,，寿五千岁，谓之神龟。寿万年曰灵龟。”《书·传》云：“龟之为言久也，千岁而灵，禽兽而知凶吉者也。”《抱朴子》云：“千岁灵龟，五色具焉，如玉如石。变化莫测。或大或小，或游于莲叶之上，或伏于丛蓍之下。”《史记·龟策列传》云：“南方老人用龟支床足，行二十余岁，老人死，移床，龟尚生不死。龟能行气导引。”这些都是乌龟长寿的写照。在古老的宫殿、古庙等古建筑前常有石龟，以求万古长存。名胜古迹刻有铭文的石碑，有些也以石龟为基座，千古流传。在日本和韩国，乌龟也是长寿的象征。并且日本人认为龟是吉祥的动物，龟在日语里并不含贬义，日本姓氏里也有带“龟”的，如“龟井”。龟形的物品可以作为礼物相赠，受人青睐，这与中国大不相同。

另外，汉语中的乌龟、王八都是同一种动物。乌龟、王八是骂人的话，表轻蔑之意，极具侮辱性。此外，乌龟在受到惊吓时，喜欢把头缩进龟壳里来保护自己。乌龟的这种本能在中国人的眼里也被认为是一种胆小怕事的行为，因此它还比喻胆怯、懦弱。乌龟的这两种形象在汉语里比较突出，也是英语中所不具有的含义。但是乌龟做事慢、没有效率是很多文化都具有的联想意义。英语里“tortoise（乌龟）”只是一种不起眼的、爬行慢的普通动物；“turtle（海龟、甲鱼）”也无特殊的比喻意义。

在印度，据《百道梵书》记载，创世主大梵天化身为龟，创造了子孙后代。在嗣后的传说中，海龟成为毗湿奴的化身。为找回洪水中失去的宝物，天神和阿修罗商定共同搅拌海。毗湿奴化身为一只巨龟，潜入海底，以龟背作为搅拌棒曼德罗山的底座。天神和阿修罗以巨蟒婆苏吉为绳索缠于山腰，分别抓住巨蟒的头尾，来回拉动。海水很快化为乳，乳海中浮出许多宝物，其中有甘露、神医檀盘陀哩手捧甘露、吉祥天女后来成为大神毗湿奴之妻、酒神苏摩、月亮、仙女兰跋、白马、宝石、如意树、乳牛须罗毗、大象伊罗婆陀、海贝、神弓和一团毒药（外国神话传说大辞典编写组，1989）。印度的一个传说认为，龟为八只白象奠基，八只白象站在龟背上支撑着地和天（詹姆斯·霍尔，2000）。此外印度人举行火祭，必在祭坛之下埋龟。梵语龟又名 kasyapa，是地神的别号，据说地神的液流出而变成龟，所以龟被看作地液，是生命之汁。在印度神话里龟的地位甚高，是水、天、空三界的表征，所以龟在祭祀上有极重要的作用（饶宗颐，1999）。龟头缩回龟甲在印度教传说中具有高度的精神意义形象，它是集中、返回到原始状态的象征，因此象征精神的基本态度。《薄伽梵歌》说，当这样的龟将四肢全部缩回，感觉不到可感觉的东西，它身上的智慧就真正地稳固了（世界文化象征辞典编写组，1992）。

在古代欧洲人看来，由于龟能产下很多蛋，因此它成为多产的象征；由于它“沉默矜持”，它被用来象征纯洁的爱；由于它的长寿，人们用它来象征勃勃的生机。在基督教早期教父文学里，生活在泥土中的龟被用来象征一切世俗的事物。而圣安布罗斯（St. Ambrose）指出，龟壳可以做成七弦乐器，用这种乐器演奏出的音乐可以愉悦所有聆听的人。即使在古代，巫师在举行仪式时也象征性地利用龟壳的保护作用（如勇于抵御冰雹和对抗巫术），嵌在金子里的龟眼被用作对抗“魔眼”的护身符（汉斯·比德曼，2000）。

5.2.7 “雁”的文化意蕴

雁别称“鸿、鹄”，古代敏感细腻的文人骚客根据雁特有的一些生活习性，赋予其诸多象征意蕴，从而成为文学创作的重要题材，“雁”意象也成为我国古代文学艺术作品中最常见的审美意象之一，自《诗经》开始，历代各类文学艺术作品中都少不了雁的身影，据《古今图书集成》，收录以“雁”为题的赋有 18 篇，诗词167首，杂录、纪事、传说若干（陈梦雷，1987）。长期以来，学术界对“雁”意象原型、审美内涵及其所承担的儒家传统道德、中华民族精神等文化意蕴都有一定的认识和研究。如王立认为“雁作为华夏之邦的常见禽类——渐渐对象化地赋予了雁诸多人格化的象征意义，使之成为古代文学一个符号化了的重要意象，并且构成了一个具有整体性功能的审美价值系统”（王立，1999）。

《礼记·月令》对大雁春日北归、秋日南去的特征有明确记载，曰：“孟春之月鸿雁来，仲秋之月鸿雁去。”雁作为候鸟的南来北往的迁徙生活方式与古代漂泊流离、居无定所的背井离乡之人契合，所以漂泊流浪就成了“雁”意象的最原始含义，这一意象类型最早出现在《诗经·小雅·鸿雁》中，“鸿雁于飞，肃肃其羽。之子于征，劬劳于野。爰及矜人，哀此鳏寡。鸿雁于飞，集于中泽。之子于垣，百堵皆作。虽则劬劳，其究安宅。鸿雁于飞，哀鸣嗷嗷。维此哲人，谓我劬劳。维彼愚人，谓我宣骄”。诗借鸿雁表达了背井离乡的服徭役者的痛苦哀怨。自此，“哀鸿”成了历代人民离乡背井四处漂泊的代名词，传统的“雁文化”也就深深烙上了漂泊流离的凄凉意境（刘莉、潘劲松，2013）。

中国古时有鸿雁传书的说法，在汉语里“雁”代指思乡、思人。如杜甫《月夜忆舍弟》：“戍鼓断人行，边秋一雁声。露从今夜白，月是故乡明。”再如李清照的《一剪梅》：“云中谁寄锦书来？雁字回时，月满西楼。”另一首《声声慢》：“三杯两盏淡酒，怎敌他，晚来风急？雁过也，正伤心，却是旧时相识”都表达类似的感情。

参考文献：

（清）陈梦雷．古今图书集成·禽虫典．北京：中华书局；成都：巴蜀书社，1987.

程立，程建华．英汉文化比较词典．长沙：湖南教育出版社，2000.

［法］达妮卡·赛莱斯科维奇、玛丽亚娜·勒德雷尔．口笔译概论．孙慧双，译．北京：北京语言学院出版社，1992.

冯静．中西方文化中的乌鸦意象探析．齐鲁学刊，2002（5）.

高健．俄汉语中某些动物名词的文化伴随意义对比．黑河学院学报，2010（2）.

高丽新，许葵花．论英汉动物词联想意义异同．东北大学学报（社会科学版），2002（1）.

郭晓沛．汉韩动物词文化内涵的对比分析．作家杂志，2010（11）.

韩彦伟．俄汉动物词伴随意义的对比．黑龙江生态工程职业学院学报，2006（3）.

［德］汉斯·比德曼．世界文化象征辞典．刘玉红等，译．桂林：漓江出版社，2000.

黄阳艳．“老鼠嫁女”故事及其相关习俗的文化内涵．湖北民族学院学报，2006（1）.

贾晓慧，权玉萍．谈动物与中国文化．野生动物杂志，2009（1）.

焦冬梅．论对外汉语教学中的文化因素和文化知识．文化学刊，2009（5）.

居阅时，瞿明安．中国象征文化．上海：上海人民出版社，2001.

李萍著．中国文化背景．北京：世界图书出版公司，2000.

李湘涛．跌宕起伏的猫文化演进史．文明．2015（8）.

刘俊．从动物词的比喻形象看词语与变化．湖北农学院学报，2002（4）.

刘莉，潘劲松．雁文化的踪迹与价值观．求索．2013（10）.

刘志雄，杨静荣．龙与中国文化．北京：人民出版社，1992.

陆谷孙．英汉大词典．上海：上海译文出版社，1993.

马大君，方建强，李宝林．狗年侃犬．中国工作犬业，2006（5）.

牛新生．英汉动物词语中的民族文化心理对比及其误读解析．宁波大学学报（人文科学版），2003（4）.

瞿海平．论动物词“鱼”的英汉国俗语义之异同．湖北广播电视大学学报，2011（8）.

瞿泽仁．“杜鹃啼血”和“飞越疯人院”——关于“杜鹃”的东西方文化符号的对话．文史杂志，1996（4）.

饶宗颐．论龟为水母及有关问题．文物，1999（10）.

任飞．印汉动物词语的文化喻义与翻译．解放军外国语学院学报，2003（1）.

世界文化象征辞典编写组．世界文化象征辞典．长沙：湖南文艺出版社，1992.

石兰．动物词“狗”的英汉国俗语义对比研究．上饶师范学院学报，2010（2）.

孙义桢．新时代西汉大辞典．北京：商务印书馆，2008.

谭文辉．动物词语文化意义的认知模型．福建外语，2001（4）.

唐汉．唐汉解字——汉字与动物世界．太原：书海出版社，2003.

外国神话传说大辞典编写组．外国神话传说大辞典．北京：中国国际广播出版社，1989.

王立．心理的图景．上海：学林出版社．1999.

王秀文．日本“鼠”民俗的传承及其文化内涵．大连民族学院学报，2008（60）.

王岩．西汉动物词国俗语义对比及翻译．怀化学院学报，2011（7）.

文军．关于 Dog 喻人的感情色彩．现代外语，1989（3）.

吴裕成．十二生肖．天津：天津人民出版社，2004.

吴宗海．“麒麟”文化漫谈．寻根，2007（3）.

许家星，吴树勤．从《说文》动物词的文化说解看先民的思想认知．重庆邮电学院学报（社会科学版），2006（6）.

（汉）许慎．说文解字．［宋］徐铉，校订，北京：中华书局，2008.

姚立江，潘春兰．人文动物——动物符号与中国文化．哈尔滨：黑龙江人民出版社，2002.

袁珂．山海经校注．上海：上海古籍出版社，1980.

袁俭伟．“山羊”在俄语中的文化伴随意义．俄语学习，2011（2）.

曾纪伟，黄莹．英汉动物词汇的文化内涵比较．长春师范学院学报，2006（1）.

詹姆斯·霍尔．东西方图形艺术象征词典．韩巍等，译．北京：中国青年出版社，2000.

张帆．俄汉动物词文化伴随意义对比初探．绵阳经济技术高等专科学校学报，2000（3）.

张锦文．试论中华民族文化的凝聚与积淀：龙文化．学理论，2008（14）.

张宗久．英汉文化动物词语的内涵差异对比分析．郑州大学学报，2007（5）.

赵丰．中国丝绸通史．苏州：苏州大学出版社，2005.

钟弼良．从“蟋蟀”和“杜鹃”看词语的文化传统．外语教学与研究，1991（1）.

周匡明．钱山漾残绢片出土的启示．文物，1980（1）.

朱小安．论隐喻的跨社会文化背景问题．解放军外语学院学报，1995（2）.

http：//zh. wikipedia. org/wiki/%E4%BA%BA%E9%AD%9A

http：//zh. wikipedia. org/wiki/%E7%99%BD%E8%B1%A1

http：//zh. wikipedia. org/wiki/%E6%8B%9B%E8%B2%A1%E8%B2%93

http：//zh. wikipedia. org/wiki/%E7%8C%AB%E5%A4%B4%E9%B9%B0#. E6. 96. 87. E5. 8C. 96

第六章　基于动物词的中国文化因子解读（上）

千姿百态的动物世界，与人类日常生活息息相关。人类赋予动物以丰富的文化内涵，这是人类语言表达的一种特色。动物词语在文化层面触及民族文化的多个领域，内容分布广泛，通过那些丰富的动物词所含有的文化内涵和联想意义，我们可以追溯并反观人类赖以生存的社会文化形态。从文化产品到文化行为，从文化行为到文化观念，从文化观念到文化心理，人类赋予动物的意义世界是整个民族、社会及依托语言展现的庞大文化生态环境的缩影。动物词折射出丰富的文化内容。本章依照前述美国学者爱德华·霍尔（Edward Hall）构建的“文化教学示意图”，从交际互动、生存方式、性别差异、空间观念、时间观念、娱乐活动、防卫行为和开发利用等方面，对汉语动物词语所反映出的文化内容进行分类阐释，进而梳理并提炼中国文化因子。

6.1　交际互动

6.1.1　拟声文化

拟声词是指模仿自然界声响的词语，各种语言几乎都存在拟声词。但同样是模拟自然界声响，不同文化对声音的诠释表现出差异。究其原因，主要受到三方面的影响：一方面是由于不同的人对动物叫声的感知完全不同，日本人感知到的狗的叫声是“ワンワン”（uanuan），猫的叫声是“ニャ—ニャ—（nia nia）”，这不同于中国人“汪汪”和“喵喵”的感知。另一方面是不同文化对动物拟声词的教育也存在偏差，在美国，狗是 bow-wow 地叫，猫是 mew-mew 地叫，接受这样教育的孩子，就会自然地认为“狗是 bow-wow 地叫，猫是 mew-mew 地叫”。还有一方面是拟声词会受到不同语言语音系统的影响。在汉语里，形容鸟叫用“叽叽喳喳”，但日语里没有卷舌音，所以用“ギャ—ギャ—”（gia gia）声来描写。汉语文化中，常用来模拟动物叫声的表达，主要有：猫儿喵喵喵、狗儿汪汪汪、鸭子嘎嘎嘎、羊儿咩咩咩、牛儿哞哞哞、蜜蜂嗡嗡嗡、麻雀叽叽喳喳，小鸡咕咕咕……此外，还有龙吟、虎啸、犬吠、鹤唳、鸡鸣、鹊噪、猿啼、蝉鸣、狮吼、狼嚎、鸦噪、马嘶、鸟啾、猪哼……

动物的叫声也与我们的生活密切相关，有道是驴吼将半夜，鸡叫打五更。《驴山公九锡文》中对驴鸣进行了精彩的刻画：“音随时兴。晨夜不默，仰契玄象，俯协漏刻，应更长鸣，毫分不忒。虽挈壶著称，未足比德。斯复尔之智也。若乃六合昏晦，三辰幽冥，犹忆天时，用不废声。”汉代戴良因为母亲喜欢听驴叫，常常拟驴叫声逗母亲高兴。不过人们对动物叫声的感知带有地域性，山东蒙阴地区把“老驴嚎”列为“四最难听”声音。此外，“驴鸣犬吠”，指如同驴叫狗咬一般，比喻声音极其混杂难听。南北朝时就有以“驴鸣犬吠”形容文章低劣的，常用来描写语言文学拙劣。

此外，动物的声音在文学作品中亦多有体现。如“狼嚎鬼哭”亦称“鬼哭狼嚎”：形容哭叫的声音凄厉。陈三立《夜饮秦淮酒楼》云：“狼嗥豕突哭千门，溅血车茵处处村。”《红楼梦》中有“况且宝玉才好了些，连我们也不敢说话，你反打的人狼嚎鬼哭的！”“狼嗥狗叫”也形容狂呼乱叫。老舍《二马》中描述：“街上的车更多了，旅行的人们都是四五十个坐着一辆大汽车，戴着各色的小纸帽子，狼嚎鬼叫地飞跑。”

6.1.2 谐音文化

谐音这种语言现象广泛存在于汉民族的日常生活中，深受汉文化传统的影响，反映出汉民族独特的审美意识和避凶趋吉的民族心理。在中国传统文化中，蝙蝠的形象与西方完全不同。汉语里的“蝠”与“福”同音，因此蝙蝠被认为是幸福的象征。据中国民间传说，蝙蝠活到一千年会变成白色，头朝下吊在树干上。谁如果吃了这种蝙蝠的肉就会长寿。红蝙蝠是大吉大利的前兆，因为“红蝠”与“洪福”谐音（刘俊，2002）。

民间有许多表示吉祥的“五蝠图”，象征“寿、富、康宁、攸好德、考终命”五福，即“长寿、富贵、康宁、好德和善终”。一幅画有从盒中飞出五只蝙蝠的图案，表示“福和合”，寓意人际关系融洽。民间有五只蝙蝠并排，称“五福临门”。有童子捉蝙蝠放到瓶中，为“平安五福”。有钟馗手执纸扇，蝙蝠飞到纸上停留，这便是“引福归堂”了。有人把蝙蝠挂在神位旁边，以示“福气临宅”。也有人在门的两旁挂上一对蝙蝠，以示“福气临门”（张璐，2010）。民间多用蝙蝠图案来表示吉利，有时蝙蝠与鹿同在，“蝠鹿”又与“福禄”同音，组成“福禄双全”，象征好运、幸福、富裕。蝙蝠和桃组成的图案意为“福寿双全”。蝙蝠和鱼构成的图案意为“富裕”，表现出对美好生活的憧憬。

在中国的民间文化中，猪常常被视为传送福气的使者。据传自从唐代开始，殿试及第的进士们相约，如果他们中间的人在今后任了将相，就要请同科的书法家用“朱书”，即红笔题名于雁塔。因“猪”与“朱”同音、“蹄”与“题”谐音，所以猪成了青年学子金榜题名的吉祥物。每当有人赶考，亲友们都赠送红烧猪蹄，预祝赶考人“朱笔题名”。后来，这种习惯逐渐扩大，人们在新年时互赠用猪蹄烤制而成的火腿（袁靖等，2007）。汉语中还有不少动物词具有谐音意义，如“鱼”谐音“富余”；“鸡”谐音

“吉祥”。

6.1.3 祝福语文化

祝福语体现了人们对美好生活的期望，能增进人与人之间的情感。祝福语也具有鲜明的文化特征。中国人在新春时节，会恭喜别人“大吉大利！财源滚滚”！而在日本新年第一天祝福别人“恭喜发财！”会被认为头脑有问题。

麒麟是四灵之一，也是祥瑞的动物，汉语中有借麒麟送吉祥的祝福语文化。在诗词方面，有郑元秀《贺新郎·逗晓晴烟敛》中的“应麟书，吐处豪英产”；有牟巘《水调歌头·叔父茅封贵》中的“正秋分，记初度，绂缠麟”；有吴季子《念奴娇·雪罗初试》中的“记得延陵公子宅，麟角当年新绂”。这些祝福语无不与“麟吐玉书”“麒麟送子”有关（吴宗海，2007）。

江苏兴化有“送麒麟”的民俗，送祝福之人唱着“麒麟调”，根据所到之家的具体情况，即兴编唱。例如，“锣鼓一打喜年临，一来恭喜二拜年，三拜福禄四拜寿，五子登科中状元。”“锣鼓一打响呛呛，麒麟送子到府上。东边飘着麒麟子，西边飘着状元郎。”“锣鼓一打咯拜拜，抬头看见老太太。老太太，老太太，添福添寿又添财。”“锣鼓一打喜连连，老板门口贴红钱，大红钱，小红钱，荣华富贵万万年。”誉人则曰“人中麟凤”或“稀若麟凤”等（吴宗海，2007）。可见，麒麟文化不仅用于雕塑、绘画、剪纸、佩饰、衣饰、吉祥物等，还用来祈子求福、赞语、祝词等。

6.1.4 命名文化

汉语中用动物词为事物命名的现象较为普遍，构成了民间丰富的命名文化。中国文化中的官名、地名、湖名、潭名、井名、河名、人名、植物名、药草名、菜肴名等都含有动物词。

在汉语中“象”是吉祥之物，中国有不少地方以象命名，如象山、象州、象鼻山、象河等。以龙命名的名胜古迹、湖泊山川不在少数，如九龙壁、黑龙潭等。带有龙字的植物名也很常见，如龙爪槐、龙舌兰、龙胆草等。龙在人名中出现的频率也不低，三国时期著名的诸葛亮被尊称为“卧龙先生”，现代有国际知名的功夫巨星“成龙”。这些都体现出人们对龙的喜爱。龙在生产生活上用语也很多，例如说自来水的“水龙头”；饮食上有“龙须”“龙须面”；“龙骨”既是药名又是铺地板的专用名词；动物名称中有“恐龙”“龙虾”“海龙”等；天文学上有“龙星座”；气象学上有“龙卷风”。

汉代以凤喻人比较局限，限于才德或地位突出的男性；汉代典籍中还有直接以凤作为男性的名字。如《汉书》中有王凤、房凤等。唐代以凤喻人广泛而随意，不拘男女（吴艳荣，2004）。由于老虎给人以威风凛凛的形象，因此男孩子取名时喜用“虎”字，如大虎、虎虎等。老舍先生的名著《骆驼祥子》中女主人公的名字“虎妞”显示了她的泼辣性格。鹤在汉语中象征着长寿，父母希望孩子长命百岁，因此有些长辈取名时用“鹤”字。

狗在汉文化中也曾是富贵之物。《古今图书集成》中有许多以白狗为瑞祥和以献白狗为贵的记载。民间也有“王者仁德则见白狗”的传说。古人视狗为富贵之动物，以狗、犬取姓命名就是顺理成章的事。《周礼》中称养狗的人为“犬人”，汉代始设训管狗的“狗监、给事狗中”这样的官职。《汉印文字征》录有“狗未央”印。《康熙字典》并举《正字通》为证，言古代有以狗为姓者。如以“狗”“犬”命名的王侯就有：西汉桃阳侯刘向，戚夫人所生的刘如意别名“犬儿”，东汉梁冀有子名“胡狗”，亦爵至襄邑侯。大文学家司马相如亦字“犬子”，晋代诗人陶渊明的小名叫“溪狗”（朱积孝，1994）。古代北方也多以“驴”为小儿命名。北齐尚书、中书监高间，初名“高驴”，崔浩嫌其不雅才改名（张应斌，2005）。

马在中国人的心目中，被视为吉祥、善良动物。用马冠名于姓氏、河山、人物比比皆是。中国的姓氏有马姓，以马命名的地名随处可见：云南有马龙县、马关县，西藏有康马县，四川有马边彝族自治县，广西有马山县，安徽有马鞍山市，河南有义马市、驻马店市……

6.2　生存方式

6.2.1　农耕文化

德国哲学家黑格尔说过："自然作为人类一切自我解放的最初立足点，规定了其文化产物的特殊性。"人们的语言必然受自然生态环境的限制和约束，不能摆脱其存在的天地，这种环境局限影响了各民族对事物的观察和推理，因此各民族往往用不同的参照物和不同的表达形式反映同一事物。

中国农耕文化以牛耕为主。"从物字从牛从勿，以及在当时之广泛参加交通劳动去研究，殷代是十分有牛耕之可能的（吕振羽，1962）。"当然，不少文献中记载了战国、汉代都用过马耕。桓宽《盐铁论·未通》记："农夫以马耕载。"《盐铁论·散不足》载："庶人之乘马者，足以代其劳而已。故行则服轭，止则就犁。"牛在中国古代农耕社会中占有重要地位，既是主要畜力，又是人们的食物来源。

中国古代对马的关注也特别多。《尔雅·释畜》中有关"六畜"的名称多达109个，其中马的名称就占51个。春秋战国时代，各诸侯国交往日益扩大，战争频繁，使得马在交通与战争中的作用越来越大。人们将马称为骏足，千里马更是人们梦寐以求的代步工具。西汉王朝甚至曾因马之故发动战争攻打月氏。人们对千里马的狂热追求，从反面说明了古代交通的异常不便（郝志华，

2002）。

马牛羊、鸡犬豕俗称“六畜”，我们的祖先较早驯化了这六种动物，这六畜与我国的农牧业发展、生存方式息息相关。《管子·七法》曰：“六畜不育则国贫而用不足”。《立政》又曰：“六畜不育于家，瓜瓠荤菜百果不备具，国之贫也；……六畜育于家，瓜瓠荤菜百果备具，国之富也。”

6.2.2 货币文化

《汉书·食货志》说：《洪范》八政，一曰食，二曰货。食谓农殖嘉谷可食之物，货谓布帛可衣，及金刀龟贝，所以分财布利通有无者也。二者，生民之本，兴自神农之世。随着商品经济的发展，就出现了以龟甲、贝壳为等价物的货币。从此，龟为货币流通，就进入了商品经济领域。《周易》损卦六五爻及益卦六二爻均称：“或益之十朋之龟。”对此，刘大钧先生在《周易概论》中说：朋，贝币两枚，即两贝为朋，也有说十贝为朋的。古代龟甲也可以作为货币，又可用于占卜。秦代以后，龟虽然不再充当货币，但作为宝物，仍具有较高的价值（吴庆洲，2009）。

《史记·平准书》说：“夏虞之币为龟贝，至秦废。秦始皇以金属币取代龟贝币，到汉文帝时，又用银和锡的合金铸龟形币。”《汉书·食货志》载：“又造银锡为白金，以为天用莫如龙，地用莫如马，人用莫如龟，故曰白金三品：其一曰重八两，圜之，其文龙，名白撰，直三千；二曰以重差小，方之，其文马，直五百；三曰复小，椭之，其文龟，直三百。”据说汉室刘氏祖先以龙为图腾崇拜，所以龙文币被比作“天用”，价值较高，但为了得“人和”，总是把龟和人联系在一起。西汉末年王莽篡位建“新”，为迎合中国人的传统文化心理，废除汉币，恢复周以前的龟币。在龟币中又分四个级差：“元龟岠冉长尺二寸，直二千一百六十，为大贝十朋；公龟九寸，直五百，为壮贝十朋；侯龟七寸以上，直三百，为么贝十朋；子龟五寸以上，直百，为小贝十朋。是为龟宝四品。”

6.2.3 礼物文化

不管是国与国之间，还是人与人之间，礼物交换都有助于增进情谊、拉近关系。在中国文化中，进献珍奇动物是礼物文化的组成部分。据《史记·匈奴列传》记载：“唐虞以上，有山戎、猃狁、荤粥，居于北蛮，随畜牧而转移，其畜之所多则马、牛、羊。其奇畜，则橐駞、驴、羸、駃騠。”《汲冢周书·王会》则记载：“商汤时，伊尹为献令，正北空同、大夏、莎车、姑他、旦略、貌胡、戎翟、匈奴、娄烦、月氏……请令以为橐驼、白玉、野马、騊駼、駃騠、良弓为献（李群、李士斌，1986）。”可见，唐尧、禹舜、商汤时期，多以马类为献。

世界上犬的种类繁多，各地不乏名犬。在中国的古籍记载中，商代就以名犬为宠物馈赠，有时作为贡品进贡。《汲冢周书》载：“商汤时，四方献，以珠玑玳瑁短狗为献。”《唐书·地理志》载：“河南道濮州濮阳郡上贡绢犬。”中国历史上战祸迭起，使偏远区域和外疆的犬以战利品或贡品的形式传入中原。《三国典略》记载：“齐高纬以波斯狗为赤虎仪同，逍遥郡公，常于马上设蹬褥以抱之。”《尚书·旅獒》载：“西旅献獒，太保作旅獒。惟克商，遂通道于九夷八蛮。西旅厎贡厥獒，太保乃作旅獒，用训于王。”孔颖达正义曰：“犬高四尺曰獒……旅国以犬为异，故贡之也。”（魏书娟，2011）商汤时期，名犬亦是馈赠进献之佳品。

6.2.4 饮食文化

肉类是人们日常饮食的重要组成，大部分汉人以食猪肉、牛肉、羊肉、鸡肉、鱼肉为主。从古至今，猪肉都是肉类的主要来源之一。据推测，史前先民曾将谷物置于烧热的石板上烤熟。《礼记·礼运》载："夫礼之初，始诸饮食，其燔黍捭豚，污尊而抔饮。"郑玄注曰："中古未有釜甑，释米捭肉，加于烧石之上而食之耳。"可见，我们的先民很早就懂得吃熟肉了，从食用生肉到熟肉，这是人类的一大进步。

羊为"六膳"之一，也是古人的主要肉食来源。"膳"是"善"的后起字，"善"字从羊，本义指美食，后来才加了肉月旁。《说文》中很多与膳食有关的字部皆从"羊"，如"美，甘也。从羊、从大"。羊在六畜主给膳也。美与善同义。（王籽郦、吴俊霖，2008）另外，羊部中的"羔"字，《说文》："羔，羊子也。"徐灏注笺："疑羔之本意为羊炙，故从火。小羊味美，为炙尤宜，因之羊子谓之羔。"

犬也是肉源之一。《礼记·少仪》曰："犬则执緤，守犬、田犬，则授摈者。既受，乃问犬名。"疏为："犬有三种：一曰，守犬，守御宅舍者也；二曰田犬，田猎所用也；三曰食犬，充君子庖厨庶羞用也。"（王籽郦、吴俊霖，2008）就是进入文明社会以后，统治阶级宴食、祭祀和普通猎民的生活中，也有食用狗肉的情况。《穆天子传》书中记载："己酉，天子大飨正公诸侯王吏七萃之士于平衍之中，韩之人无凫乃献良犬七千……壬寅，天子饮于文山之下，文山之人归遗乃献良马十驷，用牛三百，守狗九十，天子之豪马、豪牛、龙狗、豪羊，以三十祭文山。"在周代，国家对养犬很重视，《周礼·秋宫·犬人》中记载有专掌犬官之职者共十多人。至于一般民众百姓食用犬肉的见于《孟子·梁惠王上》"鸡豚狗彘之畜，无失其时，七十者可以食肉矣"（魏锁成，1996）。

6.2.5　行业标志

人们在生产生活中，将同样性质的经济活动或劳动服务归入同一行业。中国文化中的行业标志也有动物的影子。比如，不少行业与龙有联系，这些行业往往取与龙有关的对联作为标志。这些对联对仗工整、音律合谐、用语精巧，读来妙趣横生。如书店联为“广搜百代遗编，迹追虎观；嘉惠四方来学，价重龙门。”医家联为“金匾秘书藏万卷，龙宫禁方有卅篇”。茶叶店联为“九曲夷山采雀舌，一溪活水煮龙团”等。一些勤务、打杂的低层职业被称为“跑龙套”（张锦文，2008）。

6.2.6　交通工具

中国古代的交通运输也离不开动物。牛马驴拉车比较常见，《本草纲目》载：“驴，长颊广额，磔耳修尾，夜鸣应更，性善驮负。”在中国古代生产条件下，善于负重的毛驴成为民间重要的运输工具，具有生产力要素的意义。民间谚语云“谷千驽，不如养一驴”。敦煌文献《降魔变文》曰：“驴骡负重登长路，方知可得比龙鳞。”把善于负重的毛驴比作龙麟。唐玄宗时颁布《禁屠杀马牛驴诏》：“马牛驴皆能任重致远，济人使用，先有处分，不令宰杀……自今以后，非祠祭所须，更不得进献牛马驴肉。其王公以下，及天下诸州诸军，宴设及监牧，皆不得辄有杀害。”（董浩等，1990）

古代诗人大多骑驴，五代王定保《唐摭言》卷十五载，晚唐咸通年间，皇上下令不许进士乘马，而只能骑驴，时有“今年敕下尽骑驴，短轴长鞦满九衢”的讽刺诗。其实，此说不正确，骑驴并无严重的贬义，汉代早有骑驴之风。《汉书》卷一百一十三载：“灵帝于宫中西园驾四白驴，躬自操辔，驱驰周旋，以为大乐。于是公卿贵戚转相仿效……贾与马齐。”帝王一驾驴，社会风气都为之一变，公卿争相骑驴。此风气到魏晋依然，张隐《文士传》载，阮籍在东平任太守时，“籍便骑驴，径到郡。”李白《赠闾丘宿松》云：“阮籍为太守，乘驴上东平。”即咏魏晋名士潇洒的骑驴之风。据李密《讨隋炀帝文》，隋炀帝“潜为九市，亲驾四驴，自比商人”，隋炀帝与汉灵帝一样好驴成癖。到唐代，此风不减，著名诗人也大多骑驴。《唐才子传》卷二载，李白云游四方登华山时，曾乘醉跨驴到华阴县。孟浩然在京城长安灞陵桥路上骑着驴儿去寻觅梅花，成为诗意盎然的形象。宋代词人史达祖《龙吟曲》云：“江路梅愁，灞陵人老，又骑驴去。”即咏此事。杜甫骑驴倒有几分苦涩，其《奉赠韦左丞丈二十二韵》说：“骑驴三十载，旅食京华春。”元薛昂夫《中吕·朝天曲》云：“杜甫，自苦，踏雪寻梅去。吟肩高耸冻来驴，迷却前村路。”杜甫骑驴的形象在文学中聚焦凝定。在孟浩然、杜甫的影响下，“驴背吟诗”在唐代成为风气，韩愈《与孟东野诗》云：“骑驴到京国，欲和薰风琴。”在古代社会，驴背悠然代表着中国人慢节奏的田园生活情调（张应斌，2005）。

除此之外，犬也曾是运输工具。陶宗仪《辍耕錄》云：“高丽以北名别十八，华言连五城也，其地极寒，每岁委官至，给散囚粮，每车以四狗挽之。”《盛京通志》载：“奉天锦州田犬极健有力，能制虎者最为难得，又外蕃犬可供驱策，故元史有犬站，以犬代马；今赫真飞牙哈部落，尚役犬以供负载。”可见，犬也曾具有交通运输的功能。

6.3 性别关系

6.3.1 男女差异

唐代女性装饰品中有凤钗、凤簪、凤篦等。女子的梳妆镜上，多饰有凤凰，称凤镜或鸾镜。考古出土的一些唐代铜镜上，饰有鸾凤葡萄、双鸾衔绶、鸾鸟衔花枝等图案，并有“鸾舞双情”“鸾惊影现”“舞凤归林”等铭文（秦浩，1992）。后来中国文化约定俗成，多用凤来指代女性或用于女性饰物，而龙则为男性的专属。

6.3.2 男女情爱

左丘明所著的《左传》中记载："懿氏卜妻敬仲，其妻占之曰吉，是谓凤凰于飞，和鸣锵锵。"占卜的卦上显示：凤和凰相携而飞，和鸣声甚是嘹亮，其乐融融。自此"凤凰于飞"便用来表示爱情和谐、生活美满，这应该是早期赋予凤爱情鸟的记载。

在婚姻情爱的象征中，汉代借凤凰象征阴阳和谐、生命繁衍；唐代借凤凰歌咏两性关系中的爱恨情仇。汉代阴阳五行观念盛行，在画像石、画像砖上多配偶神，而"双（凤）鸟"形象也是汉画像石上的特色图案。江苏徐州是汉画像石主要分布区域之一，在一些流散于当地民间的画像石上，出现了众多"双鸟"形象（李立，2004）。其中的双鸟多为凤凰。如《江苏睢宁墓山汉画像石墓》：前室墓门南端壁石画面分上下两栏，上栏"主画面刻二（凤）鸟交喙，左一（凤）鸟头上有扇形小冠，右一（凤）鸟头上有长羽冠，应是雌雄一对。二（凤）鸟足下又三只小鸟。"此画像中对二（凤）鸟形象的艺术表现，带有拟人化的倾向："雌雄"恰如男女，"交喙"有如接吻，而二（凤）鸟足下的三只鸟，则是它们的后代"子女"。整个画面构图富含着阴阳相交、雌雄相配、生命繁衍的美好寓意（李立，2004），让人联想到汉乐府游仙诗《瑟调曲·陇西行》："凤凰鸣啾啾，一母将九雏。顾视世间人，为乐甚独殊。"

除凤凰象征男女情爱外，鸿雁因在感情方面具有至死不渝的忠贞节操，亦被赋予忠贞爱情的象征。东汉时期的哲学家王充在《论衡·道虚篇》中说："鸟兽含情欲，有与人相类者。"的确，动物在情爱方面与人类相类似。美国生物学家威尔斯说："与哺乳动物相比，鸟类的单配性倾向似乎要强得多……通常的情况是一对已经结为对子的鸟儿在行动上总是那么一致：它们在一起进食，一起飞行，在一个窝里过夜，甚至嘴对嘴地给对方喂食……其表现十分相亲相爱，琴瑟和谐。”有很多鸟类，如鹳与鹦鹉、鹫与大鸦、鸽子与相思鸟，“缔结着永恒的婚盟”（H. Q. 威尔斯，1998）。它们甚至殉情。英国性科学家霭理士也曾说：“在动物中间，性欲也很有几分‘理想化’的程度，特别是在鸟类中间。鸟类可以为了失偶的缘故，伤感到一个自我毁灭的境界，可知这其间所牵涉的绝不止是一个单纯的性的本能，而是此种本能与其他生命要素的一个综合，一个密切联系的综合，其密切的程度，即在文明最盛的人类中间也是可遇而不可求的。”（霭理士，1987）著名生物学家贾祖璋先生说：“雁的配偶习性，与鸳鸯相同，系一夫一妻制。”（贾祖璋，1982）

晋朝崔豹《古今注鸟兽》记载：“鸳鸯，水鸟，凫类也。雌雄未尝相离，人得其一，则一思而死，故曰‘匹鸟’。”由此性而又称相思鸟。鸳鸯的这种特性正好符合人伦社会夫从妻随的观念，因而这种水鸟受到人们的青睐，由此诞生了鸳鸯戏水、鸳鸯被、鸳鸯菊、鸳鸯梦等词汇表达好事成双的美好事物和愿望。总之，汉民族对此成双成对的雌雄二鸟而萌发的“好事成双”的观念在汉语语汇中留下了许多深刻的烙印，而这些烙印中，则迸射出汉民族独特的审美观念（郝志华，2002）。凤凰、鸿雁、鸳鸯等在中国文化中都是美好爱情的象征。

6.3.3 婚姻家庭

旧时富家女子结婚出嫁时常常凤冠霞帔。凤冠早期是明朝皇帝的后妃所佩戴的，到后期才发展演变成民间结婚所用的头饰。凤冠上的饰物主要以龙凤为主，以金银为主要制作材料，根据制作者的情况选择珠宝加以装饰，以达到龙凤呈祥的视觉效果。畲族女子出嫁时要穿上全套的凤凰装。于是，有些地方，凤凰就成了新娘子的代名词。迎接新娘时，新郎就要高唱：“喜日吹的吉祥风，我迎凤凰入花丛；迎得凤凰露美容，寨前美酒香又浓。”（黄

春霞，2016）

鸿雁在选定配偶后便琴瑟和谐、忠贞不渝，如清黄钧宰《金壶七墨·浪墨》卷六云：“禽类中雁为最义，生有定偶，丧其一，终不复匹。”因而古人取其“夫妇之义”，常以雁作为迎娶的见面礼。《仪礼·士昏礼》载：“下达纳采用雁。”孔颖达疏云：“婚礼有六，五礼用雁，纳采、问名、纳吉、请期、亲迎是也。唯纳征不用雁，以其自有币帛可执故也。”即是说：古时婚娶有“六礼”，除纳征外，其他五礼均用雁，称为“奠雁”。陈浩集释《礼记·昏义》时说：“奠雁，取其不再偶也。”晚清吴沃尧《烈鹅》一文的解释更为详细：先儒谓雁有夫妇之义，雌雄相偶，各匹其匹，不相淆乱。雌者死，则雄为鳏，不更与他雌偶；雄者死，则雌为寡，更不与他雄偶。是故先王制礼，婚姻有奠雁之仪云。很明显，婚礼中的奠雁之仪具有托象明义、借物明理的含义，用以体现夫妻恩爱、婚姻美满、用情专一的意旨。

在民间，新婚人家常布置“麒麟送子图”，画一个小孩儿骑在麒麟背上，站在云彩里，有时小孩儿手里还拿朵莲花，祝颂这家连生贵子。又如将小孩儿佩戴的长命锁用金或银打制成麒麟状，以求吉利（吴宗海，2007）。以对联而言，有“天上麒麟儿，地上状元郎”“石麟果是真麟趾，雏凤清于老凤声”等。传统的“麟趾呈祥”横额，一直作为吉祥喜庆之代表流传于世。

6.4　空间观念

中国古代天文学家为便于观察研究天体运行，大约在周代建立了二十八宿体系，把天空的恒星界定为“二十八宿”，二十八宿中的角、心、尾宿是龙角、龙心、龙尾。再把二十八个星座按方位划分为四个宫，每宫选定一神物统辖。《尔雅·释天》曰：“东方成龙形”，东宫七星便是以龙命名的，即角（龙角）、亢（龙颈）、氐（龙胸）、房（龙腹）、心（龙心）、尾（龙尾）、箕（龙尾），形成一个龙的组合。《三辅黄图》载：“青龙、白虎、朱雀、玄武，天之四灵，以正四方。”“天之四灵”随之出现，乾天坤地，乾坤相系不可分，东方七星形似龙，所以东宫被称为青龙或苍龙；西方七星壮如虎，西宫被称为白虎；南方七星形如鸟，被称为朱雀；北方七星状如龟，被称为玄武。古老的地理学即堪舆（风水），学者又把“前朱雀（南）、后玄武（北）、左青龙（东）、右白虎（西）”，定为“地之四灵”，用来“以正地之四方”。上至帝王下至黎民百姓，均以地理走势具“四灵之象”为贵。认为阳宅阴宅都要建在风水宝地上，只要背靠玄武，就能保富贵太平。宋代学者高似孙在《纬略》中说：“玄武即龟之异名。龟水族也，水属北，其色黑，故曰玄。龟有甲，能捍御，故曰武。世人不知，乃以玄武为龟蛇二物。”

由于龟崇拜，人们以天上星宿命名龟，玄龟与天文学发生关系。《山海经》记载玄龟有二事。古代天文学里，把龟安排在北方的方位，作为“水”的象征。又把龟和蛇结合起来，称为“玄武”。《楚辞·远游》云：“揽彗星以为旍兮，举斗柄以为麾。叛陆离其上下兮，游惊雾之流波。时暧曃其曭莽兮，召玄武而奔属。”文中列举了许多星辰。作为旗帜，玄武亦是其一。《周礼》九旗，有龟蛇四游，以象星座的营室，营室位于北方，亦名曰“定”。《诗·鄘风》云：“定之方中，作于楚宫。”古人观星象来定土功兴作的时间，即所谓“观象授时”。铜器有玄武表座，和这种用途有关。陈仁涛金匮室所藏的玄武筒座，满嵌金丝，十分绚美，在洛阳出土，为战国时物。龟蛇之眼用黑颜料及绿松石嵌成，炯然有光。玄武是龟蛇相交之状，武汉出产有一种动物，龟状之蛇，有人拿它来解释玄武。湖北随县曾侯乙墓出土漆器上图绘青龙、白虎与二十八宿名，中书一斗字，但没有南方的朱雀和北方的玄武。

濮阳新石器时代墓葬蚌砌龙虎在尸骸左右，亦无北方的玄武。舞阳贾湖遗址有龟甲出土。因此玄武龟蛇相交的观念被认为应该是后起的事。《考工记》云：“龟蛇四游，以象营室。”《礼记·典礼上》载：“前朱鸟（雀）而后玄武。”张衡《灵宪》记四灵云：“朱雀奋翼于前，灵龟圈卷首于后。”《史记·项羽本纪》载汉初所封侯爵有玄武侯，为项氏。玄武一名始见于《远游》。何以取名曰玄武？洪兴祖说“玄武谓龟蛇，位在北方，故曰玄，身有鳞甲，故曰武”。玄武七宿，于二十八宿为斗、牛、女、虚、危、室、壁。此七宿分属于人马、宝瓶、英仙三座，而以虚、危为北方主宿。（饶宗颐，1999）

6.5　时间观念

6.5.1　十二生肖

依照中国的文化，中国的阴历年份由十二种动物组成，鼠、牛、虎、兔、龙、蛇、马、羊、猴、鸡、狗和猪，其中的每一种动物代表一年，依次出现，中国人称相应的年为鼠年、牛年、虎年等。每十二年一循环，周而复始。这十二种动物和与之对应的年份通常代表在那一年出生的每一个人，被称为“生肖”或“属相”，共有十二生肖。每个中国人都有一个生肖。生，即出生年份；肖则为类似、相似的意思。生肖表示出生年份的象征物。这十二种动物又同十二地支两两相配：子鼠，丑牛，寅虎，卯兔，辰龙，巳蛇，午马，未羊，申猴，酉鸡，戌狗，亥猪，以此记人的出生年份。宋洪巽《阳谷漫录》认为一昼夜十二时辰中，“子、寅、辰、午、申、戌俱阳（阳性地支），故取相属之奇数以为名，鼠、虎、龙、猴、狗皆五指，而马，单蹄也；丑、卯、巳、未、酉、亥俱阴（阴性地支），故取相属之偶数为名，牛、羊、鸡、猪皆四爪，兔两爪，蛇两舌也。”老鼠前足四趾，后足五趾，奇偶兼具，而子时为阴，鼠子时最为活跃，故排在第一位。十二生肖历史悠久，已深深嵌入我们的文化生活。

中国人常把人的性格与这十二种动物联系在一起，认为某一属相的人带有它这种动物的特点，并赋予它们特殊的文化含义。比如属鼠的人比较机敏灵巧；属牛的人比较勤恳忠厚；属虎的人比较争强好胜等。

6.5.2 节日

在我国，有不少民风、民俗与民族节日和龙有关。以汉族而言，正月十五元宵节，虽然节日来历与龙无关，但节日的庆祝非有龙不可，上元夜必舞龙灯，要扎鳌山或草龙。二月初二为龙抬头日，民间在这一天要用草灰弯弯曲曲地由门外撒到厨房内，称为“引龙回”；小童这一天开始入房读书，称为“占鳌头”；读书人这一天要理发，以取龙抬头的吉祥之意。五月初五为端午节。端午节赛龙舟在我国可谓历史悠久。在中国少数民族中，与龙有关的节日与民俗也是举不胜举。云南瑶族正月初五过龙头节，备祭品祭祀龙。贵州侗族二月初二要接龙，这一天全寨杀一头牛，每户分一块牛肉，名为“吃龙肉”，吃肉时要唱五龙归位的酒歌，最后将牛角埋于地下。鄂西土家族的六月初六为晒龙袍节，这一天家家都要将新衣服放在太阳下暴晒，同时还有祭祀活动，并依据这一天的阴晴来判断下半年的雨水情况（张锦文，2008）。此外，农历正月十五元宵节前后，不少地区也有舞狮的习俗，以喻吉祥如意。

6.5.3 年号

龙既是古代我国各民族的主宰雨水之神，也是吉祥神圣动物和保护神，因而一些帝王、地方割据政权及农民起义所建立的临时政权，都曾以龙为年号。帝王以龙为年号，旨在祈望得到龙神的保佑，天下太平。起义首领以龙为年号，旨在希望龙神显灵，一统天下，成为真龙天子。因此，历史上带有“龙”字的年号也不少，共有14个：黄龙、青龙、白龙、神龙、景龙、见龙、龙兴、龙飞、龙升、龙凤、龙纪、龙启、龙塑、龙德（何星亮，1999）。

参考文献：

董浩等．全唐文．上海：上海古籍出版社，1990.

郝志华．汉语动物词文化意蕴例释．咸宁师专学报，2002（1）.

何星亮．中国龙文化的特征．思想战线（云南大学人文社会科学学报），1999（1）.

黄春霞．浅谈凤文化在民俗中的体现．美术界，2016（6）.

贾祖璋．鸟与文学．上海：上海书店，1982.

刘俊．从动物词的比喻形象看词语与变化．湖北农学院学报，2002（4）.

李立．汉墓神画研究——神话与神话艺术精神的考察与分析．上海：上海古籍出版社，2004.

李群，李士斌．中国驴、骡发展历史概述．中国农史，1986（4）.

（明）李时珍．本草纲目．上海：上海古籍出版社，1993.

吕振羽．殷周时代的中国社会．北京：生活·读书·新知三联书店，1962.

秦浩．隋唐考古．南京：南京大学出版社，1992.

饶宗颐．论龟为水母及有关问题．文物，1999（10）.

王籽郦，吴俊霖．《说文解字》反映的六畜文化．大众文艺，2008（12）.

魏书娟．中国犬文化溯源．新乡学院学报（社会科学版），

2011（1）.

魏锁成．古代的犬文化现象及其对社会生活的影响．西北民族学院学报（哲学社会科学版），1996（4）.

吴庆洲．龟文化与中国传统建筑．中国建筑史论汇刊，2009（2）.

吴艳荣．汉唐凤文化的演变．江汉学术，2004（1）.

吴宗海．“麒麟”文化漫谈．寻根，2007（3）.

袁靖等．丁亥话猪：使者还是牺牲？文明，2007（2）.

张锦文．试论中华民族文化的凝聚与积淀：龙文化．学理论，2008（14）.

张璐．浅析汉英语言中“蝙蝠”的文化内涵．西安社会科学，2010（4）.

（清）张英，王士祯等．渊鉴类函．北京：中国书店，1985.

张应斌．驴形象的演变与唐代中外文化交流．国外文学，2005（3）.

朱积孝．狗年话狗．中州今古，1994（3）.

（春秋）左丘明·左传·刘利、纪凌云，译注．上海：中华书局，2007.

［美］H. Q. 威尔斯．感情动物．北京：作家出版社，1998.

［英］霭理士．性心理学．北京：生活·读书·新知三联书店，1987.

第七章　基于动物词的中国文化因子解读（下）

7.1　娱乐活动

7.1.1　文学艺术

中国的文学作品中充满丰富多彩、生动鲜明的动物形象。作者通过动物喻情，展现了丰富的内心世界。龙在中国的文学作品中出现的频率很高，诗、词、曲、小说、戏剧等都有龙的形象。《诗经》中就有关于龙的描述如：“龙旂十乘”“龙旗阳阳”，展示了在盛大的祭祀活动中，龙纹旗帜迎风飘扬的神圣庄严场面。《离骚》云：“为余驾飞龙兮，杂瑶象以为车，何离心之可用兮，吾将远适以自疏。屯余车其千乘兮，齐玉轪而奔驰。驾八龙之婉婉兮，载云旗之委蛇。”在《三国演义》煮酒论英雄中，曹操评价龙能大能小，能升能隐；大则兴云吐雾，小则隐介藏形；升则飞腾于宇宙之间，隐则潜伏于波涛之内。较早涉及龙的小说有《搜神记》《柳毅传书》《续玄怪录》《宣室志》等。

驴作为外来动物，在中国文学中具有特殊的文化意象。汉末诗人王粲喜爱学驴鸣，曹丕在王粲葬礼上的奇特倡议就是大家学驴鸣为他送行。这样富于诗意的葬礼，把悲哀伤悼化作驴鸣的艺术，既表达了朋友相知的精神深度，又开了魏晋的通脱之风，影响深远。晋代孙楚也以驴鸣为朋友送葬，《晋书》卷四十二载，太原晋阳人王浑下葬时，名士孙楚极为悲痛，他含泪对朋友亡灵说：“卿常好我作驴鸣，我为卿作之。”以一声恢宏旷远的驴鸣告慰朋友亡灵，后来成为文学典故。唐代诗人刘言史《题王况故居》："入巷萧条起悲绪，儿女犹居旧贫处。尘满空床屋见天，独作驴鸣一声去。"这已不是做仰天长啸式的驴鸣状，而是借助驴鸣的文学意象表达特殊的哀思，驴鸣送葬已经文学意境化和文化符号化，成为经典的文化资源，在中国音乐和文学中筑起一道特殊的文化景观（张应斌，2005）。

唐朝时期，驴在军事运输、驿站转运、民众出行、商业贩运等诸多方面起着重要作用。文娱方面，甚至出现了"驴鞠"这一赛事。与此相适应，加之魏晋驴文化的影响，在驴文化领域便出现了"诗人骑驴"文化和"黔驴"文化。前者主要指唐代骑驴诗人所代表着的"失意文化"，后者则指以柳宗元的《黔之驴》中批判黔驴为代表的"批判文化"。唐代诗人多以骑驴的形象示人，然而初盛唐的诗人很少骑驴，即使有，也只是魏晋风流的继承和发扬。孟浩然终身未仕，风流自赏，其《唐城馆中早发寄杨使君》诗中说"访人留后信，策蹇赴前程"。写的是闲适的隐逸生活（冯淑然、韩成武，2006）。但其骑驴踏雪寻梅的故事却为后世文学作品提供了素材。再比如，盛唐的李白，即是魏晋风度的继承者，他对阮籍推崇备至。在其诗文中曾写道："阮籍为太守，乘驴上东平。剖竹十日间，一朝风化清。偶来拂衣去，谁测主人情？"中晚唐以后，文人骑驴的形象便逐渐增多。杜甫、李贺、贾岛便是其中的典型代表。杜甫骑驴与其仕途坎坷，贫困潦倒的境况有着密切的联系。查全部杜诗，写到骑驴的有四首，其中三首写的是诗人自己骑驴，展示了长安时期穷困潦倒的生活苦况（冯淑然、韩成武，2006）。李贺作为怪才，因唐代的避讳制度而注定与仕途无缘，故退而求其次，"骑距驴，背一古破锦囊，遇有所得，即书投囊中。"终成一代大家。贾岛与驴也有一段奇缘。贾岛骑驴访友偶得"鸟宿池边树，僧推月下门"的佳句，后来去世，家中仅有病驴、古琴而已。此外，唐代其他诗人如元稹、张籍、王建等人的诗句中也有关于诗人骑驴的描写。此时的驴已经成为失意文人文学创作的主要“载体”，不仅体现在其诗文作品当中，更是其日常生活的真实写照。此时其貌不扬，为现实社会所鄙夷、价格低廉且饲养成本低、温顺耐劳的驴便成为失意诗人的精神慰藉剂和游途伴侣，由此形成了唐代的“诗人骑驴”文化。受唐代“诗人骑驴”文化的影响，一些唐人骑驴的形象便固定下来，成为宋人文学作品中的典故。如苏轼的诗作《赠写真何充秀才》中写道：“雪中骑驴孟浩然，皱眉吟诗肩耸山。”引用的是孟浩然骑驴踏雪寻梅的故事。而苏轼的《续丽人行》中则引用了杜甫穷困骑驴的故事：“杜陵饥客眼长寒，蹇驴破帽随金鞍。”（闫续瑞、任正，2015）

元代最著名的文学成就便是元杂剧，元杂剧中的不少作品深受唐宋驴文化的影响。元代马致远曾创作了杂剧《风雪骑驴孟浩然》；关汉卿的杂剧《窦娥冤》里刻画了一个作恶多端的泼皮无赖，其名字便叫“张驴儿”；元杂剧《黄花峪》中写道：“叵奈无徒歹禽兽，摘心肝扭下这驴头，与俺那梁山泊宋公明为案酒。”讽刺之情溢于言表。到了明清时期，驴的形象大量出现于小说作品。四大名著的《水浒传》第九十三回中就有：鲁智深的粗话“留下那两个驴头罢，等他去报信”的描写。《三国演义》第三十七回中则记叙了刘备访寻卧龙先生时偶遇其骑驴的岳丈黄承彦，其吟诵《梁父吟》：“……骑驴过小桥，独叹梅花瘦！”的故事。小说《隋唐演义》中有对安禄山死时的讽刺：“安禄山，你做张守圭的走狗，犯死刑，姑饶下这驴头。”小说《征西说唐三传》和《反唐演义全传》中有“驴头太子”这一人兽合一的怪物形象。（闫续瑞、任正，2015）

汉文化中，鹤为仙鸟，意为长寿，因此常出现在诗词歌赋中。《淮南子·说林训》曰：“鹤寿千岁，以极其游。”古人以鹤为长寿的仙禽，后人便常用“鹤”为祝寿之辞。此外，鹤暗含归隐之意，如“闲云野鹤”表示自由自在，不受红尘俗事所烦。再如刘禹锡

《秋词》："晴空一鹤排云上，便引诗情到碧霄"比喻"身处逆境，直飞云霄，冲天而去"。又因仙人乘鹤升天，故此"鹤驾何时去，游人自不逢。""鹤驭已从烟际下"又成为死的讳称，如"鹤驭不来尘世隔，芙蓉城阙月茫茫"。

在中国文化中，"蟋蟀"常给人以忧伤凄凉、孤独寂寞、萧索凄清的联想。早在《诗经》中，蟋蟀的叫声就被作为农夫岁末困顿生活的映衬，如《豳风·七月》。此后，蟋蟀几乎无一例外地以其凄苦、悲凉的形象出现在文学作品中。如《九辩》中"独申旦而不寐兮，哀蟋蟀之宵征"。杜牧《寝夜》中"蛩唱如波咽，更深似水寒"。（蛩，即蟋蟀）欧阳修《秋声赋》中"但闻四壁虫声唧唧，如助余之叹息"。王和卿《百字知秋令》中"恼碎芳心近砌下，啾啾唧唧寒蛩闹"。岳飞《小重山》中"昨夜寒蛩不住鸣，惊回千里梦，已三更。欲将心事付瑶筝，知音少，弦断有谁听？"诗人元好问在他的《诗论》中总结道："切切秋虫万古情。"生动地阐明了蟋蟀叫声在汉文学中所引发的忧伤的"形象感"，并且这种戚忧意象延续至今。

在中国的民间传说中，每年的七夕节，人间所有的喜鹊都会飞上天河，搭起一条鹊桥，以便分离的牛郎和织女相会，所以有了秦观那首脍炙人口的《鹊桥仙》，"柔情似水，佳期如梦，忍顾鹊桥归路"。

宋代大诗人黄庭坚，明代大文人文征明都写过《乞猫诗》，表现了人们对猫的喜爱。但与国外文学作品中丰富多彩的猫形象不同，在我国古代的文学、史学和民间传说中，猫或者很少出现，或者出现了也往往只是作为反面形象或是作为老鼠的陪衬。在近代文学作品中，猫则被用来影射阿谀、奸猾的人，其中最典型的就是鲁迅在他的杂文里所痛斥的"媚态的猫"。在中国，猫文化也已经从借以寓意"耄耋"的"猫蝶"图等传统方式不断向前发展。（李湘涛，2015）其他如猪、狗等形象也常出现在文学作品中，如唐代诗人刘长卿在《逢雪宿芙蓉山主人》中有“柴门闻犬吠，风雪夜归人”的名句，这里的“犬”指的就是看门狗。著名小说《西游记》也给我们塑造了猪八戒这一好吃懒做的形象。

7.1.2　戏剧艺术

进入梨园，戏谚有：“生旦净丑，龙凤狮狗。”龙回到京剧舞台上，“九龙口”亮相，凤回到京剧舞台上，“凤还巢”登场（魏子晨，1994）。在中国的戏曲艺术中，直接以龙为角色、以龙的故事为情节的就有《柳毅传书》《张生煮海》和据《西游记》改编的《陈塘关》《绝龙岭》等数出 。以龙为名的戏目也不少，如《锁五龙》《龙虎斗》《打龙袍》《双龙会》《龙凤呈祥》《游龙戏凤》等。这类戏所以有龙字，是因为戏中的主角是有龙性的人物，多是帝王之属。戏曲中还有不少名词术语行语也与龙有关，如龙套、九龙口、合龙、二龙出水等。京剧的脸谱有龙纹的成分，京剧的服装（俗称行头）更离不开龙纹（张锦文，2008）。

中国早在唐代就有驴皮戏。唐代诗人杨炯说：“今假弄麒麟戏者，必刻画其形覆驴上，宛然异物，及去其皮，还是驴耳。”这种驴皮戏并不是通常的皮影戏，它到元代仍然兴盛。贾仲明《吊纪君祥》：“《驴皮记》，情意资，《冤报冤赵氏孤儿》。编成传，写上纸，表表于斯。（张应斌，2005）”

戏剧舞台也不乏老鼠的身影。宋代故事戏《五鼠闹东京》路人皆知。民间艺人的鼠戏更令人称奇，据载东晋时期民间就有了老鼠推磨、老鼠荡秋千的鼠戏表演，到了清代，鼠戏更为盛行。《聊斋志异》第四卷对此有记述：“一人在长安市上卖鼠戏，背负一囊，中蓄小鼠十余头。每于稠人中，出小木架置肩上，俨如戏楼状。乃拍鼓板，唱古杂剧。歌声甫动，则有鼠自囊中出，蒙假面，被小装服，自背登楼，人立而舞。男女悲欢，悉合剧中关目。”

7.1.3 音乐艺术

中国音乐艺术中也有不少融入动物形象的作品，《百鸟朝凤》就是其中的代表作之一。《百鸟朝凤》是中国著名的唢呐曲之一，备受人民大众的喜爱。它流行于山东、安徽、河南、河北等地，是优秀的民间乐曲。它以热情欢快的旋律与百鸟和鸣之声，表现了生气勃勃的大自然景象，引人入胜。经演奏家们综合整理，形成“山雀啼晓”“春回大地”“莺歌燕舞”“林间嬉戏”“百鸟朝凤”“欢乐歌舞”“凤凰展翅”“并翅凌空”八个段落。展现了布谷鸟鸣叫、黄莺在枝头歌唱、春燕在蓝天飞舞、一群小鸟在葱笼的丛林中相互追逐、尽情嬉戏，充满生机的春日美景，以及百鸟朝凤，“百鸟”应凤凰的召唤，一起展翅凌空，交相和鸣的热烈欢乐的景象。(崔长勇，2008)

除乐曲外，吸收动物形象而形成的乐器也不在少数。考古发现，早在公元前8000年左右，鹤文化就融进了人类的生活，人们使用鹤骨制成乐器——七音阶鹤骨笛，这是世界上已出土的距今年代最早、保存最为完整的乐器实物（孙志伟，2010）。另外，湖北博物馆收藏有木雕乐器虎座凤架鼓，(《楚文化史》图版11）该鼓的双虎、双凤皆背向，虎仰首伏踞，凤昂首立于虎背上，鼓悬于两凤之间，系于凤冠之上。两凤昂首引吭，似随着鼓点高歌之状。荆州博物馆收藏的虎座立凤像（《楚文化史》图版14）塑造的是一只凤凰立于虎背上，凤昂首展翅，做欲飞状。该凤与虎座凤架鼓上的凤不同的是多了两只翅膀，又多插了两只鹿角，显示其动态特点（熊传善，2001）。

7.1.4 舞蹈艺术

在各族的民俗活动中，壮族的凤凰舞在与凤有关的活动中最具代表性。这种舞蹈多流传于左江流域。据《壮族概况》一文介绍，此舞大致有两种形式：一是单一的凤凰舞，即由一人或二人执凤凰道具、穿凤凰服饰进行表演。表演者头戴用珠子串成的晶亮闪光的凤冠，身穿艳丽的凤凰装，凤尾长垂，脚穿带有羽毛的鞋袜。表演以模仿凤凰形态为主，时而停立、啼鸣、抖翅、舔羽，时而沐浴、饮水、展翅飞翔，形象生动。这类舞蹈均在春节期间拜年表演，或在广场演出（黄春霞，2016）。朝鲜族民间舞蹈中，模拟鹤自然形态的物质因素有“鹤步”“鹤飞翔”等舞蹈形象。（孙志伟，2010）

孔雀舞一词早在明朝的有关资料里就已出现，但是并没有详细的记述。民国时期的几本人类学民族志对孔雀舞也没有做详细的记述。20世纪50年代舞蹈工作者去云南调查民间传统舞蹈时发现了流传在傣族支系模仿孔雀的动作姿态的孔雀舞（刘金吾等，1994）。孔雀舞有不同支系，西双版纳地区孔雀舞一般有两个男子扮演成一对雌雄孔雀，身着孔雀服，头戴尖塔盔和假面具表演。舞蹈内容源于西双版纳的民间故事《召树屯于楠木诺娜》。傣族人们视孔雀为吉祥的象征，与佛教的世界观也有关联。傣族新年、关门节、开门节以及大型佛教礼仪上，都要表演。潞西县的孔雀舞的特点是边走边旋转，抖翅展翅。瑞丽地区的孔雀舞模仿孔雀的各种动作和姿势，只有男子跳，表演时一定要穿孔雀服戴假面具。另外，景谷县的孔雀舞是以歌舞剧形式表演的，根据剧情扮演多种角色。演孔雀舞的演员需要边唱边跳。（长谷川清，2009）

7.1.5 书画艺术

中国利用蚕丝最早，古人利用丝织物来作为书写材料，与竹木相辅而行。墨子曰：“书之竹帛，传遗后世子孙”（帛是我国古代对丝织品的总称），可见西周以来已用丝织品书写，至唐代还流行用素绢供书写之用。我们现在所说的纸，是植物纤维构成的纸，而汉以前文献中提到的纸主要是指茧丝纸。《后汉书》蔡伦本传中讲道："自古书契多编以竹简，其用缣帛者谓之为纸。"长沙马王堆三号汉墓出土的帛书共达12万多字，书写有20多种古籍，为我国古代用帛书写文字提供了实物证据（周文军，2004）。蚕业对中国绘画也有深刻影响，一方面丝织品是我国早期绘画的特定材料；另一方面蚕业人画是重要的表现题材。宋代以前绘画都用绢帛，帛画最早可追溯到战国以前，我国现存最早的国画是战国楚墓出土的《人物凤夔图》和《人物御龙图》。其中的一幅是人物龙凤帛画，帛画中有关于凤凰的图案。该画于1949年出土于长沙，正中偏右画一妇人侧立，高髻细腰，合掌做祈祷状，上部正中画一凤，左侧画一龙，做争斗状（《楚文化史》图版18）（熊传善，2001）。唐代著名画家张萱的《捣练图》（现藏于美国波士顿博物馆），是描绘唐代妇女制作丝绢劳动的画卷。我们的祖先还把丝织与绘画结合起来，广泛应用于扇子、绸伞等日用工艺品。如汉唐盛行以丝绸为原料的"纨扇如团月，出自机中素"。宋代以后流行在扇面上题字作画，人物故事、山水花卉等画料，都进入幅不盈尺的扇面之中。以后发展起来的丝画结合的西湖绸伞以及多种绫绢风筝，都是我国独特的丝绸工艺品（周文军，2004）。

中国书画艺术中，动物文化气息极为浓厚。龙在绘画方面有充分的反映。《左传·桓公二年》提到"画龙"。《礼记·玉藻》提到"龙卷"，郑玄注说："龙卷，画龙于衣。"又说："龙，水物；画水者并画龙。"唐代张彦远《历代名画记》载：三国东吴曹不兴画龙；东晋大画家顾恺之善于画龙；北朝时代的张僧繇是中国历史上著名的画龙专家。唐代画龙名家有李思训、冯绍正、吴道子等。宋代画龙高手有董羽、僧传古、陈容三人。明代画龙的高手有汪肇、盛著等人。清代画龙高手是周王寻等人。历代画龙大家，后人多有评论，不少人都是以诗评画，其诗也成了咏龙诗。特别是不知名的画龙者，在全国各地的寺庙内绘以龙为内容的壁画，甚至还有许多龙的木雕和石雕，这便把活灵活现的龙的形象展示在亿万群众的眼前，使群众加深了对龙的印象（许顺湛，2010）。

说到我国的书画家，单写“龙”字者和毕生以画龙为生的不计其数。他们所写的“龙”，就有真、草、隶、篆，不仅类别不同，而且风格各异。所画的龙，最著名的就有云中龙、水中龙、火中龙、二龙戏珠等。从形态来说，有卧龙、腾龙、飞龙；从种类言之，又有蛟龙、蟠龙、虬龙、玉龙等（武文，1998）。

蝴蝶被称为“有生命的灿烂图画”，长期以来是绘画的重要题材之一，民间常常用“猫蝶图”来祝寿，用猫蝶谐音“耄耋”。用“瓜蝶图”来祝贺婚喜，寓意瓜瓞绵绵，多子多孙。自五代黄荃作画《花茵蝶阵图》后，历代画师画蝴蝶的杰作有北宋赵昌的《蛱蝶图》，南宋李安的《晴春戏蝶图》，清代项圣谟的《蒲蝶图》等。①

在唐代之前，驴基本上以正面形象出现。那时，驴在人们生活和艺术中扮演了重要角色，人们上到公卿，下到百姓，社会活动中上到宗教、送葬，下到生活日用及娱乐，人们骑驴、爱驴，模仿驴鸣成为社会时尚。人们与驴密切的生活关系已反映到文艺作品中，对驴感情上的亲切和形象上的认同已经在文学中定格。甚至在中唐及宋代，人们对驴肯定的感情依然弥漫于文艺之林。骑驴还进入绘画。虽然画论中有“驴牛虽目前之畜，状最难图”之说，但是画苑中仍然有许多驴画出现，唐朱景玄《唐朝名画录》载，唐代亲王江都王善画驴，嗣滕王也善画驴。宋郭若虚《图画见闻志》载，宋代有《潘阆倒骑驴图》（张应斌，2005）。

在中国，喜鹊被视为“吉祥鸟”，“喜鹊登梅”是中国画中的常见题材。如吕叔湘先生所说：“画两条鱼，表示吉庆有余，画两只喜鹊立在梅树，表示喜上梅梢，画五个蝙蝠表示五福临门，画

① 国际在线，http：//gb. chinabroadcast. cn 3601/ 2004/ 07 /13/882@ 230211. htm.

三只羊表示三阳开泰等”。过春节时许多年画、剪纸上都画有鱼，正是这个道理。

鹤作为中国文化中的仙禽，常入画中。宋赵佶的《瑞鹤图》描绘彩云缭绕之汴梁宣德门，上空飞鹤盘旋，鸱尾之上，有两鹤驻立，互相呼应。画面仅见宫门脊梁部分，突出群鹤翔集，庄严肃穆中透出神秘吉祥的气氛（孙志伟，2010）。此外，鹤常与松树相匹配，象征“顽强不屈”和“长生不老”。在书画艺术中松鹤一体称松鹤延年。作为礼物送给长者会深受其喜爱，特别是作为生日礼物。马也是中国画家、雕刻家的重要题材之一，艺术家们从各个角度刻画马的神态，栩栩如生。

7.1.6 雕刻艺术

象牙雕刻作为中国的传统手工艺品，是中国人民智慧与创造力的结晶，也缔造了象文化的灵魂，其工艺已有几千年的发展历史。早在旧石器时代，居住在周口店的山顶洞人就以象牙雕刻作为装饰品而随葬，《史记·微子世家》中记载：“纣始为象箸”；商代已经有了较为细致的象牙雕刻品，商王朝出土的象牙酒器，上面镂刻浮雕、兽面纹和方雷纹，还嵌有许多绿松石作为装饰。周朝的象牙雕刻已作为正式的手工业被记载下来。汉、魏、晋、北朝时代，牙雕工艺品成了财富的象征。进入唐代，象牙雕刻已是闻名中外，日本遣唐使曾带象牙雕刻品回国。明清时期是中国牙雕发展的高峰阶段，到了现代，象牙雕刻工艺细腻繁复、种类颇多，更加精巧绝伦，传承着中华文化风情（安睿，2006）。

1991 年，在广西贺州市曾出土一尊距今 2500 多年的顶级国宝——“麒麟尊”。这件青铜牺尊形体硕大，造型为端立的麒麟形象。麒麟形象大体象小鹿，头顶长有一只圆润短小的角，长颈而马蹄，躯体肥硕，四肢较短小，通体雕有华丽的花纹，和古书记载的麒麟形象十分相似，是现今可见的最早的麒麟雕塑，为我们展现了古人对麒麟神兽形象的理解和刻画的模式（许秀娟，2003）。

中国传统文化中“龟”历来象征长寿，古代的宫殿、庙宇、府邸等建筑前常有石龟，作为祈求长寿的象征，以求万古永存。名胜古迹刻有铭文的石碑，大都以石龟为基座，以求千古流传。

在中国，狮子雕刻常被用作守门兽，古人的陵墓、河流上的桥梁也往往会雕上一些狮子。这是因为这些狮子都给人一种威严、庄重的感觉，古人认为能起到避邪的作用（杜新宇，2004）。南北朝时期，石窟大多刻有金刚、力士与狮子护法，狮子逐渐成为中国雕刻艺术的重要题材。由此，狮子逐渐融入中国的宗教文化与民间习俗等，成为中华民族喜闻乐见、祈福纳祥的象征。

7.1.7 纹饰艺术

7.1.7.1 青铜器纹饰

我国的青铜器文化历史悠远流长，特别在殷商时期，青铜器获得较大发展。殷商时期在各种礼器上大多刻有各种各样的动物纹饰，其中包括大量羊形青铜器、玉器。立鹤方壶是我国春秋中期青铜器，是一种盛酒的礼器，壶盖上部为重瓣向外翻仰莲花形装饰，中立一鹤，展翅欲飞，形象真实生动（孙志伟，2010）。青铜器配有这些精美的纹饰，显得异常华美，同时充满了神秘色彩。四羊方尊、双羊尊、羊尊、三羊垒、四羊首垒等，就是铸有突起羊头的青铜礼器。殷墟出土的很多玉器、骨器刻有写实性羊头。

青铜器纹饰中的鸟纹和凤纹，合称“凤鸟纹”。在商代早期和中期的青铜器纹饰中，只有鸟纹，而没有凤纹。直到殷商时期，凤纹才“登场”。不过，在殷商晚期前段，凤纹还是“罕见”的。主体凤形直到殷墟晚期才出现。同时，殷墟晚期以鹰鸷、鸱枭为原型的华冠短尾类鸟和以孔雀为原型的饰有眼翎的长尾鸟同时出现和流行（马承源，1997）。

周初以来，青铜器上的凤鸟纹进入鼎盛期。周代的凤鸟纹以成王时期为转关，分为前后两期：前期从周文、武王时期至成王前期，后期从成王后期至恭、穆时期。前期沿袭殷末风格而变本加厉，并向华丽方向发展。后期掀起了凤崇拜高潮，凤凰的形构更趋华丽。此时，不但凤鸟纹大量出现，而且类别众多。流行的有鸱枭纹和长冠凤纹、多齿冠和花冠凤鸟纹。鸱枭纹多为鸱枭的正面图形，特别强调鸱枭的大圆眼，头上有一对毛角，两翅较大，有的只表现鸱枭的头部和两翼。长冠凤纹，在凤的头部有一条逶迤的长冠垂于颈后，长的可达背部，尖端作向上或向下卷曲。多齿冠在凤纹中较为少见，其冠作多齿形，宽尾下垂，装饰华丽。花冠凤纹盛行于西周时期，花冠是凤头部长冠的修饰，表示凤冠华丽的绶带。花冠有做长羽飘举状，也有垂于胸前的，有时花冠可垂至足部，然后再向上卷，尽量发挥它的装饰作用。到西周中期恭、穆之时，青铜器纹饰中凤鸟纹达到极盛，甚至在龙纹中也出现一种新的形式——长冠龙纹，其特点是取消龙纹头上的角而代之以凤的长冠。因而，学界把西周早期到穆王、恭王时期称为“凤纹时代”（马承源，1997）。

7.1.7.2　铜镜纹饰

战国铜镜中的动物纹饰有饕餮、蟠螭、夔龙、怪兽，其中不乏凤凰（熊传善，2001）。汉代流行“四神（青龙、白虎、朱雀、玄武）”铜镜。汉镜上的四神图像主要出现在西汉晚期至东汉时期。如河南洛阳东汉早期墓出土一面铜镜，直径16.7厘米，四叶纹钮座，四叶间有“长宜子孙”铭。四神各占一方，边缘铭文带云：“福熹进兮日以萌，食玉英兮饮澧泉，驾文龙兮乘浮云，白虎引兮上泰山，凤凰舞兮见神仙，保长命兮寿万年，周复始兮八子十二孙。（孔祥星、刘一曼，1992）”汉代的铸造铜镜中出现了四凤四鹤纹镜纹样、王莽前后出现了“五灵”规矩镜。“五灵”即多了麒麟。东汉中期出现有塑凤纹镜、变形四叶和四凤镜，还有以凤纹组成的蝙蝠形主体花纹镜。其铭纹有“福禄进兮日以前，天道汤汤物自然，参驾蜚龙乘浮云，白虎失，上大山，凤鸟下，见神人”。

唐代铜镜雕刻精致华美，题材丰富。麒麟作为当时“虽妇人小子皆知其为祥也”的瑞应神兽，成为风靡大江南北的铜镜纹样。由于中外文化交流正值盛期，铜镜工艺中的麒麟纹样吸收了其中的精华，形成了变化多端的崭新构图。从现今出土的唐代铜镜遗物可见，唐代麒麟纹铜镜的主要构图有双莺双兽纹、天人瑞兽纹、瑞兽花枝纹、禽兽花鸟纹等样式。在铜镜中与麒麟纹结合的还有一种域外鸟类，那就是鹦鹉。自古以来，鹦鹉一直被海外国家作为贡品进献到中原，到唐代，这种已为国人熟知的鸟类被视作街巷的珍禽而成为染织的纹饰主题（许秀娟，2003）。

7.1.7.3　陶瓷纹饰

原始陶器上，龙纹图饰几乎是其主要形态。商周青铜器上，不但龙纹极为普遍，而且龙的造形非常生动（武文，1998）。考古发现的龙，在陕西宝鸡北首岭仰韶文化墓葬中，发现有距今6000年前绘在陶器上的鱼龙。在内蒙古敖汉旗小山遗址中，发现距今6000年前在陶尊上刻划的猪首蛇身的猪龙。在距今4000年前的夏家店下层文化层中，发现陶器上的彩绘夔龙。在山西襄汾陶寺龙山文化的墓葬中，发现距今4000年前陶盘上彩绘的蟠龙。河南二里头的夏文化遗址中，发现有一首二身的龙纹残陶片。到了商代龙纹图像甚多，最常见的是蟠龙和夔龙，也有变形的其他龙纹。秦汉以后发现的龙最突出的可以看到，龙有四足、兽爪，有的有翼（许顺湛，2010）。

而凤纹的发展过程分为几个阶段：（1）龙山文化至战国时期，凤纹好似一般的鸟类，比较写实；（2）秦汉时期至南北朝，凤纹接近震慑一方土地的神兽朱雀；（3）隋唐以来，凤纹象征着王权，民间禁用，一改之前朴素的身姿，变得尊贵绚丽。陶瓷上凤纹的发展从新石器中期到晚期，仰韶文化的黄河中上游流域最早出现鸟纹的陶器。表现手法多为雕塑和彩绘，并出现与其他动物纹和几何纹组合的纹饰；从周到秦汉，鸟纹的陶器主要有仿铜器的礼器和随葬品、仿漆器的磨光彩绘陶器、釉陶、建筑用陶、美术陶等。其凤纹饰大多模仿了漆、铜、纺织品的纹饰；春秋战国以来，陶瓷上的凤纹与同时代的各种工艺品上的凤形象同源。隋唐以后的凤纹饰大多运用于宫廷所在地。到了宋代随着陶瓷制品地位的上升，凤纹呈现出精雅的艺术效果，且广泛运用于宫廷与民间（贺利，1986）。

青花瓷器是我国彩瓷中的一颗璀璨的明珠，自河南巩县窑烧制出第一批青花瓷器以来，青花瓷器就已经初露头角。经过宋、元、明、清发展到现在，青花瓷器经久不衰，深受国内外人士的赞赏。青花瓷器的出现，在我国文化史、艺术史、陶瓷史上都占有极其重要的位置。欣赏青花瓷器，除了欣赏它的瓷质、造型以外，主要就是欣赏它的装饰。装饰在欣赏瓷器中占有重要位置，如何构制青花瓷器中的纹饰，这是青花瓷器制造者煞费苦心的重要课题。总的来说，青花瓷器中的装饰从内容到形式都是以老百姓喜闻乐见的图案为主的，民族化和大众化是青花纹饰的一大重要特点，它贯穿着民族性格、民族感情，体现了民族审美意识。从现在收藏的青花瓷器来看，青花瓷器纹饰大致可分为六个方面的内容：1）吉祥文字、吉祥纹样：双喜纹、寿字纹、福字纹、如意纹、祥云纹、万字纹等。2）花卉纹样：牡丹、荷花、山茶、月季、梅花、桂花等。3）动物纹样：如走兽有龙、虎、麒麟，禽类有凤、鹤、鸳鸯，鱼类有鱼、虾、龟、蟹等。4）山水纹样：秋山、寒林、亭阁、民舍、渔舟、萧寺等。5）人物纹样：民俗风情方面有戏婴图、渔樵耕读图，神话传说方面有三星、八仙、刘海戏金蟾、东方朔盗桃，戏文方面有昭君出塞、东坡游湖、萧何月下追韩信、周亚夫军细柳等。6）综合纹样：凤戏牡丹、荷花鹭鸶、人物山水图、牧童吹笛图等。这些纹饰有的表现美好的现实生活，有的追求理想的未来，有的歌颂忠臣义士，有的赞美清新自然，内容健康、淳朴，充满生活气息，雅俗共赏。在动物纹饰中，龙凤纹饰是常见的。龙凤是炎黄子孙始祖的图腾，是中华文明的象征。龙凤不是凡间之物，而是神话中的动物。龙统领着水族，凤管辖着百鸟。在中华民族的传统意识中，龙凤是吉祥、美丽的化身，对未来幸福的追求。在现代青花瓷器的收藏中，有很多瓷器装饰的是凤凰（熊传善，2001）。

1970 年，在北京市旧鼓楼发掘出一处元代瓷器窖藏，其中有一件青花凤头扁壶最为珍贵。别具匠心的瓷匠师将壶嘴塑成毛羽纷披的凤头，凤首高昂，喙上鼻前顶着一颗宝珠，后面的壶把塑成卷曲的凤尾，两翅垂至壶体两侧，壶体下部绘有一丛盛开的牡丹。北京故宫博物院藏有一件青瓷龙柄凤头壶，其壶盖塑成凤头，上喙沿正好扣在下喙沿上，凤冠成花瓣形，舒展挺立，凤眼睁开，从口沿至底部捏塑成一条蟠龙，攀贴壶体，作为壶柄。这些都是以凤凰造型的典范（熊传善，2001）。

桂林博物馆收藏的明代凤凰青花梅瓶用的均是浓墨重彩，凤凰头型或似雄鸡，或类鹦鹉，尾呈卷草叶状，一至五尾不等，它们奔放洒脱，充满活力，表现出自由快活的情态和悠雅自得的生活。即便是龙凤梅瓶中的龙凤，表现出的也是欢腾和喜庆，没有争逐打斗之状。凤凰的尾数不同，表现出青花瓷器的图案已开始由繁到简的势头，克服了死板、单一的倾向。古书中称凤凰雄的叫凤，雌的叫凰，两只双宿双飞。凤凰的尾数不同，可以断定尾数多的为凤，尾数少的为凰，人们常用凤凰表示夫妻的和谐，常在结婚时采用这种图案（熊传善，2001）。

瓷器中蝙蝠纹样的变化相当丰富，有单独蝙蝠纹，也有蝙蝠组合图案，但不论哪一种图案，都别有深意。单独蝙蝠纹包括倒挂蝙蝠、双蝠等。比如一只蝙蝠飞在眼前，称为“福在眼前”。而蝙蝠组合图案，寓意就更加丰富。如五只蝙蝠与“寿”字组合最为常见，称作“五蝠捧寿”。器物上一圈红色的蝙蝠纹与云纹相穿插，则是“洪福齐天”之意；蝙蝠、寿山石加上如意或灵芝，名曰“平安如意”；蝙蝠纹和寿桃同时出现，代表“福寿延年”；若是蝙蝠纹和马毗邻而居，便意味着“马上得福”了。瓷器中有一种装饰纹样，以四只蝙蝠环绕寿字，寿字中间又画一只蝙蝠。清代康熙景德镇瓷器上始有，以后历朝有烧制。

7.1.7.4 玉器纹饰

儒家认为玉是“德美之至者”（《白虎通·考黜》），因此孔子提出以玉比德的伦理说教。《礼记·聘义》录孔子语：“君子比德于玉焉。温润而泽。仁也；缜密以栗，知也；廉而不刿，义也；垂之如队，礼也；叩之其声清越以长，其终诎然，乐也；瑕不掩瑜，瑜不掩瑕，忠也；孚尹旁达，信也；气如白虹，天也；精神见于山川，地也；圭璋特达，德也；天下莫不贵者，道也。”在《说文》中，将玉石的德美总结为“五德”，即“润泽以温，仁之方也；䚡理自外，可以知中，义之方也；其声舒扬，专以远闻，智之方也；不挠而折，勇之方也；锐廉而不忮，絜之方也”。

凤纹是玉器中历史悠久的装饰纹样之一，考古资料证实，早在新石器时代石家河文化，就出现了玉凤，殷商西周时代玉凤的制作更加精细，春秋战国玉器工艺的大发展，凤纹和龙纹成为玉器最重要的两大装饰母题。汉代，随着政治上大一统局面的形成，经济上的空前繁荣，学术思想上罢黜百家，独尊儒术，玉凤纹呈现出新的时代特征。一方面，汉代的凤纹在玉器中所占比重较先秦有了明显增加，凤纹装饰的器物品类也更为丰富，并且汉代玉凤已不再限于作为龙纹或其他纹饰的附属，大量出现了单独以凤纹装饰为主的玉璧、佩饰，显示玉凤纹饰已明显具有独立发展的态势；另一方面，道家神话体系和谶纬学说在汉代的流行，使汉代玉凤的文化内涵在前代的基础上得到了扩展，玉凤承载的文化信息更为丰满（吕建昌、费琼琼，2008）。

凤纹是两汉玉器中重要的装饰纹样，就出土资料来看，凤纹玉器多出土于汉代诸侯王以及高级贵族墓葬中。如南越王汉墓出土的一件玉组珮，上为一双凤璧，中为双凤系璧，下为一双龙首璜，但璜的弧背上镂雕有变形凤鸟纹，此玉组珮当为墓主生前所佩。西安西郊窦氏墓也出土了两件凤鸟形玉佩，分别出现于组珮之中。从墓葬的棺椁制度反映，墓主是高级贵族，两组玉珮中的凤鸟显然是为了强化威仪，是身份和权力的象征（吕建昌、费琼琼，2008）。汉代玉凤配饰也成为权力与高贵身份的象征。

7.1.7.5　文身

壮族是一个历史悠久的民族。据史书记载，壮族的先祖源于南方泛称的“百越族”，南方的百越包括壮族的祖族。壮族先民据《太平寰宇记》说，其俗有凿齿、画面、文身。《说苑·奉使篇》说是为了避蛟龙的伤害，这与古越人文身的目的是一致的。有人调查研究，壮族人文身的图样，除了虎纹、蝶纹、花草、鸟、蜻蜓等形状外，主要有鳄鱼、鳄鳞、蛇、云雷纹，这样的主要纹饰都是龙纹（许顺湛，2010）。

7.1.8　手工艺术

积淀深厚、丰富多彩的活态民间文化传统中，民间剪纸是最具普遍性、广泛性、象征性的文化方式之一。由剪刀、红纸和约定俗成的纹样符号体系构成的剪纸传统，其代表性创造群体就是民间妇女。在古代的中国，剪纸是每个妇女必学的一门手艺，这不是为了艺术，而是为了生活（生存），为了一年365天中大大小小习俗节日的实现，为了履行“女织”的家庭活计（乔晓光，2004）。在剪纸作品中，动物题材占了较大比重。在剪纸艺术中，“二龙戏珠”“龙凤呈祥”以及以“麒麟”为题材的图形，都象征着吉祥美好的寓意。狮子作为随佛教文化传入的外来吉祥物，常见于宫廷建筑、陵墓及寺庙的建筑中，被人们视为避邪的瑞兽和权威的象征，“狮子滚绣球”是民间剪纸中常见题材，被使用在各种吉祥喜庆的场合（易心、肖翱子，2004）。人们在剪纸艺术中，常常用动物来比喻福禄寿喜。仙鹤与青松图形相配，形成“松鹤延年”；由喜鹊构成的“双喜图、喜在眼前、鸣喜图、兆喜图、喜上梅梢”的剪纸作品俯拾皆是。其他如“鲤鱼跳龙门”“蛇盘兔”“鸳鸯图”“鹿鹤（六合）同春”“富贵有鱼（余）连莲有鱼（余）”“鸡（吉）庆有鱼（余）”等图样亦是剪纸的主要题材作品。

剪纸是我国最为流行的传统民间艺术品。根据考古其历史可追溯到公元6世纪，但人们认为它的实际开始时间比这还要早几百年。剪纸常用于宗教仪式、装饰和造型艺术等方面。2006年5月20日经国务院批准列入第一批国家级非物质文化遗产名录。2007年6月8日，上海市李守白剪纸大师工作室获文化部颁发的首届文化遗产日奖。在甘肃省庆阳地区的民间剪纸《双猴献羊》《羊头》等看后，使人充满了吉祥、喜庆的感觉。在陕西定边《母羊与羔羊》的剪纸中，母羊的嘴衔着苜蓿，羔羊在母羊腹下吃奶，充分表现了母子亲情（赵有璋，2015）。

在流行的年画或剪纸中，有一个常被采用的题材，那就是《老鼠娶亲》（或称《老鼠嫁女》）。图中描绘着娶亲（或嫁女）仪仗的景象，俨然人间嫁娶的情况。……在遥远的古代，人们对于老鼠是抱怨和惧怕的，因为它虽然体形不大，但为害却不少——经常要偷吃人们的粮食和损坏衣物。它精灵而又狡猾。在人们的智力还幼稚，实际上还不能有效地制御它的时候，就只有尊敬它，甚至亲热它，以冀和平共处（钟敬文，1990）。

生命和理想是民间剪纸一个永恒的主题，有了生命生活才能延续，有了理想人类才得以发展，人们对生活和生命的信念，通过剪纸这种简单的艺术淋漓尽致地表达出来。剪纸是民间文化的重要载体，民间妇女的剪纸创造实际上起着民间群体生存情感的寄托和支撑作用（乔晓光，2004）。

7.1.9　体育竞技

7.1.9.1　舞狮、舞龙

在中国人的心目中，狮子是吉祥的化身，带有“吉祥、喜庆”的寓意，寄托着人民消灾除害、吉祥如意的愿望，因此人们逐渐形成了在喜庆佳节及重大活动里“舞狮”的习俗，以营造吉祥和美、升平欢腾的气氛。

在中国，舞狮先是在皇宫内院，继而流传到民间。古代唐玄宗时，龟兹狮子舞（即五方狮子舞）在宫廷里的演出场面很大。皇帝经常组织盛大的狮子舞会，并亲自导演。据说，杨贵妃还亲自耍狮子取悦皇帝。他们在“五方狮子舞”里注入了封建帝王思想，规定舞狮时，黄狮子位于中央，代表中央王朝的权力；四方的狮子为青、红、白、黑四色，分别代表东、南、西、北四方。10 人扮演 5 头狮子，连同两个耍狮人共 12 人；还有 140 人组成的乐舞队用龟兹乐伴奏，围绕这 5 头狮子跳“太平乐”舞。耍狮子的场面壮观，体现出盛唐的宏伟气魄。历史上，我国最盛行的狮子舞是上元节狮子舞，有着广泛的群众基础。每逢农历正月十五前后，我国许多城镇和乡村都要表演狮子舞。各地表演的狮子舞都富有浓厚的乡土气息（王玉英、明月，2007）。

中华人民共和国成立以后，狮子舞得到了很大的发展与提高，各种狮舞不仅在舞台上与中外观众见面，而且在重大节日或迎宾仪式中被列为重要节目。1953 年，中国的狮子舞在第 4 届世界青年学生和平与友谊联欢节上获得金质奖。而今，舞狮子是一种喜闻乐见、雅俗共赏的民族传统文化体育活动。逢年过节舞狮子以示国泰民安、天下太平，企业开张舞狮子以示大吉大利、事业有成，办喜事舞狮子以示喜上加喜、洪福齐天。至今港澳台乃至海外的炎黄子孙仍是每逢佳节必舞狮，以示年年纳福、岁岁平安。如庆阳民间有“狮子嚷院”的风俗。社火队的狮子威风凛凛，铜铃当当，狮口大张，两眼圆瞪，雄风四抖，在锣鼓声中耀武扬威，踏着欢乐鼓点，走村串户，为新年尽情表演助兴。舞狮活动在广州也非常盛行，逢年过节，重大庆典及各大商号、银行或机构开幕，甚至豪门酒宴都纷纷以舞狮打鼓助兴来增加热闹气氛，以图吉利。过去广州的武馆均设有“狮子会”，教授拳术与练习舞狮，能够诱发社会公众普遍的基本一致的心理联想，如事业灿烂等，从而为企业和产品构出广泛的含义和较高的文化品位。舞狮给人既勇猛又温驯既威武又充满活力和欢乐的感觉。吉祥喻意和深厚文化内涵的中国“舞狮”已成为中国人文化生活中的一部分（王玉英、明月，2007）。

舞龙运动是在龙文化的基础上诞生的，以表现龙精神为载体出现的一种运动，由早期民间的祭祀、求雨、巫术等形式逐步发展成具有民族特色的民间传统活动，并随着华人的迁移而传播到世界各地（刘晓、花蕊、王涛，2009）。舞龙也称“龙舞”“耍龙”“闹龙灯”“玩龙灯”“龙灯会”等。中国的舞龙运动有着悠久的历史和灿烂的文化，它的起源、发展与社会的变迁和时代的演进是分不开的。中国是一个古老的农业国，天气的阴晴旱涝直接决定着农作物的生长，而收成好坏又直接影响到人类的命运。在古人的观念中，龙是一种能兴云布雨的神兽。人们就用舞龙来祈祷龙的保佑，以求风调雨顺，五谷丰登（刘晓、花蕊、王涛，2009）。

早在神农之时，先民们求雨的时候已有舞龙艺术。从《神农求雨书》中可以看出，舞队是由老壮幼三级年龄人组成的，舞时手持火龙，按五行方位表演。其间还要配以埋人骨、暴巫祝、击鼓焚薪等仪式。传说黄帝管天下时，就已经有专管音律的人，名叫“夔”，而夔实际上就是龙人。《说文解字》云：“夔，神魖也，如龙一足，从夊，象有角手人面之形。”传说夔每作乐，龙凤来仪，尔后“百兽率舞”。在阶级社会中，舞龙艺术随之进入宫廷，流播于民间。在宫廷乐舞与民间社火中，几乎都有“舞龙”的活动，不仅有单龙舞与多龙舞，而且有舞旱龙与舞火龙（武文，1998）。

舞龙祈雨在先秦时期开始流行，到汉代已具相当规模，形式也多有讲究。《汉书·西域传赞》载：“孝武之世……设酒池肉林以飨四夷之客，作巴俞都卢、海中砀极、漫衍鱼龙、角抵之戏以观视之。”据董仲舒《春秋繁露》记载：“春旱求雨……以甲、乙日为大青龙一，长八丈，居中央为小龙七，各长四丈，于东方，皆东乡，其间相去八尺。小憧八人，皆斋三日，服青衣舞之一以丙、丁日为赤大龙一，长七丈，居中又为小龙六，长三丈五尺，于南方，皆南乡，其间相去七尺，壮者七人，皆斋三日，服赤衣而舞之……季夏……以戊、己日为大黄龙一，长五丈居中央又为小龙四各长二丈五尺，于中央，皆南乡，其间相去五尺。丈夫五人，皆斋三日，服黄衣而舞之……秋……以庚、辛日为大白龙一，长九丈，居中央为小龙八，各长四丈五尺，于西方，皆西乡，相间相去九尺。鳏者九人，皆斋三日，服白衣而舞之……冬，舞龙六日……以壬、癸日为大黑龙一，长六丈，居中央又为小龙五，各长三丈，于北方，皆北乡，相间相去六尺。老者六人，皆斋三日，衣黑衣而舞之。”（李英等，2004）可见，汉代人春旱求雨舞青龙，炎夏求雨舞赤龙或黄龙，秋季求雨舞白龙，冬天求雨舞黑龙。这些龙长达数丈，每次出动五至九条不等，表现了娱神娱己的舞龙情形。唐宋时期，舞龙已成为一种常见的节日欢庆习俗，并逐渐脱离了“祭祀求雨”的意味，而演变成民间一种重要的节日娱乐狂欢活动。除了祈雨祈福、娱神娱己之外，舞龙还有彰显力量的作用。人们相信，通过模仿龙的神态，可以召唤龙的神灵，可以使神龙欢愉喜悦，也可以使自身禀赋龙性。同时，通过舞龙也使舞龙人的力量得以显示：一是舞龙本身是一个“力气活”，那些由腾跃、翻滚、盘回、穿插、耸立等构成的诸多套路、造型，不出大力就不能完成；二是龙是力量的集合、力量的象征，自然界的诸多动物和天象，都将自己的力量投赋在了龙的身上。舞龙在显天力的同时也显了人力（刘晓、花蕊、王涛，2009）。

舞龙是劳动人民与美术家合创的艺术结晶，是中华民族的民间艺术，在它的创作过程中，包括绘画、雕刻、纸扎等工艺。舞龙运动在想象中夸大地突出龙的形象，点睛开光仪式使之有了生命和灵魂的寄托。这条通过艺术而制成的“龙”，匠心独运，舞动起来威武雄壮，出神入化，美观生动，色彩夺目，矫健活泼，盘旋飞跃，栩栩如生。它具有在一定社会条件下的历史性、民族性、传统性、文化性和竞技性等社会特性，以及健身娱乐、教育、表演、竞赛等社会功能（刘晓、花蕊、王涛，2009）。

除舞龙舞狮外，现今主要聚居在云南丽江、四川及西藏部分地区的纳西族仍流传着古老的麒麟舞。每年除夕至十五期间，纳西族人将表演麒麟舞。这种舞蹈所反映的麒麟形象如鹿，又如牦牛，拟其动作为舞步，这种舞蹈是原始狩猎舞蹈的依存，基本上是人们对狩猎劳动对象或者一畜牧对象的模仿产物，并蕴含着原始人类崇拜自然力和把自然力神化的“万物皆有灵”的自然观（许秀娟，2003）。

我国的龙舟竞渡先后传入日本、朝鲜、韩国、泰国等东南亚国家，就连欧洲、美洲、澳洲也兴起了龙舟竞渡热。现在，龙舟竞渡已列为世界体育大赛的项目。14 世纪以后，中国的龙、凤、麒麟成为伊朗流行装饰画的主题；不丹自称是神龙之国，黄橙两色的国旗中央有一条翻腾的巨龙，象征战胜邪恶的力量和保佑年年风调雨顺；印度、墨西哥的十二兽历与中国的十二生肖极其相似，其中也有龙；龙舟竞渡是泰国的重要庆典活动，被视为吉祥之兆。1957 年，为纪念释迦牟尼诞生 2500 周年，泰国国王御驾龙凤船队，在母亲河湄公河里举行了轰动全国的龙舟比赛，由政府向优胜者颁发奖杯与奖金（徐佩瑛、金薇，2012）。

7.1.9.2　斗鸡、走犬、斗蟋蟀

随着我国农业经济的进一步发展，养犬业也在更大范围内发展，养犬也不再是为了祭、食、守、猎、贡几个方面，“玩赏”和“陪伴”渐渐上升到重要位置。《陈书》载：“张彪败后，与妻杨氏去，唯所养一犬黄仓在前后，未尝离。”《汉书·鲁恭王传》载：“鲁恭王好在宫室种花，玩狗。”《后汉书·梁统列传》载：“冀字伯卓……好臂鹰走狗，骋马斗鸡。”可见古时帝王贵族莫不以拥有一头名犬而荣耀百倍。在民间，养犬玩犬之风也十分盛行。“走狗”既是猎犬的别名，也是赛犬之称。《战国策·齐策》记载：“临淄甚富而实，其民无不吹竽、鼓瑟、击筑、弹琴、斗鸡、走犬、六博、蹋鞠者。”“斗鸡走狗”之风在我国不少地区历代延续。“狗马”通常与奇物、禽兽、服御、宫室、苑囿、重宝、妇女、田宅、玩好、弋猎等名词连用，说明在汉代狗仍然在人们生活中占据重要地位，特别是上流社会，“斗鸡走狗”俨然成为一种时尚，拥有“狗马、宫室、苑囿、重宝、妇女、田宅”也成为显赫身份的象征（徐志林，2007）。明清之际，从宫廷到民间都以玩犬为乐，著名的京犬“哈巴狗”是其代表。徐珂在《清稗类钞》中说：“世界最珍贵之狗，实推我国京师所产。”有六种：一曰京师狗，二曰哈巴狗，三曰周周狗，四曰小种狗，五曰预毛狗，六曰小狮狗。随着社会的发展，富裕和消闲的人群增多，豢养名犬、争睹宠物便成为一种时尚。总之，从我国古籍中有关犬文化的记载中，我们可以看到犬文化现象对于我国的民族文化和习俗产生过不可磨灭的影响。古人甚至将其升华为一种忠义精神，譬如教育人忠于国家、忠于朋友，称为“甘效犬马之劳”。纪昀《阅微草堂笔记》赞曰：余谓犬之为物，不烦驱策，而警夜不失职，宁忍寒饿，而恋主不他往，天下为僮仆者，实万万不能及。其足使人愧，正不在能语不能语耳（魏书娟，2011）。

首次记载斗蟋蟀，是宋代顾文荐的《负暄杂录》。“斗蛩亦始于天宝年间，长安富人镂象牙为笼而畜之，以万金之资付之一啄，其来远矣。”宋代不仅有了斗蟋蟀，并且已经发展到相当规模。南宋词人姜夔有一首题为《咏蟋蟀》的词，序中云：“蟋蟀，中都呼为促织，善斗。好事者或以二三十万钱致一枚，镂象齿为楼观以贮之。”中都是指当时的京城杭州。从词中可以看出，南宋的杭州城里不但有斗蟋蟀的游戏，而且斗蟋蟀与赌博相关联。并且斗蟋蟀这一游戏玩者众多，贫富阶层皆有普及。宋西湖老人《繁胜录》云：“促织盛出，都民好养。”明代的北京城里，不分贫富，均以斗蟋蟀为乐，几乎成为一种社会时尚。袁宏道《瓶花斋集》记载：“京师人至七八月，家家皆养促织……瓦盆泥罐，遍市井皆是，不论老幼男女，皆引斗以为乐。”清代亦如此，潘荣陛《帝京岁时纪胜》载：“都人好畜蟋蟀，秋日贮以精瓷盆盂，赌斗角胜，有价值数十金者，为市易之。”

7.1.9.3　棋艺

棋类艺术起源于古代劳动人民的生产实践，是经过提炼和升华的一种艺术。接近社会的人文环境和反映当时的社会状态，它几乎是人类社会状态的一个缩影。关于中国象棋的起源有多种说法，有的认为起源于周武王伐纣时期：“象棋，武王所造，其进退攻守之法，日月星辰之象，乃争国用兵战斗之术。以象牙饰旗，故曰象棋。”更多的认为是秦末楚汉相争时的产物。证据是后世象棋盘上常刻有“楚河汉界”的字样。无论起源于何时，有一点是肯定的，就是在发展的过程中不断受到当时战争模式的影响、人文社会的影响。中国人的传统认为战争成败的因素，决定于人的因素加物的因素，所以有车、马、炮这样物的因素。中国的封建社会，官场钩心斗角，常常使用“绊马脚”的伎俩，纵使你是一匹良驹骏马，志在千里，但一旦被人“绊了马脚”就动弹不得，无可奈何，这种现象在中国象棋是表现得淋漓尽致

（刘适兰，2003）。在汉语中，“马前卒”“马后炮”和“舍车马，保将帅”中的“马”，不是常见的马匹，而是象棋游戏中的棋子。

7.2　防卫行为

7.2.1　神话传说

盘古开天地时，龙凤龟麒立于身边；中国文化中有伏羲女娲为人首蛇身龙颜之传说；有黄帝乘龙升天、应龙助黄帝战胜蚩尤之传说。《广博物志》卷九引《五运历年纪》云：“盘古之君，龙首蛇身，嘘为风雨，吹为雷电，开目为昼，闭目为夜。”《艺文类聚》卷一引《三五历纪》云：“天地浑沌如鸡子……盘古在其中，一日九变，神于天，圣于地。天日高一丈，地日厚一丈，盘古日长一丈，如此万八千岁。天数极高，地数极深，盘古极长。”一些古籍所谈盘古死后的化生也与龙相关。《绎史》卷一引《五运历年纪》云：“首生盘古，垂死化身：气成风云，声为雷霆，左眼为日，右眼为月，四肢五体为四极五岳，血液为江河，筋脉为地理，肌肉为田土，发髭为星辰，皮毛为草木，齿骨为金石，精髓为珠玉，汗流为雨泽，身之诸虫，因风所感，化为黎甿。”又云：“盘古死后骨节为山林，体为江海，血为淮渎，毛发为草木。”《述异记》卷上云：“昔盘古之死也，头为四岳，目为日月，脂膏为江海，毛发为草木。秦汉间俗说：盘古氏头为东岳，腹为中岳，左臂为南岳，右臂为北岳，足为西岳。先儒说：盘古氏泣为江河，气为风，声为雷，目瞳为电。”我国神话学家袁珂先生认为，“烛龙是盘古的雏型。”的确，神话中的烛龙与盘古极为相似。《山海经·大荒北经》云：“西北海之外……有神，人面蛇身而赤，直目正乘，其瞑乃晦，其视乃明。不食，不寝，不息，风雨是谒。是烛九阴，是谓烛龙。”《山海经·海外北经》云：“钟山之神，名曰烛阴；视为昼，瞑为夜，吹为冬，呼为夏；不饮，不食，不息，息为风；身长千里……其为物人面蛇身。”烛龙与盘古的相似，正好说明盘古的原型确是一条神力无穷、变化多端的大龙（武文，1998）。

关于应龙的传说，在《山海经·大荒北经》记载：“蚩尤作兵伐黄帝，黄帝乃令应龙攻之冀州之野。应龙蓄水。蚩尤请风伯雨师，纵大风雨。黄帝乃令下天女曰魃，雨止，遂杀蚩尤。魃不得复上，所居不雨。”《广雅·释鱼》云：“有翼曰应龙。”

中国人崇拜龙，关于龙的神话传说很丰富。史籍中记述哀牢夷祖先的神话较为典型。《后汉书·西南夷列传》记载：“哀牢夷者，其先有妇人名沙壹，居于牢山。尝捕鱼水中，触沉木若有感，因怀妊，十月，产子男十人。后沉木化为龙，出水上。沙壹忽闻龙语曰：‘若为我生子，今悉何在？’九子见龙惊走，独小子不能去，背龙而坐，龙因舐之。其母鸟语，谓背为九，谓坐为隆，因名子曰‘九隆’。及后长大，诸兄以九隆能为父所舐而黠，遂共推以为王。后牢山下有一夫一妇，复生十女子，九隆兄弟皆娶以为妻，后渐相滋长。种人皆刻画其身，象龙文，衣皆著尾。九隆死，世世相继。”与《后汉书》记载哀牢夷祖先神话相类似的，还有《南越志》中载“掘尾龙”的神话：“昔有温氏媪者，端溪人也。居常涧中捕鱼以资日给。忽于水侧遇一卵，大如斗，乃将归，置器中。经十日许，有一物如守宫，长尺余，穿卵而出。因任其去留。稍长二尺，便能入水捕鱼，日得十余头。稍长五尺许，得鱼渐多，常游波中，萦回媪侧。媪后治鱼误断其尾，遂逡巡而去。数年乃还。媪见其辉色炳耀，谓曰：‘龙子今复来也。’因盘旋游戏，亲驯如初。秦始皇闻之曰：‘此龙子也，朕德之所致。’乃使以元珪之礼聘媪。媪恋土，不以为乐。至始兴江，去端溪千余里，龙辄引船还，不逾夕至本所。如此数四。使者惧而止，卒不能召媪。媪殁，瘗于江阴，龙子常为大波至墓侧，萦浪转沙以成坟。人谓之‘掘尾龙’。”

在女娲补天的传说中，有断鳌立极的说法。《淮南子·览冥训》载：“往古之时，四极废，九州裂，天不兼覆，地不周载，火爁焱而不灭，水浩洋而不息，猛兽食颛民，鸷鸟攫老弱。于是女娲炼五色石以补苍天，断鳌足以立四极。”鳌是古代传说中海里的大龟或大鳖。

《山海经》里记载了关于凤凰的神话故事。凤凰，是中国神话传说中吉祥的神异动物，也是百鸟之王，是人们心目中的瑞鸟，凤凰的出现象征天下太平。同时凤凰常和龙一起使用，也是中国皇权的象征。据说凤凰能火中再生，象征美好、才智和吉祥。

玉兔在中国文化中代表着月亮，古代神话传说中它出现在月宫里桂花树下，时常陪伴在嫦娥身边，人们总是将玉兔和“嫦娥奔月”的故事关联起来。

中国属于农耕社会，农民在生产生活中离不开牛，世世代代依靠牛耕地劳作，对牛怀有十分深厚的感情。民间传说中有关于“牛郎与织女”的故事。故事中的牛是勤劳无私的形象，它和主人牛郎相依为命。

民间传说“白蛇传”一直深受老百姓的喜爱。主人公白娘子的形象深入人心，她善良勇敢，敢爱敢恨。这一个性鲜明的蛇精形象的产生亦与古代神话传说有千丝万缕的关联。古文献记载，不少民族和部落都曾经以蛇为图腾。《山海经》里记载的轩辕等先民形象都是人面蛇身或人首蛇身，神话中的伏羲和女娲也都是人面蛇身，这说明蛇在中国人心目中的地位。

佛教传入中国以后，许多佛教神话也传入中国。佛教典籍《法句譬喻经》卷一记载，有一天帝，不结善缘，死后将堕入畜生道，投入驴胎，因死前皈依佛陀，结果母驴分娩时，践踏主人家陶器，主人怒而鞭之，驴受伤而胎不下，胎中神识，复归天帝身中，终于免予堕落。这似乎可以归为有关驴的神话。另外佛教神中有一星象神盎伽罗迦，它披驴皮，着豹衣，赤嘴、赤发，手持枪、剑、弓、箭，似乎是驴怪神（潘少平，2003）。

7.2.2 图腾

闻一多在《伏羲考》中阐述："龙"在我国历史上是一个图腾形象，并且是只存在于图腾之中，现实世界并不存在的一种虚拟的动物，它是一种图腾综合体，由多种不同的形象各异的图腾糅合而成。从整体上看龙图腾，不要拘泥于它的局部头像马或像狗，或像鱼、像鸟、像鹿都好，它的身体结构和最基本形态却是与蛇最为接近的。这充分证明在形形色色图腾单位林立的远古时代，其中最为强大的是蛇图腾，并且随着这种强大蛇图腾兼并与同化了许多弱小单位，便是这众图腾的合并与融化。

华夏民族的图腾形象经历了一个演化过程。最早的图腾形象是事物本身的形象，如蛇、鸟、熊、虎等。以后出现了人兽结合的半人半兽的图腾形象。最后，图腾进一步神圣化，形成了如龙、凤等具有多种动物特征的图腾形象，并且这种图腾形象不存在于现实中，而是虚拟、构想出来的。如龙兼有蛇、兽、鱼等多种动物的形态，是以蛇为主的幻想动物，反映了华夏民族不断融合的过程。在我国古代传说中，龙是一种能兴云降雨的神异动物。在封建时代，龙是皇帝的象征。古人曾有"山不在高，有仙则名，水不在深，有龙则灵"的名句。

远古时代，我们的祖先都以大江大河为依托，从此形成他们休养生息的聚居区。在黄河流域，主要有三大部落集团：炎帝族、黄帝族、太昊与少昊族；在长江流域，主要有苗蛮集团：伏羲女娲族、蚩尤族、三苗族等；在黑龙江流域，主要有戎狄集团等。由于他们所处的自然环境、地理条件不同，生活方式、经济特征各异，因而形成了不同性质的文化，有以鸟为图腾的，有以兽为图腾的，有以水族为图腾的，还有以太阳、月亮、星星等为图腾的。东方民族信奉鸟为图腾，相传少昊在东方建立的是一个鸟的王国，而他自己本身也是只大鸟。颛顼曾经做过东方民族的大君，崇尚的也是鸟文化。《诗经・商颂・玄鸟》中有“天命玄鸟，降而生商”的诗句，记载有殷民族始祖契诞生的神话。春秋战国时期，楚人以凤凰为图腾，这与楚人的历史渊源有关。屈原在《楚辞・离骚》中说：“帝高阳之苗裔兮”，就承认了楚人是颛顼的后代。颛顼是东方鸟国的首领，因此楚人崇尚的凤凰也就是百鸟之王（熊传善，2001）。

先于文字出现的龙和凤，最初是部落、民族具有向心力和凝聚力意义的图腾标识，曾经在相当长的一段时间内并驾齐驱于史前文明时期；之后，历经远古先祖发挥充分的想象，以神话传说、史书典籍、建筑器物、民俗风情为载体，绵延数千载而恒久不衰，形成为图腾文化中从未间断，年代最为久远、流传最为广泛，各彰显其风韵的两大文化系列（王扬，2014）。

7.2.3　宗教

7.2.3.1　道教

自然是宗教最初的认识与想象，这一点是一切宗教、一切民族的历史充分证明了的（费尔巴哈，1962）。道教是中国土生土长的宗教，创立于东汉时期。道教龙最主要的作用是助道士上天入地，沟通鬼神，是“三”之一。东晋葛洪《抱朴子》内编卷三《杂应篇》中称：太上老君“左有十二青龙，右有二十六白虎。”太上老君之师名叫元君，《抱朴子》内篇卷一《金丹篇》说：“元君者，大神仙之人也，能调和阴阳，役使鬼神风雨，骖驾九龙十二白虎，天下众仙皆隶焉。”佛教传入中国之后，龙王信仰也随之传入。道教亦引进佛教龙王并加以改造，形成自己的龙王信仰，称诸天龙王、四海龙王、五方龙王等。后来，凡有水之处，无论江河湖海、渊潭塘井均有龙王，职司该地水旱丰歉（何星亮，1999）。

两汉时期，凤鸟的通天神性在道家和道教思想的影响下，得到了进一步的强化。在道教仙境中，凤鸟是仙鸟，也为仙家的坐骑、得道之人上天的工具。《列仙传》即载有萧史弄玉夫妇乘凤凰仙去的故事（吕建昌、费琼琼，2008）。在河北定县43号汉墓出土的玉座屏中，凤鸟与道教神话人物东王公、西王母的结合，就是道家神仙思想和凤文化结合的实证（定县博物馆，1973）。

因为龟主宰北方天地，道教又把龟推崇为水神或北极大帝，使它主宰与人生关系极大的雨水旱涝，有权调遣生云布雨的四海龙王。由于道教的推崇，全国到处都建有玄武庙或名为水神庙、北极大帝庙。这些庙门前均竖黑旗，有的还筑一个水池，池中沉浮一个大石龟。每逢一方旱涝，当地上至知州知县下至士农工商，都到庙里烧香祈祷，请龟为民解危。从崇拜龟能为民解除水旱之苦，进而发展到龟能为人治病（刘兆元，1997）。

《诗经》中有“鹤鸣于九霄，声闻于天”的名句。鹤被中国道家看成神鸟，在鹤前加仙，又称仙鹤，其在中国文化中是长寿的象征。中国的鹤文化与道教渊源颇深。仙鹤自古是道家的祥瑞之物，是脱化飞升、得道成仙的一种象征。在历史文献及传说中，仙人骑乘和饲养的都是鹤。相传曾有隐士老聃后人李傕隐居于鹤鸣山，养鹤为伴，弈棋悟道，山下时闻鹤鸣（孙志伟，2010）。

在上古神话中，乌鸦往往与神圣的太阳结伴而行，被认为是“太阳鸟”。如《山海经·大荒东经》云：“汤谷上有扶木，一日方至，一日方出，皆载于乌。”《论衡·说日篇》云：“儒者曰：‘日中有三足乌，月中有兔。’”在道教圣地武当山，乌鸦也是被作为神鸦供奉的。据《真武神话》，真武大帝要到武当山修行，专说实话的乌鸦受到真武的青睐，耐心指路把真武引上了武当山山顶。得道后，他重谢乌鸦辟“乌鸦岭”，盖“乌鸦庙”让善男信女来敬香。乌鸦在武当山的地位直接由真武授予，可见其神圣（陈梅、王孝杰，2007）。

随着驴鸣的经典化，驴和驴鸣还进入宗教。古代传说中有驴仙，《初学记》卷二十九引《符子》："有驴仙者，享五百岁，负乘而不辍，历无定主，大驿于天下。"原始宗教中的驴仙在道教中转化为神仙骑驴，《云笈七签》卷一百一十八载，唐武德中，益州人吕细见一道士乘青驴自天而下（张应斌，2005）。佛教也与驴和驴鸣有关，唐代诗僧修雅《闻诵法华经歌》云："今日亲闻诵此经，始觉驴乘匪端的。"

7.2.3.2 佛教

印度佛教艺术的传入，对中国龙形象有较大的影响。从汉晋到唐宋时期，龙的形象在演变过程中明显受到佛教艺术的影响。如敦煌北魏壁画上的龙，其动态虽在奔腾，却给人以一种安详、宁静的感觉，这种造型显然来源于同时代佛教中的飞天。南北朝时，龙的颈上和背上出现"焰环"，其造型是受佛顶上的"火聚光顶"（为五佛顶之一）之类佛教艺术装饰的影响（何星亮，1999）。

至唐宋时期，此种影响更为明显。中国原无狮子，狮子形象是佛教东传后传入的。一般认为，狮子形象在东汉开始出现，到西晋时期较为流行，南北朝后广为盛行。印度佛教中的狮子对中国龙形象的演变影响很大，唐宋时期的龙吸收狮子的形象，头圆而丰满，脑后披鬣，鼻子也近似狮鼻。江西江宁南唐时期的一些墓中壁画上的龙，不仅头部像狮子，就连整个身体也有点近似于狮子。龙吸收狮子形象，主要是为了显其神威，增加它的神通（何星亮，1999）。

佛教中有《驴驮经》、安公驴庙和驴鸣故事，禅宗公案中有"新妇骑驴阿家牵"的禅机和"佛手驴脚生缘"的妙语。《宋高僧传》卷二十载，唐真定府普化禅师见临济宗的玄公时，对作驴鸣。《续传灯录》卷七载：蒋山赞元觉海禅师也喜爱作驴鸣，慈明法师居然称赞他："真法器耳！"模仿驴鸣成为禅机妙悟的精神解读。驴在宗教中的地位和驴鸣的审美化，奠定了它在中国人精神中的地位（张应斌，2005）。

7.2.4 占卜

明李时珍《本草纲目》云：甲虫三百六十，而神龟为长，上隆而文以法天，下平而理以法地。"上"是指龟背，"下"是指龟腹。刘向《说苑·辨物》云：灵龟文五色，似玉似金，背阴向阳，上隆象天，下平法地，槃衍象山，四趾转运应四时，文著象二十八宿，蛇头龙翅颈，左睛象日，右睛象月，千岁之化，下气上通，能知凶吉存亡之变。龟的背呈圆形隆起，象征天，腹甲呈"亞"字形，象征地。而龟头与男性生殖器相似，象征人，龟就成为天地人合一的神圣的宇宙模型。这是龟崇拜最核心的内涵。正因为龟崇拜，认为龟能通神，故古人以龟的腹甲来卜吉凶。龟腹甲的形状，即"亞"字形，已成为神圣的符号。商人的大墓、族徽均有"亞"字形者（吴庆洲，2009）。

古时商朝廷为了及时得到龟传来的上天旨意，兴起一种向龟请教求助的形式——龟卜。凡登极、祭祀、巡察、出征、田猎、天时、年成、婚配、生育、疾病、丧葬等，都要灼龟辨裂，判断吉凶。并将所卜的内容判词，刻在同一只龟的底甲上存档，以便日后查考验证。这种刻在龟甲上的卜辞，就是我们今天所说的甲骨文。《周易》中"兑下艮上"卦中说："十朋之龟，弗克违、元吉。"孔颖达对此句注疏是："龟者决疑之物也，十朋之龟，足以尽天人之助也。"周王朝为提高龟卜灵应和得到龟的更大相助，破尧舜禹汤之先例，在宫廷内设立龟官，专办龟事，使龟在朝廷中有专职代言人，官名就称"龟人"（刘兆元，1997）。

《周易·系辞上第七》曰："探赜索隐，钩深致远，以定天下之吉凶，成天下之亹亹者，莫大乎蓍龟。是故天生神物，圣人则之。”孔颖达正义曰：“探谓窥探求取，赜谓幽深难见，卜筮则能窥探幽昧之理，故云探赜也；索谓求索，隐谓隐藏，卜筮能求索隐藏之处，故云索隐也；物在深处，能钩取之，物在远方，能招致之，卜筮能然，故云钩深致远也。以此诸事，正定天下之吉凶，成就天下之亹亹者，唯卜筮能然。故云：莫大乎蓍龟也。释诂云：‘亹亹，勉也。言天下万事，悉动而好生，皆勉勉营为。此蓍龟知其好恶得失，人则弃其得而取其好，背其失而求其得，是成天下之亹亹也。’……‘是故天生神物，圣人则之’者，谓天生蓍龟，圣人法则之，以为卜筮也。……”

《史记·龟策列传》载：“龟者是天下之宝也，先得此龟（名龟）者为天子，且十言十当，十战十胜。（龟）生于深渊，长于黄土，知天之道，明于上古……明于阴阳，审于刑德，先知利害，察于祸福。以言而当，以战而胜。王能宝之，诸侯尽服……龟千岁乃满尺二寸。王者发军行将，必钻龟庙堂之上，以决吉凶。今高庙中有龟室，藏内以为神宝。”实施战争中的行军布阵，都要“象天”有龟兆。《礼记·曲礼》载：“朱雀、玄武、青龙、白虎，四方宿名也。军前宜捷，故用朱鸟。军后须殿捍，故用玄武。玄武龟也。龟有甲能捍御。”

古时候，人们除了用龟甲占卜，还用牛、羊的肩胛骨来占卜。到了商代，龟甲和牛骨仍占主导，同时还有少量的羊、猪、狗的甲骨（宋镇豪，1994）。南方一些地区还流行用鸡骨卜凶吉。《汉书·郊祀志》记载：“乃命粤巫立粤祝祠，安台无坛，亦祠天神帝百鬼，而以鸡卜，上信之。粤祠鸡卜自此始用。”鸡卜之法，是“取雏鸡雄者，生刳两髀束之，细剖其皮骨，有细窍刺以竹签，相多寡向背顺逆之形，以占吉凶。”（张紫晨，1985）

7.2.5 祭祀

原始初民在一切之上要去控制自然以切实用；然其控制方法，

乃是直接去办，是用符咒仪式强迫风与气候以及动物禾稼等遵从自己的旨意。只在时间很久以后，他才见到巫术力量不能偿其所愿，于是有所戒惧或希望，有所祈祷或反抗，于是乞灵于较高能力，乞灵于魔鬼、祖灵或神祇（马林诺夫斯基，1986）。《诗经》中的《商颂》《周颂》《鲁颂》中都提到“龙旗”，这里提到的“龙旗”是统治者举行祭祀活动时使用的旗帜，它能沟通天地，是天地间的使者。

食物对于先民是上天给他的一种恩惠，是最根本的天意的表现，而且先民对这种上天嘉惠的势力，知其然而不知其所以然，所以用献祭的方法来与一切神祇分享丰富繁荣的食物，便等于与一切神祇分享这天意的嘉惠了（马林诺夫斯基，1986）。

中国古代祭祀品，有“牺牲”之说，二字皆从牛。《礼记·王制》记载：在宗庙祭祀活动中，按祭祀等级，牛、羊、猪三样祭品齐全的叫作“太牢”，只用羊和猪的叫作“少牢”。《说文·牛部》：“犧，宗庙之牲也”“牲，牛完全。”《曲礼》郑康成注：“牺，纯毛，则犁为不纯色者也。”“犧”引申指用于宗庙祭祀的，皮毛纯色的牛。《尚书·微子》之《孔传》曰：“色纯曰犧，体完曰牷，牛羊豕曰牲。”《周易·既济卦·九五》：“东邻杀牛，不如西邻之禴祭，实受其福。”意为：东邻用杀牛来盛祭，不如西邻诚心诚意地举行祭祀，真正地享受上天的福祉庇佑。另外，古人祭祀时不用母牛，《吕氏春秋·孟春》有记载：“乃修祭典，命祀山林川泽，牺牲无用牝。”

羊不具有牛那样重要的劳动价值，使之成为古代祭祀时必不可少的用品之一。祭祀时一般用公羊。《诗经·大雅》曰：“取萧祭脂，取羝以軷，载燔载烈，以兴嗣岁。”这里的“軷”，是指祭路神。《说文·羊部》云：“羝，牡羊也。”《毛传》云：“羝羊，牡羊也。”“牡羊”即公羊，也就是说祭祀中用的是公羊。

在中国，犬祭的历史源远流长，考古工作者在辽宁敖汉旗小河沿遗址中一个不规则的灰坑里，发现了一具完整的狗骨架，据分析，这个灰坑可能与祭礼活动有关。这样，犬祭的历史，就可以追溯到距今五六千年前（辽宁博物馆等，1977）。《说文·犬部》云："献，宗庙犬名羹献，犬肥者以献之。"段玉裁注："献，本祭祀奉犬牲之称。"《礼记·曲礼下》载："凡祭宗庙之礼，牛曰'一元大武'，豕（大猪）曰'刚鬣'，豚（小猪）曰'腯肥'，羊曰柔毛，鸡曰翰音，犬曰羹献。"孔颖达疏："犬曰羹献者，人将所食羹余以与犬，犬得食之肥，肥可以献祭于鬼神，故曰羹献也。"此外《山海短经·东山经》载"毛用一犬祈"来献祭山神，其《中山经》云："尸水，合天也，肥牲祠之，用一黑犬于上。"《周礼·秋官·司寇》载："大祭祀，奉犬牲。"这些文献资料说明古代祭祀曾以犬为牺牲，并且犬除用以祭祀祖先之外，还用来祭祀山川等自然神灵。

7.2.6 风水

在中国风水信仰中，有众多关于龙的信仰，如连接祖山、少祖山及主山的脉络山称为龙脉。在主山之前，山水环抱之中央被认为是万物精华"气"的凝聚点，是最适合于居住的地方，故称为龙穴。宅基址之左的山峰或冈阜，被称为"青龙"。另外，风水家还根据山势，把形状不同的山脉或河流分为干龙、支龙、阴龙、阳龙、进龙、退龙、福龙等（何星亮，1999）。

中国人重视风水，不论是阴宅阳宅的选址，还是城池楼阁的修建，都会考虑风水的因素。赣州府城即为根据风水建造而成的上水龟形。赣州的风水文化史，是从唐末掌管琼林御库的金紫光禄大夫杨筠松先生避黄巢之乱，携御库秘籍弃职隐居赣州的三僚村授徒传艺开始的。杨筠松携风水秘籍来到赣南，首先结识了割据赣州的卢光稠。卢光稠请他为其母亲择地建墓。杨筠松先生先后为卢光稠父母择地建墓二处，卢光稠又请他择基地筑赣州城。

赣州府城，最早是东晋永和五年筑的土城，唐末卢光稠乘乱起兵，割据赣南后，请杨筠松为其择址建城。杨筠松选赣州城址为上水龟形，龟头筑南门，龟尾在章贡两江合流处，至今仍名龟尾角。东门、西门为龟的两足，均临水。从风水学来看，赣州城有两条来龙，一是南方九连山（离方，属火）发脉，从崆峒山起祖，蜿蜒而至城内的贺兰山落穴聚气，结成一处立州设府的大穴位，这支龙还有一个小支落在欧潭。此外，赣州的北龙脉来自武夷山，经宁都、万安、赣县，分成数小支，落穴于储潭、汶潭。这三潭是赣州的三处水口，和赣州城外的峰山、马祖岩、杨仙岭、摇篮山等山峰一起形成赣州城山环水抱的局势。赣州城遂成为一座三面临水、易守难攻的铁城（胡玉春，1998）。赣州古城具有天然的风水格局，是结合风水修建城池的代表作之一。

7.2.7　丧葬

7.2.7.1　墓葬符号

凤凰（朱雀）是汉代墓葬中重要而醒目的装饰之一，多位于墓门门扉或“天门”之上，或是在画像石棺上与天门相对的位置，功能为镇墓驱邪、灵魂升天的引导者及仙境的象征符号等。唐代墓葬中凤凰（朱雀）多位于墓门门额、墓志盖上，或墓壁上。无论从文献记载，还是考古出土的形象来看，朱雀的文化特征都难以与凤凰割裂开来，应为凤凰之属。文献中有时朱雀与凤凰通用，有时又与凤凰区别开来。它们通常装饰在墓（南）壁代表方位、天象，或是出现在墓门上与铺首衔环相组合，镇守墓门；或是“四灵（青龙、白虎、朱雀、玄武）”组合出现时，均称为朱雀。汉代“四灵”流行，汉代墓葬中常见苍龙、白虎、朱雀图，将朱雀或白虎与铺首衔环雕绘于墓门之上，成为保护死者的神物。《拾遗记》云：“重明之鸟，……状如鸡，鸣似凤，……能搏逐猛兽虎狼，使妖灾群恶不能为害……国人或刻木，或铸金，为此鸟之状，置于门户之间，则魑魅丑类自然退伏。”而先秦时期的楚凤即能与龙虎相搏、践蛇。可见汉墓门扉画像石上雕刻朱雀的形象可能是取重明鸟之意，以及楚凤的神勇，用于御凶辟邪，保护墓室主人的安宁（吴艳荣，2004）。如河南南阳英庄汉画像石墓（南阳地区文物工作队、南阳县文化馆，1984），西门两扉雕刻朱雀铺首衔环。汉代画像石墓中的凤凰（朱雀）多位于墓门门扉或阙顶的天门之上，或是处于画像石棺上与天门相对的位置。汉代画像石中，阙是出现频率最高的内容之一。凤凰与天门（双阙）组合则象征墓主死后将由凤凰引导通过天门进入天国（赵殿增、袁曙光，1990）。如成都平原东部丘陵地区的简阳县鬼头山东汉崖墓中，1988 年出土了 6 具石棺，其中 3 号石棺最为典型，其右面的画像，整个画面由建筑、人物、祥鸟、瑞兽等组成……中间是一座单檐式双阙，一对凤凰在左右阙顶上昂首对立，阙内一人头戴高冠身穿长袍做拱手迎送状，阙的上面极其醒目地镌刻了“天门”二字。

汉代神仙思想盛行，为了表达死后成仙的愿望和追求，汉代画像石墓中刻画了许多仙境。组成汉墓中仙境的象征符号很多，典型的如伏羲与女娲、东王公与西王母、黄帝、羽人等，其中，凤凰占据着重要地位。其表现形式有凤凰与天门组合，凤凰立于誉为“天梯”的神树之上，凤凰口含仙药，独立的凤鸟以及凤鸟与伏羲女娲、凤凰与西王母、凤凰与天禄等其他的组合。唐代有石墓门的墓葬主要发现于政治权利中心地区和经济文化较为发达的地区，如唐长安及其京畿地区、洛阳地区等。唐代墓葬中的凤凰图案被固定化地使用在门额上，几乎使用在所有有门额的唐代石墓门（李寿墓除外）上。长乐公主墓石墓门没有门额，但在墓的门墙上也有凤凰图案。长安周围所见的唐代石墓门中，比较常见的构图内容有这几种类型：一是门额上线刻缠枝花及对凤（凤凰）、门扉上刻饰柱仪刀门吏等。二是门额上饰对凤（凤凰）、门扉上饰三至五层的凤鸟、麒麟、翼马、怪兽等。三是门额上饰对凤（凤凰），而门扉上刻内官执笏。四是门额上饰缠枝花与对凤（凤凰），门扉上则刻侍女。五是门额上饰缠枝牡丹与凤凰，而门扉上则刻天王形象。六是门额上饰缠枝花或缠枝花与对凤（凤凰），而门扉上则刻文官和武官形象。凤凰的造型多是双凤对舞，振翅欲飞，有腾空之势。而唐墓墓志盖上多装饰有“四神”。唐代敦煌壁画中也不乏凤凰图像，多与飞天、仙人等为伍，作为天宫或佛国净土中的一员（吴艳荣，2004）。

7.2.7.2　*殉葬*

中国文化中有动物殉葬的传统。犬葬，即以犬殉人葬的风俗，在中国历史上十分悠久。犬由于担负着守护之则，因此在主人死后常为主人殉葬，一起被埋入墓中。据考证，1969～1977年间，中国社会科学院考古研究所安阳工作队在殷墟西区发掘的939座殷代墓葬中，记有339座墓殉葬狗，占1/3。

犬葬风俗是由于犬在人们生活中的重要作用和与人们密切的关系，尤其是护卫关系所决定的。考古揭示，早在新石器时代，人们就开始用犬殉葬，在辽东敖汉旗犬甸子遗址中就发现了用狗头或整狗殉葬的现象（李宇峰，1986）。及至殷商时代，以犬殉葬已成风气，举其若者，如郑州白湘主商夯地墙旁，“发现相连的八座长方形狗坑，分做南北两行，东西排列，共埋狗一百三十多只，最多的一个坑中埋三十多只，最少的也埋六只”。（文物参考资料编辑委员会，1957）

甲骨文中多次提到犬葬品，而且数量相当可观。甲骨卜辞记载：“侑燎于父丁百犬，百豕，卯百牛。”《周礼》规定王室丧葬须用犬皮盖丧车。《周礼·春宫·宗伯》曰：“王之丧车五乘：木车、蒲蔽、犬䄂、尾橐、疏饰。小服皆疏。”犬葬的目的大都是借犬除魔降妖，保护墓主（魏书娟，2011）。此后或许由于犬的来源不足，就改用草扎的“刍狗”了，这种风俗直至后世仍在一些少数民族地区盛行（魏锁成，1996），据《后汉书·乌桓传》记：乌桓

"俗贵兵死，敛尸以棺，至葬，则歌舞相送，肥养一犬，以彩绳缨牵，并取死者所乘马、衣、物皆烧而送之，以属累犬，使护死者神灵归赤山。"

7.2.8　中医

中国传统医学中医受"天人合一"观念和"阴阳五行"学说影响，把人体看作一个整体，把人体与自然环境看作一个整体，进而从整体上对疾病进行诊治。主要通过"望闻问切"四诊，及"阴、阳、表、里、寒、热、虚、实"八纲进行辨证治疗。并运用中药、针灸、拔罐、按摩、推拿、气功等手段，使人体达到阴阳和谐。其中，中药成分极为丰富，很多动物药用价值较高，被用于中药以治病救人。

蝙蝠在中国医药中可用作一种中药，用于久咳、疟疾、淋病、目翳等。它的粪便也是一种中药，叫夜明砂，用于目疾。《抱朴子》说：千岁蝙蝠，色如白雪，集则倒悬，脑重故也。此物得而阴干末服之，令人寿万岁。《吴氏本草》也说蝙蝠：立夏后阴干，治目冥，令人夜视有光。《水经》更说蝙蝠：得而服之使人神仙。《唐本草》说：伏翼，以其昼伏有翼尔。《李氏本草》云：即天鼠也。又云：西平山中别有天鼠，十一月、十二月取，其脑主女子面疱（张璐，2010）。

李时珍《本草纲目》详细地记录了蝉的药用价值，蝉可以治惊悸、妇人乳难、胞衣不出，又堕胎，可以治小儿惊哭不止、杀疳虫、去壮热、治肠中幽幽作声，"蝉乃土木余气所化，饮风吸露其气清虚。故其主疗皆一切风热之证。古人用身，后人用蜕。大抵治脏府经络，当用蝉身；治皮肤疮疡风热，当用蝉蜕，各从其类也"。

作为役使工具的毛驴，在中医中药里占一席之地，其入药，浑身是宝。《本草纲目》载：驴，长颊广额，磔耳修尾，夜鸣应更，性善驮负，入药以黑者为良。药书中记载：肉，解心烦止风狂。治一切风。头肉，治多年消渴，无不瘥者。脂，敷恶疮疥癣及风肿。骨，煮汤，浴历节风。头骨，治小儿颅解。皮，治风毒。髓，治耳聋。血，利大小肠，润燥结，下热气。乳，主治小儿热急黄等。悬蹄，敷痛疽，散脓水，还特治饮酒穿肠。

7.3 开发利用

7.3.1 建筑文化

在中国的建筑文化中，融入了不少动物形象，并通过动物的意喻传递吉祥美好的愿望。狮子传入中国后，对中国建筑方面影响很大。狮子形象雄伟俊武，给人以威严、勇猛之感。古人将它当作勇敢和力量的象征，因此千百年来不论是旧中国的官府衙门、豪门阔宅，还是今天的机关企事业单位及园林建筑中，都少不了石狮子的形象。石狮子的形象，反映了中华民族优秀的想象力和创造力。在中国人的心目中，石狮子不仅是一种建筑的装饰，而且是一种守门兽。人们相信，用狮子来镇宅护院，能够驱邪镇妖、驱灾避难，匡正压邪，确保经业通达，预示安居乐业，平安无事。狮子的文化内涵、文化意韵已经渗入了民族的血脉，成为我们传统文化中无法剥离的一部分。比较有名的狮子如天安门前的两对狮子、北京中山公园社稷坛门外的狮子、北京大学门前的狮子、沧州铁狮子和卢沟桥望柱上的狮子等。而雕塑最多的是卢沟桥望柱上的狮子，俗话说“卢沟桥的石狮子数不清”。重要的是近 500 只狮子喜怒哀乐，千姿百态，反映了中华民族极其丰富的创造力和想象力。这种“石狮子文化”的生命力非常旺盛（王玉英、明月，2007）。

中国建筑文化中的瓦当也独具特色。秦代有双凤朝阳瓦当，西汉有宝鸡纹瓦当，汉朱雀瓦当的翅羽中有一象征太阳形象的圆形（曹林娣，2008）。汉代瓦当纹饰以“四神”瓦当纹样最具代表性。它们象征四方之神，汉时的人们认为在建筑物的四个方位安置四神，就可起到镇宅去凶保护宅主人的作用（苟爱萍，2006）。

中国传统建筑中的内外装饰，随处可见不同的动物造型，给静态的建筑增添了生趣和动态的美感，形成一道亮丽的风景。在建筑中，运用动物形象进行装饰时，除日常生肖动物外，还有麒麟、凤凰、龟、鹤、鹿、狮子、蝙蝠等，它们留存于古老的建筑以及各种砖刻、石刻中。有些是取动物的吉祥寓意，如麒麟、凤凰、龟、鹤等；有些是取动物的谐音寓意，如鹿、蝙蝠等。动物图案用于建筑中还体现了中国文化的等级观念。如皇宫的建筑装饰，屋檐、天花板、梁枋、立柱、门窗、地面等都会雕有龙的艺术形象，其他官员和平民百姓是不能用龙的图案来进行装饰的。

7.3.2　服饰文化

中国旧时丝绸锦缎常以蝙蝠图形为花纹。婚嫁、寿诞等喜庆日子，妇女头上戴的绒花和一些服饰、器物上也常用蝙蝠造型，如“五蝠捧寿”。有些饰物和图案将两只蝙蝠并在一起，代表“双重福气”（张璐，2010）。

1982年，考古工作者从湖北江陵县马山一号楚墓中发掘出大量丝织工艺品，经验证为战国中、晚期文物。这些出土的丝织品中的动物纹饰主要有凤凰纹、虎纹、马纹、鹿纹、麒麟纹、怪兽纹等，其中所织造的纹饰多为对称纹样（许秀娟，2003）。凤凰作为装饰，具有镇邪驱恶、求福禄长寿、求仙、护佑子孙的功能。此后出土的龙凤虎纹绣织物，主宰整个画面的是凤，她有着夸张绚丽的花冠，一足后蹬，做腾跃状；另一足前伸，力擒下方一龙之颈。凤的一翅击中上部一龙之腰，另一翅击中前方一虎之腰。这是一幅绝妙的龙、凤、虎会战图（赵丰，2005）。有学者推断这件织物上龙凤虎的意义，认为凤是楚国的图腾，而龙、虎在这里之所以遭到贬斥，是因为吴、越曾经是楚人的劲敌，且吴、越都以龙为图腾；而楚的西南邻居巴人以虎为图腾，与楚时好时坏，也成了贬斥对象（张正明，1987）。

唐代以凤凰做装饰比较广泛，出现在服饰、床上用品、女性梳妆等物品上，多有美化和吉祥之意。唐人衣服上绣凤凰，唐诗中多有描摹：“六宫进酒尧眉寿，舞凤盘龙满御衣。”“璨璨卢家女，归来名莫愁。…… 膝座绿熊席，身披青凤裘。”“手里金鹦鹉，胸前绣凤凰。”床上用品如罗帏、丝帐、锦被等织物上也绣有凤凰（秦浩，1992）：“罗将翡翠合，锦逐凤凰舒。”“弄帐鸾绡映，藏衾凤绮缠。”考古发现懿德太子李重润墓，“后墓室……石椁的东壁外正中门扉上刻有头戴凤冠的宫女二人。头插下垂玉珠的步摇，身穿宽袖短衫，下着长裙，袖下刻鸾凤一对。”唐代因佛教兴盛，在敦煌佛窟中不少佛像的衣服上也饰有优美别致的凤凰图案（顾方松，1984）。

中唐时期，麒麟纹样成为当时贵族服饰的流行纹样。素以诗歌记史的大诗人杜甫在其著名诗歌《丽人行》中曾描绘了当时长安贵族出游的绣罗锦衣：“三月三日天气新，长安水边多丽人。态浓意远淑且真，肌理细腻骨肉匀。绣罗衣裳照暮春，蹙金孔雀银麒麟。”经历安史之乱后，舆服制度松垮，麒麟纹样流传到民间，运用得更加广泛。《旧唐书·代宗本纪》记载：“纂组文绣，正害女红。今师旅未息，黎元空虚，岂可使淫巧之风，有亏常制。其绫锦花文所织盘龙、对凤、麒麟、狮子、天马、辟邪、孔雀、仙鹤、芝草、万字、双胜、透背及大绵、竭凿、六破已上并宜禁断。”据此可知，到了唐中期，麒麟纹样的运用已经突破了舆服制度的限制而流行于世。麒麟纹样服饰盛行于民间的趋势在宋代更加明显。到了元代，民间服饰中已广泛运用麒麟纹样（许秀娟，2003）。清代一品武官的官服上绣有麒麟作徽饰，在贵妇人裙子上

绣上“百兽拜麒麟”图样，以表达良好的祝愿等。（吴宗海，2007）

中国少数民族服饰中也有运用动物纹样进行装饰点缀的传统，或模拟动物形象。位于江南丘陵地带的畲族有“信凤凰”及“穿凤凰装”的习俗。畲家女都穿凤凰装，以示吉祥如意。凤凰装分为两种：未成年或婚前的女子穿“小凤凰装”，用红线将头发扎一圈在头上，衣领衣袖衣边绣饰大红、桃红，夹着黄色花纹，象征凤颈、凤身和凤翅。腰带扎在背后，向下飘逸，末端垂有花絮，象征凤尾；结婚的女子穿“大凤凰装”，用红线扎起高髻，象征凤冠，有的还要插三把银凤头花，围成环状。银凤的嘴、翅、爪悬挂若干串闪闪发光的银链。衣领衣袖衣边绣着很宽的各色花边，象征鲜亮的凤凰羽翼。向后飘的腰带增宽，末端刺绣的五彩花纹增多，象征凤凰美丽的尾巴。周身银器叮当作响，象征着凤凰的鸣叫。老年妇女穿“老凤凰装”，头髻低小，穿着颜色淡雅的衣裳和腰带。（黄春霞，2016）

参考文献：

安睿．象文化的传承．野生动物杂志，2006（2）.

曹林娣．凤文化与装饰纹样．艺苑，2008（5）.

陈梅，王孝杰．简析中外文化中的乌鸦意象．哈尔滨学院学报，2007（9）.

崔长勇．唢呐曲《百鸟朝凤》及其艺术特色探微．黄河之声，2008（21）.

定县博物馆．河北定县 43 号汉墓发掘简报．文物，1973（11）.

杜新宇．从动物词汇看英汉语言文化的差异．民俗研究，2004（3）.

（汉）范晔．后汉书・西南夷列传．上海：上海古籍出版社，2003.

冯淑然，韩成武．古代诗人骑驴形象解读．深圳大学学报（人文社会科学版），2006（5）.

苟爱萍．略谈四神瓦当．当代艺术，2006（11）.

顾方松．凤鸟图案研究．杭州：浙江工艺美术出版社，1984.

贺利．谈谈凤凰及陶瓷器上的凤纹．故宫博物院院刊，1986（1）.

何星亮．中国龙文化的特征．思想战线（云南大学人文社会科学学报），1999（1）.

何星亮．中国龙文化的发展阶段．云南社会科学，1999（6）.

胡玉春．杨救贫与赣南客家风水文化的起源和传播．南方文物，1998（1）.

黄春霞．浅谈凤文化在民俗中的体现．美术界，2016（6）.

孔祥星，刘一曼．中国铜镜图典．北京：文物出版社，1992.

李湘涛．跌宕起伏的猫文化演进史．文明，2015（8）.

李英等．舞龙源流考．中山大学学报论丛，2004（4）.

李宇峰．西辽河流城原始农业考古概述．农业考古，1986（1）.

辽宁博物馆等．辽宁敖汉旗小河沿三种原始文化的发现．文物，1977（2）.

刘虹弦．浅谈凤文化及其审美形象延伸．武汉科技学院学报，2006（10）.

刘金吾等．傣族舞蹈．昆明：云南人民出版社，1994.

刘适兰．从国际象棋与中国象棋的异同看中西方文化的差异．武汉体育学院学报，2003（5）.

刘晓，花蕊，王涛．龙文化与舞龙运动的发展研究．沈阳体育学院学报，2009（5）.

（南朝宋）刘义庆．世说新语．北京：中华书局，1984.

刘兆元．论中国龟文化及其扭曲．寻根，1997（6）．

吕建昌，费琼琼．汉代玉凤纹的文化内涵．四川文物，2008（1）．

马承源．中国青铜器．上海：上海古籍出版社，1997.

南阳地区文物工作队、南阳县文化馆．河南南阳英庄汉画像石墓．文物，1984（3）．

潘少平．佛教的动物．北京：中国社会科学出版社，2003.

彭定求等．全唐诗．卷四百六十八．上海：上海古籍出版社，1986.

（清）蒲松龄．聊斋志异．上海：上海古籍出版社，1979.

乔晓光．活态文化：中国非物质文化遗产初探．太原：山西人民出版社，2004.

秦浩．隋唐考古．南京：南京大学出版社，1992.

宋镇豪．夏商社会生活史．北京：中国社会科学出版社，1994.

孙志伟．鹤文化的特征表现及传播渠道．经济研究导刊，2010（17）．

（魏）王弼、（晋）韩康伯注，周易正义．（唐）孔颖达正义．北京：中国致公出版社，2009.

王扬．龙凤文化探微．湖南省社会主义学院学报，2014（6）．

王玉英，明月．英汉动物词“狮子”之国俗语义探析．浙江树人大学学报，2007（3）．

魏书娟．中国犬文化溯源．新乡学院学报（社会科学版），2011（1）．

魏锁成．古代的犬文化现象及其对社会生活的影响．西北民族学院学报（哲学社会科学版），1996（4）．

魏子晨．浅探梅兰芳的“凤文化”．中国戏剧，1994（9）．

文物参考资料编辑委员会．文物参考资料．第8期．中国古典艺术出版社，1957.

闻一多．伏羲考．上海：上海古籍出版社，2006.

吴庆洲．龟文化与中国传统建筑．中国建筑史论汇刊，2009（2）.

武文．龙神·龙人·龙文化．西北师大学报（社会科学版），1998（1）.

吴艳荣．汉唐凤文化的演变．江汉学术，2004（1）.

吴宗海．“麒麟”文化漫谈．寻根，2007（3）.

（元）辛文房．唐才子传．卷一．上海：古典文学出版社，1957.

熊传善．从青花瓷画看古代凤文化．南方文物，2001（1）.

徐佩瑛，金薇．中华龙文化探源及传承创新的当代思考．黑龙江省社会主义学院学报，2012（2）.

许顺湛．龙文化与中华民族．濮阳职业技术学院学报，2010（5）.

许秀娟．麒麟文化的变迁与中外文化交流发展的关系．暨南大学硕士学位论文，2003.

徐志林．“犬/狗”的历时嬗变．广东教育学院学报，2007（6）.

闫续瑞，任正．中国“驴”文化考论．史志学刊，2015（6）.

易心，肖翱子．中国民间美术．长沙：湖南大学出版社，2004.

张锦文．试论中华民族文化的凝聚与积淀：龙文化．学理论，2008（14）.

张璐．浅析汉英语言中“蝙蝠”的文化内涵．西安社会科学，2010（4）.

张应斌．驴形象的演变与唐代中外文化交流．国外文学，2005（3）.

张正明．楚文化史．上海：上海人民出版社，1987.

张紫晨．中国民俗与民俗学．杭州：浙江人民出版社，1985.

赵殿增，袁曙光．“天门考”兼论四川汉画像砖（石）的组合与主题．四川文物，1990（6）.

赵丰．中国丝绸通史．苏州：苏州大学出版社，2005.

赵有璋．羊年谈中国的羊文化．第十二届中国羊业发展大会论文汇编，2015.

钟敬文．话说民间文化：从文化史的角度看老鼠娶亲．北京：人民日报出版社，1990.

周文军．浅论蚕文化及其表现形式．江苏蚕业，2004（3）.

［日］长谷川清．民族表象与文化实践——以云南傣族孔雀舞为例．广西民族大学学报（哲学社会科学版），2009（3）.

［德］费尔巴哈．宗教的本质．北京：三联书店，1962.

［英］马林诺夫斯基．巫术科学宗教与神话．北京：中国民间文艺出版社，1986.

国际在线，http：//gb. chinabroadcast. cn 3601/ 2004/ 07 /13/ 882@ 230211. htm.

第八章　基于动物意象的中国文化特征阐释（上）

动物是人类必要的东西。人之所以为人要依靠动物，而人的生命和存在所依靠的东西，对于人来说就是神（费尔巴哈，1962）。动物，作为自然界生物的一个主要类群，不仅具有生物学的特性，同时由于人与动物共处于自然界，动物行为本身的复杂性及根据人对动物长期的观察、理解，使人与动物之间形成了密不可分的依存关系，这种关系不仅体现在动物为人类提供衣食、助力、药物等方面，具有科研、观赏价值，而且动物成为人类复杂文化的重要载体。人类的许多文化观念都曾涂染在一些动物身上，使它们由自然动物变为具有人文功能和象征意义的动物——人文动物，同时也创造了丰富的动物词汇。自然动物被赋予了独特的文化内涵和象征意义，动物符号与中国文化形成了密不可分的依存关系（贾晓慧、权玉萍，2009）。动物词汇与动物形象承载了厚重的文化内涵。不同生态环境与社会背景赋予动物的文化内涵亦有所不同，接下来的两个章节，主要讨论汉语语境和中国文化的框架下，动物所体现出的文化特征。

8.1　思维特点

8.1.1　整体性思维

中国传统的整体思维模式是一种重整体、重体悟、以经验为基础的形象思维。整体思维模式，是指把天、地、人、社会看作密切贯通的整体，认为人我、人身、人心都处在一个整体系统中，各系统要素之间存在着相互依存、相互联系的关系（臧彤，2010）。

原始先民们经过长期的观察体验，领悟出自然与人的微妙关系，到《易经》和《洪范》时代，形成了由“天—地—人”所组成的和谐整体的宇宙观念。从而认识到现实世界的大系统与其分支之间存在着一定的亲缘关系，这种关系既表现在现实的状态中，也表现在万物演变的过程中。系统内部的分布与系统外部环境的变化也有着对应性的关联，并以此去探索宇宙的本体和深层的内在联系，注重从直观体验、心性、精神的层面去接近真理（王宁，2003）。原始先民们“仰以观于天文，俯以察于地理”，简而言之就是观象。由于古代科学技术水平较低，对宇宙人生的认识不可能进行定量分析研究，因而更多地表现为对宇宙人生的整体与直观的猜测和把握。正是由于强调整体观念，于是特别推崇直觉（张岱年，1988）。

古人在认识事物时，往往从日常生活的经验出发，在经验的基础上进行类比和类推，从整体上把握对象，而不是通过严密的逻辑推理和系统的认识论范畴推演来实现，他们的这种思维特点在汉语动物词上也得到了充分体现（郝志华，2002）。《说文》在给动物释义时，不仅对其外在特征进行了精当描述，而且对不少动物的内在属性进行了文化说解。比如对“马”的说解就是“怒也，武也。象马头、髦尾、四足之形。”前面的怒也，武也，就是人们对马的勇猛、威武这一内在属性的概括，这种认识是人类在和马的长期交往中所获得的，它非常真实地反映了先民的思想观念、认知心理。（许家星、吴树勤，2006）

8.1.2　具象性思维

一般说来，语言是抽象思维的承载者。由于汉民族的抽象思维往往同形象交织在一起，习惯用直观形象的词语反映客观事物，这时语义便具有了具象性。有些动物词的文化内涵由其特性发展而来的，在一定程度上体现了古人具象思维的特点。

鱿鱼是“枪乌贼的通称”。现在人们称被老板解雇为“炒鱿鱼”是有一番来历的。旧时，粤港一带的商人习惯在农历的一个俗定日子请工友们吃上一顿丰盛的晚餐，工友们惶恐不安地吃着饭。一会儿，端上一盘炒鱿鱼，老板虚情假意地把鱿鱼夹到谁的碗里，谁就明白自己被老板解雇了，匆匆吃完饭就去账房结算工钱，然后背起铺盖就走。鱿鱼在油锅里一炒就卷了起来，就像卷铺盖的样子，这个习俗流传开来，成为商人或厂家解雇职工的一种形象说法。再如，大象因为体态庞大，故人们称为“大客”。南朝宋刘敬书《异苑》说，彼境田稼常为象所困，其象俗呼为大客，因语云“我田稼在此，恒为大客所犯”。又因为象牙特征明显，故又称为牙兽。(郝志华，2002)

中国传统的“风水”术，用形象思维的方式，将蜿蜒曲折、形象万千的地脉称为龙脉，它是随山川走向的气脉。《阳二宅全书·龙说》云：“地脉之行止起伏曰龙。”郭璞《葬经》所谓“委蛇东西，忽为南北”即是此意。辨龙首要分清枝干，寻得干龙而于支上点穴，大非吉事。《堪舆漫兴》云：“寻龙枝干要分明，枝干之中别重轻。次要分真龙之身与缠护之山。凡真龙必多缠护。缠多富多，护密人贵。但若于缠护之山下穴，即失真龙之气，亦大不吉，识得真龙，然后观其水口朝案、明堂龙虎，确定结穴之处。龙之势，以妖矫活泼为贵。重重起伏，屈曲之玄，东西飘忽，鱼跃鸢飞，是为生龙，葬之则吉。”这说明了古人辨别寻找龙脉的方法。

然而仅有形象还不是真正的汉语思维的精神，汉语的表达往往是借具象来传达人的主观意志，以形写意，赋予具象以人的灵性。古代传说蜀王杜宇号望帝，后禅位于治水有功的鳖灵，自己则在杜鹃啼鸣的季节离位归隐。另说望帝化为杜鹃鸟而去，故“杜鹃”亦称“望帝”。杜鹃啼鸣，叫声如怨如诉，故称怨鸟。正如《埤雅·释鸟》云：杜鹃，一名子规，苦啼啼血不止，一名怨鸟，夜啼达旦，血渍草木。这些说法使人们对杜鹃的形象固定化、具象化，定型为幽怨悲哀的代名词。这从杜鹃的别名也可以看出，除了称望帝、怨鸟外，人们还称其为古帝魂、杜宇、杜魂、蜀鹃、蜀魄等。李商隐诗：“庄生晓梦迷蝴蝶，望帝春心托杜鹃。”秦观词：“可堪孤馆闭春寒，杜鹃声里斜阳暮。”这些诗词进一步加深了杜鹃哀怨的意象，营造出幽怨、凄清的意境。

8.1.3 比附性思维

人类与自然存在着天然的密切联系。人类与动物均来自自然界，并依存于自然界，比附思维常把自然界动物和人类自身联系起来。我们的祖先善于将动物的特征、生活习性等与人类社会的事物和现象相联系，从而创造出大量生动形象并带有该动物特色的词语。比如，鸠占鹊巢，指斑鸠不会做巢，常强占喜鹊的巢。比喻强占别人的房屋。《诗经·召南·鹊巢》云：“维雀有巢，维鸠居之。”

中国古人喜欢用自然物象与人“比德”，常把动物的某些生物特性与人的道德观念相比附，赋之以人的某种品德。“仁、义、礼、智、信”五伦就是中国人崇尚的德行。反观动物品性，可以明晰中国文化中的道德伦理色彩。正如谭子《化书》所云：“夫禽兽之于人也，何异？有巢穴之居，有夫妇之配，有父子之性，有死生之情。乌反哺，仁也；隼悯胎，义也；蜂有君，礼也；羊跪乳，智也；雉不再接，信也。孰究其道？万物之中，五常百行无所不有也。”（陈梦雷等，1987）动物本能的行为和特性被人类升华为伦理道德规范，也是中国人比赋性思维的体现。

8.1.4 辩证性思维

早在先秦时代，古人就有“物生有两、二气感应、刚柔相摩、一阴一阳谓之道”的朴素辩证思维。《周易》中有所谓：一生二，二生三，三生万物。因此，对自然界动物的褒贬也具有辩证性，从而使动物词语的意义突破单一性表现出变化性。比如：寒号鸟，它在汉民族心目中是得过且过的代名词。民间传说中，寒号鸟平日懒于做巢，而且总是不断地自我安慰来日方长，自认为有时间筑巢。到了冬季由于没有垒巢，常在寒冬夜间号叫，啼鸣达旦，因此叫鹖旦，音如“阖旦”，意为何时才能天亮。许多人知道寒号鸟有此习性，却很少有人知道它性格的另一面——性猛好斗，至死不退却。故而古代虎贲[①]皆戴鹖冠，以显示其勇猛。

再如，民间有取贱名的习惯，贱名里常带有含贬义色彩的动物词。在山西一带，人们对孩子越喜爱，取名字就越难听，如扁头、狗头等。古代有“狗屠”这一职业，谓低贱之人。我国北方农村以及边远山区的人家喜欢以狗给自家的孩子取名，比如：二狗子、狗剩、狗娃、细狗等。这是因为人们从辩证性思维出发，认为粗鄙、命贱者长寿，而狗的生命力顽强，给子女取这样的名字是希望自己的孩子像狗一样贱生贱长、顺利成长。

8.2 崇拜信仰

8.2.1 图腾崇拜

世界上不少学者认为，最早的有体系的宗教形式是图腾崇拜。即以某种动物或植物作为标志和象征，是最早的社会组织的标志

① 古称宫廷禁卫军的将领或勇士为虎贲。

和象征；以某种动物或植物作为群的名称，是最早的社会组织名称；这些是人类社会完全形成的重要标志。图腾使人类各种社会群体能够相互区分，不至于相互混淆，在原始社会中发挥着重要作用。一些学者认为，最早的图腾是动物，这表明图腾发生于原始狩猎经济基础上，如德国学者 B. 安克尔曼指出，人类群体把图腾作为亲属的观念，“可能是在狩猎生产条件下形成的。”原苏联学者 A. M. 佐洛塔廖夫也说，图腾的产生“基于旧石器时代原始的狩猎—采集经济”。C. A. 托卡列夫也认为，大多数图腾都是动物，“这一事实是狩猎民族物质生活条件的反映”。（何星亮，1999）

弗雷泽在谈到图腾时曾说：“假如我没弄错的话，这种思想就是为了要同一个动物，一个精灵，或其他强有力的神物建立相互感应关系，以便使人能把自己的灵魂或灵魂的某些部分安全地寄存在对方身上，并且又能从对方身上获得神奇力量。”“如果图腾是一种令人害怕或危险的动物，那么，他们深信在部落中以它为名的人们能够免于遭受痛苦。”（J. G. 弗雷泽，1987）原始先民产生了“专注在存在物和现象的神秘属性、神秘力量、隐蔽能力上面”（列维·布留尔，2007）。他们正是在这种神秘观念的影响下，构筑了自身的信仰体系，创造了虚幻而又神秘的精神世界，并企图以此来掌握和支配自然，处理人际之间的各种关系，以达到猎获丰收、五谷茂盛、驱除邪魔、免灾祛病的目的。尽管这个体系在今天看来是极其荒谬的，但它却包含了许多经验事实，真实地反映了原始先民的精神世界和风俗习惯（田文棠，2003）。

中国的原始先民像美洲印第安人和世界上许多原始部落一样，相信他们同某种动物具有神秘的血缘关系，他们视这种动物为最初的祖先和氏族（民族）的象征，对其顶礼膜拜。诸如商人所崇拜的玄鸟，羌人所崇拜的蛇，以及彝族、纳西族、土家族、白族所崇拜的虎，瑶族、苗族、黎族所崇拜的犬，便属于这种神圣的图腾（贾晓慧、权玉萍，2009）。

汉语里有“虎踞龙盘今胜昔，天翻地覆慨而慷”的诗句。凤和龙常相提并论，形成中国特有的龙凤文化。凤在上古文献中出现得既早又多，最有影响的是“玄鸟生商”这一主题。这一主题在我国第一部诗歌总集《诗经》中就出现了。《诗·商颂·玄鸟》记载：“天命玄鸟，降而生商。”《史记·殷本纪》中记载：“殷契母曰简狄，有娀氏之女，为帝喾次妃。三人行浴，见玄鸟堕其卵，简狄取吞之，因孕生契。”在古代玄鸟即凤鸟，屈原在《天问》和《离骚》中说到简狄时，就把玄鸟和凤鸟都作为同义词。郭沫若指出：“玄鸟就是凤凰”，正如“龙”是蛇的夸张和神化一样，“凤”也是鸟的神化形态。是先民杂取种种动物，经过附会神化而成的虚拟动物。它们不是现实的对象，而是幻想的对象、观念的产物和巫术礼仪的图腾（李泽厚，1999）。它的出现可以认为是先民祖先崇拜、图腾信仰和宗教观念的产物（许家星、吴树勤，2006）。

商周青铜器纹饰中的凤鸟纹表明，对凤鸟的崇拜起于商代，其鼎盛期却在周代前期。如前所说，在商代早期和中期的青铜器上，已有变形的鸟纹，一般认为这与商人的鸟崇拜传统有关。不过，早期的凤鸟纹常布置在纹饰中次要的背衬地位，很少作为装饰主题的，所以并不突出。青铜器纹饰中凤鸟纹大量出现，开始于殷商时期，主体凤形则出现于殷墟晚期（何丹，2008）。20世纪后期，在陕西凤雏村遗址甲组基址H11窖穴发现刻有周王室崇拜凤鸟的卜辞共4片，分别为：“巳（祀）凤”“凤”“凤、见（现）出”和“风（凤）双”（陈全方，1982）。此外，还有大量含龙、凤的成语、俗语、动植物、地名等，这众多带凤、龙的字眼，反映了汉民族对这两种吉祥物的崇拜心理。

淮南王刘安组织撰写的《淮南子》一书中提出了“龙生万物”的理论。早在《左传·昭公十七年》就载郯子语：“太昊氏以龙纪，故为龙师而龙名。”《十三经注疏·春秋左传正义》杜预注：

"太昊伏羲氏，风姓之祖也。"据此，少昊的后裔——以"风"为姓的太昊部落，后来迁徙到了黄淮流域，并改以龙为图腾。太昊"龙师而龙名"，应该与中原根深蒂固的龙文化渊源有关。1987 年秋，河南濮阳西水坡遗址 45 号墓揭露，墓中的"摆塑龙"——与今天的龙形象极其相似——的图形震惊海内外。45 号墓葬属于仰韶文化时期，距今约 6000 年。濮阳古称"卫"，乃传说中的"颛顼之虚（墟）"，有"帝丘"之号。所以，45 号墓葬"摆塑龙"的发现，意味着中原地区在 6000 年前已经形成了龙崇拜的传统。商人出于太（昊）、少（昊）氏所出的东夷集团（徐旭生，1985）。由东夷进入中原的太昊，应该是入乡随俗，顺理成章地汇入了中原的龙文化大家庭（何丹，2008）。

许多文人学者对龙亦崇拜有加。白居易在杭州做刺史时，因天旱无雨，竟写了一篇《祭龙文》向龙王祈雨。他还写过一篇新乐赋《黑龙潭赋》。北宋的沈括是一位大科学家，在天文学、数学、气象学、化学、生物学等方面造诣很深，但是他在《梦溪笔谈》中却相信彭蠡龙王"显异至多"，相信佛书说的"龙火得水而炽，人火得水而灭"。南宋的袁文在他《瓮牖闲评》中说人们祈雨而至者，"多是龙卷江河之水而上，非阴阳交感而成也"。陆游《避暑录》说："吴俗以五月二十日为分龙日。前此夏雨时行，所及必徧。自分龙以后，或及或不及，若有命而分之者。"他相信夏天"隔犁沟下雨"，是龙分区划片的原因（许顺湛，2010）。

除龙凤图腾崇拜外，原始社会还有鱼崇拜。西安半坡遗址出土的鱼纹盆以及人面鱼盆，证明了鱼的图腾崇拜在原始社会就存在。对于原始社会的人来说，鱼和他们的生活息息相关，因为他们临水而居，鱼是他们的食物和生活的保障，没有鱼就意味着死亡，所以就产生了对鱼的崇拜，认为它是美的象征。

在古文献中有不少以犬为图腾的"犬封国""犬戎"的记载。郭璞注《山海经·海内北经》"犬封国"称："昔盘瓠杀戎王，高辛以美女妻之，不可以训，乃浮之会稽东海中，得三百里地封之，生男为狗，女为美人，是为狗封之国也。”《海内北经》又曰：“有人曰人行伯，把戈，其东有犬封国。……犬封国曰犬戎国，状如犬。”犬戎一族历史悠久，自夏代起就活动于东夷地区，商至春秋开始分布于中原东部。在《左传》《史记》中均有“犬丘”的地名（魏书娟，2010）。《山海经》云：“黄帝生苗龙，苗龙生融吾，融吾生弄明，弄明生白犬，白犬有牝牡，是为犬戎。”郭璞注曰：“犬戎，黄帝之玄孙。”

犬的驯化在我国约有8000年的历史。《说文稽古篇》记载：“游牧时代，惟犬独多，穴居则畜犬守御，狩猎则携犬自随，因而人必畜犬。”可见，自从人类从事狩猎和采集的时候起，犬就开始和人类朝夕为伍了。在与犬相处的漫长岁月里，人们熟悉了犬的生理特性，认为犬是有灵性的动物，有些部族甚至尊奉犬为图腾。因此，犬已不是普通的自然的动物，它积淀着丰富的历史文化内涵，导致了诸种与之相关的文化现象的形成（魏书娟，2010）。有一种半人半犬的神灵，人们谓之“犬神”。如《山海经》中的《北山经》云：“有兽焉，其状如犬而人面……其名山犭军。”古人把犬称为乌龙和白龙。《搜神记》曰：“张然养犬名乌龙。”《本草纲目》曰：“称狗有乌龙白龙之号。”视犬为龙，说明犬与“四灵”有相同的灵性。南朝宋人范晔《后汉书·南蛮传》记载：“高辛氏有老妇，居于王室，得耳疾，挑之，得物大如茧，妇人盛瓠中，覆之以盘，俄顷化为犬，其文五色，因名盘瓠。”盘瓠即盘古。晚清学者苏时学、夏曾佑以为“盘古为出般木瓠之音转，其说近是”。盘瓠的传说在郭璞《山海经》注《玄中记》和干宝《搜神记》中都有详略不同的记叙，大致都称：在高辛氏时，有“戎吴”作乱，帝所养的一只叫盘瓠的五色犬，深入敌营，为高辛氏取得戎吴将领首级，立了大功，因而娶帝少女为妻，并得到封国。这个传说今天在苗、瑶、畲等少数民族地区仍广为流传（魏书娟，2010）。

8.2.2 祖灵崇拜

从甲骨文中有关祭祀的描写可以得知，至晚在殷商时代，龟便已被看成是沟通神与人的重要媒介。这时龟崇拜所体现的重要内涵之一便是祖灵崇拜。在现存的卜辞中，用于祖先祭祀之卜辞的数量，超过其他任何一类卜辞。所谓“卜三龟”的制度证明古人把神龟当作祖灵的象征。

民间的龟崇拜在信仰中占有重要位置，远古的灵龟占卜与灵龟长寿之说沿袭至今。藏族崇拜创世的巨龟，在神话、史诗中尊奉它为宇宙开初的大地镇服者和负载者，是宇宙万象的孕育者，又是集创造与毁灭于一身的有无比能力的大神灵。维吾尔族、哈萨克族、柯尔克孜族等突厥语族中，流传着女天神创造天地时，特派一只巨龟从天上下来伏在大海上，又派一头天牛立在龟背上用角顶住大地。所以，神龟是创世的神物。汉族流传的大洪水神话中也传说远古大洪水时，天下只剩兄妹二人，是巨龟救了兄妹，才得以繁衍人类（乌丙安，1996）。

8.2.3 生殖崇拜

人自身的生殖崇拜，是一切信仰崇拜的核心。在母系社会，人们的生育观是神灵感应生育，主要是图腾感应生人。这时的生殖崇拜是直接的图腾神灵的崇拜。到父系社会，则是男根崇拜，并演化为石祖崇拜。龟传人的信念表现为龟护人根或人根植龟。现存南京博物院的刘林文化龟覆阴人架，就可说明这个问题。1966 年在江苏省邳县刘林地方发现了商代文化遗址。在墓葬中，发掘出一具完整的男性人架，人架的阴器上覆罩一个完整的龟甲。龟甲的头与人架头方向相同，龟甲与人架仰俯相反。龟背甲的前半部，人工钻成有规则的两大两小四个孔。背甲后半部横压一支野猪牙，牙的根部有人工穿凿的椭圆形孔，为穿着佩带或装饰物之用，龟甲又名“神屋”和“漏天机”。从龟覆阴的实况分析，把最珍贵的人根男阴从神屋的前门塞入，使其严密置于神屋的覆罩之中。再用绳索穿过甲孔与人体拴牢，把人根永远寓于神屋之内，认为这是人死之后，还根于龟。或者认为将人根植于龟腹，祈望人根永远得到龟的护佑，受到龟的灵性感应，成为一条龟根，此根所传之子孙后代，亦永远吉祥昌盛，寿同龟年（刘兆元，1997）。可以说，中国人对传宗接代极为注重，就甲骨卜辞所见，卜问及的还有妇娘、妇带、妇妹……出于对子孙繁殖的祈求，商代家族对妇人的生育过程的干预是屡见不鲜的，有关“妇某娩”“妇某毓”的卜辞难以尽数（宋镇豪，1994）。

以蛇作为男根来崇拜，作为性的象征，可以前溯至中国母系氏族社会的中晚期，据称大汶口陶器上的蛇形纹饰、江南地区印纹陶上的蛇纹，都有男根的象征含义。据《路史·后纪一》注引《宝椟记》云：“帝女游于华胥之渊，感蛇而孕，十三年生庖牺。”所谓感蛇而孕，是与某男子交媾而孕。英国学者丹尼斯·赵亦认为，蛇被崇拜与其形状像男性生殖器有关；人首蛇身的伏羲和女娲之被崇拜，不是因为他们是人类之祖，而是因为他们象征性地代表了人类通过婚姻而不断繁衍的意义，“蛇图腾崇拜”便成为在生殖崇拜和性文化的融合下形成一种原始崇拜（张振岳，2009）。

在民俗方面，有些地方以龙灯代麒麟以求子。胡朴安《中华全国风俗志·湖南》引《长治新年纪俗诗》曰：妇女围龙可受胎，痴心求子亦奇哉！真龙不及纸龙好，能作麒麟送子来。有些地方径直将麒麟与性崇拜联系起来。如江苏扬州闹新房的“麒麟送子”习俗：将新婚洞房之窗用红纸糊得严严实实，等新娘入洞房后，一群闹新房者举纸糊麒麟灯前来，每人手上一副红筷子，迅速将窗纸戳破，取“快（筷）生贵子”之意。江苏兴化在举行这一仪式时，闹者口中还念念有词：“戳得快，生得快。”这更富生殖崇拜之意。兴化还有“送麒麟”的民俗，在大年初一至初五这几天，挨门挨户送用纸扎的麒麟（甚至用一木制长凳前装一麒麟头），送的内容主要为贵子，也包括福、禄、寿、财、喜。口中还唱“麒麟调”，根据所到之家的具体情况，即兴口编。例如：“锣鼓一打喜年临，一来恭喜二拜年，三拜福禄四拜寿，五子登科中状元。”（吴宗海，2007）

在民间女红作品中，可以发现诸多虎与鱼，或者虎与鼠、甚至虎与瓜、虎与石榴的组合，这些看似无关的组合，实则是生命的象征。无论是鱼、鼠，还是瓜或者石榴，都具多籽的寓意，其中有祈求多子多孙，生命繁衍不息的美好心愿。如湖南的鱼虎小儿围嘴，前面绣虎，后面绣鱼，鱼虎交合。山西临汾更是有双鱼虎头鞋，虎的眼睛由双鱼组成，将两性交合、子孙绵延之意含蓄表达。还有一类蝉虎围嘴，正是应用了蝉从幼虫蜕化成蝉、蝉又生卵、卵再变成幼虫、生命连续不绝的意义来象征人类的生命蝉联不绝。在象征生命的女红虎中，有一类双头虎枕或者双头布虎。其实双头虎蕴含了两性交合的秘密，寓意生命的兴旺与延续（曹振峰，2009）。在我国民间信仰中，子鼠神系繁衍生育多产神，是化生万物者，是生命繁衍的象征，人们敬祭鼠神，祈求子孙满堂、早生贵子（黄阳艳，2006）。

8.2.4　道教信仰

神仙信仰是道教的核心。在道教仙境中，凤鸟是仙鸟，亦为仙家的坐骑，乃得道之人上天的工具。《后汉书·逸民列传》记载，乔慎少学黄老，仰慕赤松子。王子乔等仙人，行导引之术。有汝南人吴苍十分看重他，写信给他以观其志，曰：“盖闻黄老之言，乘虚入冥，藏身远遁。亦有理国养人，施于为政。……足下审能骑龙弄凤，翔嬉云间者，亦非狐兔燕雀所敢谋也。”《抱朴子·内篇》卷一云：“夫得道者，上能竦身于云霄，下能潜泳于川海，是以萧史偕翔凤以凌虚，琴高乘朱鲤于深渊，斯其验也。”成仙之后，陪伴仙人的都是奇禽异兽，多有鸾凤。如《玄怪录·墉城集仙录》等书中记载：“其人（仙人张公弼）乃以水噀东谷中，俄有苍龙白象各一对舞，舞甚妙，威凤彩鸾各一对歌，歌甚清。”（丁如明、李宗为、李学颖等，2000）

汉代画像石墓中出现大量凤凰，原因有二：其一，汉代人因为虔诚求仙，真心相信神仙世界的存在，所以墓葬中广泛出现凤凰的造型，一为镇墓驱邪，保护墓主人，二为祈愿凤凰引导墓主人升天，三为营造仙境氛围。其二，汉承楚风，楚人素有在墓葬中装饰凤凰，借助凤凰引魂升天的巫风表现。如“包山楚墓的凤纹漆棺（长沙陈家大山楚墓中的）”《人物龙凤帛画》等，汉代对楚人崇凤的巫风与楚俗多有继承。从汉到唐，人们对于神仙的态度、观点逐步发生了变化。由汉代无条件相信神仙的存在，到魏晋时期对于求得神仙产生了怀疑，再到唐代人们对于神仙的怀疑和批判。凤凰在唐代墓葬纹饰中已居于次要地位，反映出唐代人对死后成仙的怀疑与理性思考，但也是对汉代葬俗中采用凤凰纹饰的弱化继承。相反，道教盛行的唐代，凤凰大量出现在诗人们的游仙诗或步虚词中，体现的是诗人的自由想象和精神上的自我陶冶。游仙诗的发展到了唐代开始达到了成熟时期，游仙诗的精神内核也出现了质的飞跃。它在解决人超越自身追求永恒的精神方面有独特作用。如李白的《梦游天姥吟留别》云：“虎鼓瑟兮鸾回车，仙之人兮列如麻。”《草创大还赠柳官迪》云：“鸾车速风电，龙骑无鞭策。一举上九天，相携同所适。”唐代的游仙诗，更多的是一种托物言志，是对于现实生活的精神慰藉，是一种对自由的绝对追求和对精神的无限扩张。步虚之曲乃仿效神仙飘渺轻举之声而作，如韦渠牟的《杂歌谣辞·步虚词》云：“上帝求仙使，真符取玉郎。三才闲布象，二景郁生光。骑吏排龙虎，笙歌走凤凰。天高人不见，暗入白云乡。”诗中传达的更多的是艺术上的审美想象（吴艳荣，2004）。

嘉靖时期的官窑除了历代延续下的传统凤纹饰之外，鹤纹作为新鲜血液加入了进来，嘉靖瓷器纹饰中，鹤常在祥云中飞翔。《淮南子•说林训》记载有："鹤寿千岁，以报其游。"道教故事里神仙们大多与鹤为伴，或驾鹤而行。嘉靖皇帝对道教十分痴迷，而道教文化里的仙禽——鹤，通常被作为长寿的代表。因此鹤在嘉靖朝代的陶瓷纹饰中得到了空前广泛的运用，表明当时道教信仰的盛行。

道教是龟崇拜的积极倡导者，他们的练功运气、绝谷不死等法术，就是从龟的行为仿效演化而来的。道教的经典《抱朴子》中，龟占了很大篇幅（刘兆元，1997）。《古今图书集成》里《疑仙传》中"李阳"篇将龟灵文化和道家神仙思想紧密结合，演绎出一则曲折动人的神话故事：李阳者，蜀人也，学道十余年志不退。尝于江边见一大龟，白色如玉，异之，收养焉。后三载，此龟忽乘虚而去，七日后来。阳乃祝之曰："神仙之道，元之又元，不可鑽仰也。余一自闻三清之景，览十州之事，……"忽一日江边见尔龟，其色洁白如玉，本异之收养，何今日忽升空而去，又复来，尔是仙家之龟也。当每去而复来，若不然其末去勿复住，其龟遽又升空而去。经七日，复至。阳深疑是神仙变化，因引之，徐行于江边游赏。忽有一老叟遽问阳曰："此龟我所失也，君何得？"阳曰："我昔年于此水滨收得养之。"老叟曰："此龟能乘虚空而游，又能入水底而不濡湿，人若乘之，可以游万里之外，入四海之内也。君既收养已久，我今与君，君当试乘之，但自访神仙。"阳乃以一足试踏龟背，龟乃渐渐变身，大如一牛，阳因乘之。龟负阳走入江中，阳见水皆自分流，略不濡湿。乘之数日，或入水，或乘空，约行万里。……

道教也崇奉蚕神，但称其为"玄名真人"所化。《太上说利益蚕王妙经》云：有一真人名曰月净，……上白（灵宝）天尊曰：

“今见世间人民苦乐不均，衣无所得，将何救济？”天尊悯其所请，乃遣玄名真人化身为蚕蛾，口吐其丝，与人收什，教其经络机织，裁制为衣。据此，蚕神不仅管蚕桑，还管机织成衣之事（周文军，2004）。

8.2.5 佛教信仰

佛教是外来的宗教，佛教中的龙与中国本土的龙不同，中国的龙被奉为“龙神”，而佛教中的龙则称为“龙王”。在中国的龙崇拜中，原无“龙王”崇拜，龙王崇拜是在佛教传入后引进的，隋唐之后，佛教在中国传播较广，龙王、龙珠、龙宫等信仰也因此而遍及中土（何星亮，1999）。印度佛教中龙王的原形是中国先秦时期的主宰雨水的龙神，龙神信仰传入印度后，经过印度人的再创造，成为“龙王”，并增添了龙宫、龙珠等信仰。随着佛教东传，龙王崇拜也传入中国。佛教在中国广泛传播，龙王信仰也迅速流传。由中国传入并经过印度化而纳入佛教体系的龙王崇拜，随着佛教的东传又反馈到中国。佛教传入中国之后，经历了一个中国化的过程。龙王信仰也一样，自传入中国之后，经过再创造，成为中国化的龙王。龙珠也是佛教东传以后才有的。在佛教中，有一种宝珠，又叫摩尼珠、如意珠。《智度论》卷五九：“有人言，此宝珠从龙王脑中出。人得此珠，毒不能害，入火不能烧，有如是等功德。”唐宋以后，龙戏珠的出现，当与佛教有渊源关系。随着佛教传入中国，大量佛经故事也被翻译介绍到中国。其中龙女的故事是中印文化交流产物的典型代表。龙女形象本源于中国，传入印度经过那迦文化的融合改造后，变得丰满立体化，形成了成熟的龙女故事（张鹤、张玉清，2008）。

狮子在中国受到尊敬，这与佛教有着密切的关系。佛教经典《大智度论》中说：“佛为人中狮子。”狮子是兽中之王，佛祖就是人中之王。所以佛祖的很多东西都与狮子有关。佛祖的坐席叫

“狮子座”；佛祖讲经，声音洪亮，震动世界，称为“狮子吼”。据《传灯录》记载：佛祖释迦牟尼诞生时，一手指天，一手指地，做狮子吼云：“天上地下，唯我独尊。”当佛教传入中国的时候，狮子这个概念也跟佛教一起来到了中国。佛家认为狮子是高贵尊严的“灵兽”，有护法辟邪的作用，故把狮子作为“护法神兽”（王玉英、明月，2007）。

自唐代以来，麒麟石刻开始广泛运用到民间的庙宇建筑之中，为后世遗留了丰富的麒麟石刻艺术。从唐代开始，麒麟石刻已经是佛寺宝塔建筑上的装饰纹样了。现今位于四川成都的宝光寺砖塔上便刻有麒麟纹样以作装饰。麒麟纹饰与宝光寺舍利塔的共存，既是麒麟文化从皇室建筑中脱胎，逐渐世俗化的表现，也是佛教在唐代逐渐汉化、世俗化的反映。同时也说明了麒麟文化的世俗化与佛教文化的世俗化是同步进行的。佛塔作为一种外来宗教建筑能在中国延续发展，成为中国建筑史上的重要组成部分，是与其灵活多变、顺应时代逐渐汉化、世俗化的特点分不开，中国传统文化中的麒麟纹样被采纳到佛塔建筑之中便是一个有力见证。自此，麒麟纹饰就成了后世佛塔寺庙建筑的主题纹饰。始建于五代后周时期的大云院石塔“七宝塔”上也运用了大量中国传统纹饰，其中雕饰有莲花、狮子、麒麟、飞马等纹饰（许秀娟，2003）。唐墓中凤凰（朱雀）纹饰的意蕴，应是祈福祥瑞、引导并护卫死者灵魂升天，也体现了佛教的生死轮回思想（吴艳荣，2004）。

鱼与鸡是汉人喜食的荤菜，却是僧人的禁食之物，因而他们将鸡称为“水梭花”；将鱼称为“钻篱菜”。僧人还将石首鱼称为菩萨鱼。明代冯时可《雨航杂录》卷下记载：诸鱼有血，石首独无血。僧人谓之菩萨鱼，至有斋食而啖者。另外，像许多动物如鹿又称伊尼；鲸又称摩竭；牛又称瞿摩帝；雕又称揭罗。这些保存在汉语中的梵语音译词，记录了中国古代的宗教状况以及与印度交往的情况（郝志华，2002）。

8.2.6 祥瑞信仰

在中国文化中，龙、凤、麒麟等都是祥瑞动物。《山海经·南山经》云："又东五百里曰丹穴之山，其上多金玉，丹水出焉，而南流注于渤海。有鸟焉，其状如鸡，五采而文，名曰凤凰。……是鸟也，饮食自然，自歌自舞，见则天下安宁。"在《韩诗外传》中也有记载，天下越太平，凤鸟停留的时间就越长。

汉代凤瑞频繁出现。赵翼《廿二史札记》有云："两汉多凤凰。而最多者，西汉则宣帝之世，东汉则章帝之世。"《太平御览》卷九百十五引《汉书》曰："昭帝始元三年，凤皇集东海，遣使其祠处……又曰宣帝幸河东之明年春，凤皇集投栩，……又曰凤皇集上林，乃作凤凰殿以答嘉瑞。"《汉书·宣帝纪》对凤凰祥瑞的记述多达十余处；《宋书·符瑞志》亦记载自汉昭帝到献帝，凤凰屡见，尤其是"汉章帝元和二年以来，至章和元年，凡三年，凤凰百三十九见郡国"。汉代皇帝还有因凤瑞而改年号，如汉昭帝即位时年号"始元"，后因"三年中，凤凰比下东海海西乐乡"（《大事记续编》卷一），于是改年号为"元凤"。汉宣帝有"五凤"的年号，也是为凤凰集而立。光武帝刘秀也重凤瑞，《东观汉纪·世祖光武皇帝》载："帝生时有赤光……先是有凤凰集济阳，故宫中皆画凤凰，圣瑞萌兆，始形于此。"凤凰在唐代亦被视为大瑞之一。《唐令拾遗·仪制令第十八》第十二条记载："诸祥瑞应见，若麟、凤、龟、龙之类，依图书合大瑞者，随即表奏。"唐代早期凤瑞颇受统治者重视，唐太宗即位之后，各地表奏祥瑞过多，于是颁下《禁奏祥瑞诏》，但是"自今已后，麟凤龟龙大瑞之类，依旧表奏"。高宗上元三年，"以陈州言凤凰见于宛丘，改上元三年曰仪凤元年，大赦"。（《旧唐书·高宗本纪》）唐代统治者最喜欢凤凰的当属武则天，比如改中书门下为凤阁鸾台，又在明堂之上饰以宝凤。在她看来，龙象征着男皇帝，凤则象征着女皇帝。

正如陈子昂《大周受命颂·神凤章》歌颂的那样："天命神凤，降祚我周。"可以看出，武则天偏爱凤凰，无非是为自己的皇权寻找"天命"的支持（吴艳荣，2004），以求祥瑞降临。

8.2.7　祭祀祈福

先民们祭祀自然神的时候，主要选用牛、羊、豕、犬，很少用鸡和马，这也许与马在军事战争中的地位和鸡的形状小不足以表达对神灵的尊重有关。由于祭祀内容的不同选用的牲肉类型也不同。根据宋镇豪对日神崇拜中有关祭日的甲骨卜辞记载的分析，可知祭日神多用牛，数量为一牛二牛三牛至多牛不等，根据牛在六畜和祭祀中所处的地位可见日神在人们心目中的地位，至少也与诸侯天子同位。祭风、祭云时多用犬、羊、豕，云多时，用牲数量也相应增加。祭风的情况较之祭云，略显复杂：在求风时，用牲无定则，牛、羊、豕、犬不一；但在宁风时用牲以犬为多，而且这种止风用犬的祭习，为后世长期遵循（宋镇豪，1994）。

《说文》载："祭，祭祀也，从示，以手持肉。"古代祭祀多用犬。甲骨卜辞中有"于帝史风，二犬"的记载，意思是说风是天帝的使者，祭祀时用两只犬。古时用来祭祀的犬称为"献"。《礼记·曲礼》载："凡祭宗庙之礼，羊曰柔毛，鸡曰翰音，犬曰羹献。"《说文·犬部》载："献，宗庙犬名羹献，犬肥者以献之"，"奉献故用犬旁"。《周礼·秋官·司寇》也记载："大祭祀丰犬牲。"这些材料说明古代祭祀确以犬为牲品。《史记·封禅书》载："秦人磔狗四门，以御蛊灾。"《淮南子·时则训》云："旁磔四门，皆磔犬羊以禳四方之疾疫。"《周礼》中也规定，王出行要有"拔祭"，即用犬祭车和道路，这样就可保周王旅途平安。《周礼·秋官·犬人》载："凡祭祀共犬牲，用牡物，伏瘗亦如之。"孔颖达疏："伏谓伏犬以王车轹之者，此谓王将祭而出国軷道之祭时，即《大驭》所云者是也。"周代专门设有"犬人"一职，其职责为“凡祭祀共犬牲”。从《礼记》中的《王制》《坊记》等篇来看，为保证祭品的需要，在春秋之前很重视犬、羊的繁育，“大夫不坐羊，士不坐犬”。郑玄注曰：“古来杀牲，食其肉，坐其皮，不坐犬羊，是不无故杀之。”其寓意是希望除祭祀、庆典和节日外，不要随便杀犬、羊来吃，以保证其繁殖（魏书娟，2011）。

刘锡著《岭表纪蛮》就记有“每值正朔，家人负狗环行炉灶三匝，然后举家男女，向狗膜拜，是日就餐，以扣槽蹲地而食，以为尽礼”。而犬祭在古代人类文化中已相当普遍，且有十分丰富的形式和内容。我国犬祭的历史源远流长，考古发现在辽宁敖汉旗遗址中有一个不规则的灰坑，内有一具完整的狗骨，据考这个灰坑可能与祭礼活动有关，据此可将犬祭的历史追溯到距今五六千年以前；到了殷商时代，犬祭已成为风习，在甲骨文中有不少杀狗宁风和“犬蛊祝”的记载，犬祭的目的在于祈求降福降祉，永保子孙后代生活富足安乐，或以犬祭祀山川、道路、城池及其他古人认为有神灵的物事，以期消灾弭祸，攘除疫疾鬼魅（魏锁成，1996）。

中国民间有一句古老的民谣：猪入门，百福臻。在民间艺术中，常常可以见到“肥猪拱门”的形象。在河北、天津等地，以“肥猪拱门”作为主题的剪纸十分普遍，这种剪纸多用黑色蜡光纸剪成，据说是因为猪又名“乌金”。每逢农历正月初一，多数人家都喜欢在屋内的左右玻璃窗上对贴这种肥猪窗花，表示招财进宝之意。在山东潍县有一种灶君的门神，上面画有天官赐福临门和肥猪驮着元宝拱门的大喜场面，示意福和财一起到家，双喜临门。在这里，肥猪背负着人们对于福祉的期盼。在陕西省的许多地方和土家族的村寨里，很多小孩头上都戴猪头帽。猪头帽前面以猪头图案修饰，后面为猪尾状，戴在小孩的头上撑起来以后，就是一只鼓鼓的肥猪造型，十分可爱。当地人把猪看作是吉祥的象征，让孩子戴猪头帽是期盼孩子能像猪娃一样快高长大、白白胖胖。

在陕西陇县、千阳等地，姥姥都喜欢给外孙缝制猪枕头。据当地人讲：这猪枕头里的猪形象并非家养的猪，而是野猪。他们相信枕着猪枕头，小孩子就会睡得塌实、吃得香，不易生病招灾（袁靖等，2007）。

过去，汉族还有一种“打母猪鬼”的民间驱邪活动。民间认为“杀死一母猪鬼，驱除一个邪”。凡家中有病灾不幸之事，家中长者便设香案，以打母猪鬼来祭，向神灵许愿，求得驱邪。祭时，要选黄道吉日，杀老母猪，蹄、肝、肠、肺等放在一个筐里，摆在堂屋中间，主持人燃香祝拜，祭完后，将内脏煮熟后分吃掉（袁靖等，2007）。

旧时还有祭马的习俗。春祭马祖，马祖就是马在天上的星宿天驷星，祭马祖是为了祈求马匹的兴旺；夏祭先牧，先牧就是牧马的创始人，祭先牧表示不忘其恩德；秋祭马社，马社就是马厩这块地方的土地神，祭马社是为了让其保佑马的平安；冬祭马步，马步神是主管马灾疫的，祭马步神是为了使马免受灾疫。全国许多地区还信仰马王爷，建有马王庙，农历六月二十三为祭马王节。马王爷据传是西汉时降汉的一位匈奴王太子金日，身材高大，容貌威严，汉武帝时官拜马监。他笃实忠诚，为人信爱，民间以他为马神，画纸上绘以四臂三目，颇显得狰狞可怖，神牌上写着水草马明王。过去，农家、车马店、驮运帮、骡车夫、马骡驴商贩乃至军队以及使用畜力的磨油、磨面、磨豆腐等店铺作坊，都要祭祀马王爷。连酱园业、糕点业也将马王爷作为行业神之一。此外，我国有些少数民族结婚时男方要送女方一匹小金马或银马或布马，表示吉祥；丧葬时或以马殉葬，或以马俑陪葬，或在墓前立石马，或扎制并焚化纸马；云南纳西族的葬俗有洗马的仪式；朝鲜族的婚礼新郎骑马迎亲；旧时满族有祭祖马的习俗，蒙古族有赛马并用马奶酒祭祖先、天地、神佛和招待远方贵客的习俗（巫其祥，2014）。

参考文献：

曹振峰．虎文化——论述篇．上海：上海锦绣文章出版社，2009.

（清）陈梦雷等．古今图书集成·禽虫典．北京：中华书局；成都：巴蜀书社，1987.

陈全方．陕西岐山凤雏村西周甲骨文概论、人名地名官名兽名等统计表．四川大学学报丛刊第十辑·古文字研究论文集，1982.

丁如明，李宗为，李学颖等．唐五代笔记小说大观．上海：上海古籍出版社，2000.

（东晋）郭璞．葬经．太原：山西科技出版社，2009.

郝志华．汉语动物词文化意蕴例释．咸宁师专学报，2002（1）.

何丹．试论中国凤文化的“历史素地”及其在文化类型学上的深层涵义．《中国文化研究》夏之卷，2008.

何星亮．中国龙文化的发展阶段．云南社会科学，1999（6）.

黄阳艳．“老鼠嫁女”故事及其相关习俗的文化内涵．湖北民族学院学报，2006（1）.

贾晓慧，权玉萍．谈动物与中国文化．野生动物杂志，2009（1）.

李泽厚．美学三书．合肥：安徽文艺出版社，1999.

（明）刘伯温．堪舆．呼和浩特：内蒙古人民出版社，2010.

刘亮．凤雏村名探源．文博，1986（1）.

刘兆元．论中国龟文化及其扭曲．寻根，1997（6）.

宋镇豪．夏商社会生活史．北京：中国社会科学出版社，1994.

田文棠．中国文化源流视野．西安：陕西人民出版社，2003.

王宁．中国文化概论．长沙：湖南师范大学出版社，2003.

王玉英，明月．英汉动物词“狮子”之国俗语义探析．浙江树人大学学报，2007（3）.

魏书娟．中国犬文化溯源．新乡学院学报（社会科学版），2011（1）．

魏锁成．古代的犬文化现象及其对社会生活的影响．西北民族学院学报（哲学社会科学版），1996（4）．

乌丙安．中国民间信仰．上海：上海人民出版社，1996.

巫其祥．中国马文化：历代名将均有宝马 项羽坐骑取名“骓”．西安日报，2014.

吴艳荣．汉唐凤文化的演变．江汉学术，2004（1）．

吴宗海．“麒麟”文化漫谈．寻根，2007（3）．

许家星，吴树勤．从《说文》动物词的文化说解看先民的思想认知．重庆邮电学院学报（社会科学版），2006（6）．

许顺湛．龙文化与中华民族．濮阳职业技术学院学报，2010（5）．

许秀娟．麒麟文化的变迁与中外文化交流发展的关系．暨南大学硕士学位论文，2003.

徐旭生．中国古史的传说时代．北京：文物出版社，1985.

袁靖等．丁亥话猪：使者还是牺牲？文明，2007（2）．

臧彤．论凤文化对中国人精神文化的影响．重庆科技学院学报（社会科学版），2010（3）．

张岱年．文化与哲学．北京：教育科学出版社，1988.

张鹤，张玉清．中国龙文化的形成发展和中外文化交流．河北师范大学学报（哲学社会科学版），2008（2）．

张振岳．解读中国“蛇”文化的祥瑞内涵．纺织科技进展，2009（3）．

周文军．浅论蚕文化及其表现形式．江苏蚕业，2004（3）．

［德］费尔巴哈．宗教的本质．北京：三联书店，1962.

［英］J. G. 弗雷泽．金枝．北京：中国民间文艺出版社，1987.

［法］列维·布留尔．原始思维．香港：商务印书馆，2007.

第九章　基于动物意象的中国文化特征阐释（下）

9.1　天人合一与阴阳五行

9.1.1　天人合一

春秋末期，儒家学派为了推行其教化学说，以“天人合一”作为理论依据，将自然物与人的道德品质对应起来，提出了“比德”说。最早提出“比德”说的是孔子，他所说的“仁者乐山，智者乐水”，即将自然界的山、水与人的仁、智等品德联系起来，通过人对山、水的态度来考察人的内在品行。在儒家“比德”说的影响下，一些具有优美外貌和良好质地的自然界的存在物成为“比德”对象，比较常见的就是“玉”与“凤”（刘虹弦，2006）。此外，“龙”在中国文化被视为沟通天与人之间的神灵，中华龙文化的内涵体现了“天人合一”的观念。

“鸟兽比德”的观照方式实质上是中国古代“天人合一”自然价值观的一种具体表现。中国古代的自然价值系统也是一种道德价值系统。古人认为伦理道德的规律和自然规律在根本上具有一致性，宇宙中的自然万物都含有道德价值，所谓“天人合德”。所以他们往往不从知识的途径去探索和认识自然万物，而是用伦理道德的标准去领悟和审视自然万物并将其道德化，赋之以一定的道德价值，以期“在对自然的师法中勠力厉行，提升品德”（姚立江，2003）。在天人合一、天人相感的自然价值观的支配下，中国人曾把许多动物视为上天意志的符号象征。那些比较罕见且颇具美感的动物，如白狐、白虎、白鹿、苍乌、朱雁等鸟兽的出现，被视为统治者的道德品行及政治行为符合天意的证明（贾晓慧、权玉萍，2009）。

张衡《鸿赋》中“归雁”形象传递出一种胸怀天下、有容乃大、志存高远、努力拼搏等积极向上的精神力量。这种“归雁”形象和精神，契合了我国传统儒家哲学思想的一个基本观点，即“天人合一”的“和”文化观。董仲舒在其《春秋繁露》中明确提出“人副天数”，倡导“天人合一观”（冯友兰，2013），钱穆晚年以为“‘天人合一’观……实是整个中国传统文化思想之归宿处”（钱穆，1991），季羡林认为，“天”就是“大自然”，“人”就是我们人类，“天人合一”是讲人与大自然合一，人与大自然相互理解，结成友谊，和谐共处（季羡林，1997）。“归雁”形象，可以说是对中国传统文化思想精髓的“天人合一观”的极好诠释。

9.1.2　阴阳五行观念

“龙”“凤”文化展示了中国传统文化的两翼，从两个不同的方面展现中华文化的精神，从龙凤文化原初的象征拓展开去，试图将他们的文化含义排成两个相对的系列：龙：天、帝、父、权利、凶悍、战斗、伟力、进取、崇高、威严、至尊等；凤：地、后、母、幸福、仁慈、和平、智慧、谦让、优美、亲合、至贵等。龙凤的精神其实也可以乾坤二卦来象征：乾卦的精神是“天行健，君子以自强不息”；坤卦的精神是“地势坤，君子以厚德载物”（庞进，2004）。

我国古人讲一切事物中都存在着两种既对立又统一的事物称为“阴阳”，而凤凰本身就是阴阳的结合，凤是凤凰的总称，当凤凰两字排列，凤是指雄性凤鸟，是凤凰中最美丽、最完整的成年禽鸟，色彩在五彩缤纷中偏向红色。当凰字单一排列，则是雌性凤鸟，它和凤的区别是翅下没有凤胆，体形也较凤略小，有的地区没有凤冠或是凤冠较小（臧彤，2009）。龙凤回到人间，结合“阴阳”论、“刚柔”说，化为皇帝、皇后，龙象征了所有男子，凤象征了所有女人。

古代龟又称阴虫老，鹤又称阴羽，雁又称阳羽，凤凰又称火精。这些动物词中的“阴阳”以及“火”则是古人阴阳观念的体现（郝志华，2002）。中华民族的祖先，对龟崇拜至深，认为龟本身“背阴而负阳，上隆象天，下平法地。”“背有盘法山丘。黝文交错，以成列宿五光。昭若黝锦，运转应四时。”“左睛像日，右睛像月。”“背负七星日月八方之图，腹有五岳四渎之象。”“前爪五指阳也，后爪四指阴也，故为阴阳之大用，或曰前五后四，五湖四海也。”“龟千岁能与人言”“长尺二寸，知存亡吉凶之变”（张英、王士祯等，1985）。

胡煦在《卜法详考原序》中云：圣人之用蓍龟，用其灵也。灵非蓍龟所能有也，是五行之端倪，阴阳之呈露，太极之大用也。……他在《卜法详考卷一》“开龟四兆”中有详细的解释：卜师掌开龟之四兆，一曰方兆，二曰功兆，三曰义兆，四曰弓兆。……凡卜，辨龟之上下左右阴阳以授命龟者，而诏相之。注：卜师，佐太卜者。开龟者，开龟之下体，去其外甲而存其下甲，中有横直之文者以卜也。下甲中有直文者，所以分左右阴阳也；横有五文以分十二位者，象五行也；去其上下不可以为兆可开凿而燋以为兆者，上下各四。故曰：四兆或曰，方是卜其行事之方；功是卜其可成之功，义是卜其当为之宜；弓乃取诸张弛之象。……炽其火以灼龟也，致其墨，明其兆，广之大小也。上仰也，下俯也，左左倪也，右右倪也。阴，后弇也；阳，前弇也。卜师辨之以授太卜焉（胡煦等，1986）。

《管子·水地篇》云“龟生于水，发之于火。于是为万物先，为祸福正。”所谓发之于火是指用火灼龟，而后呈兆。《礼记·杂记》载：“龟，阴之老也，蓍，阳之老也。龙非水不处，龟非火不兆，以阳动阴也。”可知发于火即指灼兆。李颙《龟赋》云：“质应离象，位定坎居。”说明龟的本位在于坎水，而必用离火，而后呈象见灵（饶宗颐，1999）。《太平御览》载：“伏羲氏之王天下，仰则观于天文，俯则察于地理，观鸟兽之文与地之宜，近取诸身，远取诸物。”正在煞费苦心寻找其相互关系的规律时，《古史考》曰：“灵龟负河图，八卦是也。”

汉代“四灵”思想大行其道，“四灵”又称“四神”，即通常所指的青龙、白虎、朱雀、玄武，在汉代文献中，或称朱雀为“朱鸟”。在阴阳五行思想的体系下，天地四方被配以四神兽，朱雀（朱鸟）为南方的方位神。《论衡·物势篇》载：“东方木也，其星仓龙也。西方金也，其星白虎也。南方火也，其星朱鸟也。北方水也，其星玄武也。”《淮南子·天文训》亦载：“东方苍龙，西方白虎，南方朱雀，北方玄武。”（吕建昌、费琼琼，2008）曹植《神龟赋》云：“嘉四灵之建德，各潜位乎一方。苍龙虬于东岳，白虎啸于西岗，玄武集于寒门，朱雀栖于南乡。顺仁风以消息，应圣时而后翔。嗟神龟之奇物，体乾坤之自然。下夷方以则地，上示隆而法天。顺阴阳以呼吸，藏景曜于重泉。餐飞尘以实气，饮不竭于朝露。步容趾以俯仰，时鸾回而鹤顾。”

在中国人的阴阳观中，公鸡是阳性。公鸡司晨报晓，黑夜随着它的啼鸣而离去，太阳随着它的啼鸣而来临，由此公鸡成为送走黑暗、迎接光明之禽。在没有钟表的年代，雄鸡打鸣是人类的重要时间依据。先秦时代，各国的边界关隘闻鸡叫而打开，《史记》中就记载了孟尝君门客学鸡叫赚开城门的故事。据说，秦昭王礼聘齐国贵族孟尝君为相，后听信谗言欲杀之，孟尝君仓皇逃走。到函谷关，还是半夜，城门紧闭。孟尝君担心天亮后秦王派兵追来，十分着急，幸好手下的门客学了几声鸡叫，引得远近村落的公鸡纷纷叫起来，关吏打开城门，孟尝君趁“鸡”逃走（侯仰军，2017）。

在道教中，玉兔常常与金乌相对，表示金丹修炼的阴阳协调。明沈鲸《双珠记·协谋诬讼》中说："计就月中擒玉兔，谋成日里捉金乌。"古人认为兔子乃"明月之精"，《埤雅》云：吐而生子，故谓之兔。在古人看来，月中阴精积成兔形，称为顾兔，地上的兔子目视顾兔怀孕，小兔子便从口里出来。在古人观念中，兔子作为一种"阴精"之物而存在，是一种阴性动物。正如《春秋元命苞》所载：君失德则地吐泉鱼衔兔。宋均注：兔阴精，鱼是阳，见制也。刘向《五经通义》亦载："月中有兔与蟾蜍何？月，阴也；蟾蜍，阳也，而与兔并，明阴系于阳也。"

9.1.3 避凶趋吉

古代科学不发达，人的认识水平低下，难以把握自身命运，因而常将吉凶祸福的预测寄托在自然物，包括动物，甚至是想象中的动物身上，以祈福禳灾，达到全身保命，去戾致祥的目的。人们曾借助虎、狮、犬、鸡以辟凶驱邪，借助蝙蝠、鹿、蜘蛛、喜鹊、龟、鹤等表达对福、禄、喜、寿等吉祥事项的追求（贾晓慧、权玉萍，2009）。很多时候，中国人利用谐音避凶趋吉，将动物文化与谐音文化合并。

虎是中国早期的图腾崇拜，被人们誉为"兽中之王"，因为它威严而被视为镇妖辟邪、保佑平安的吉祥物。乡村妇女常在娃娃出生、过满月、周岁时，给他们枕虎头枕，头上戴虎头帽，脚上穿虎头鞋，贴身围虎头裹肚儿（姜哲，2005）。享受虎神保护最多的莫过于中国孩子。千百年来，老虎造型经无数母亲的巧手制作成虎头帽、虎围嘴、虎肚兜、虎头鞋等，将孩子从头到脚用"老虎"保护起来。如此的中国娃娃，怎么能不虎头虎脑、虎虎有生（曹振峰，2009）。帽子是一生之冠首。让孩子头上有虎神的庇佑及保护，平平安安地长大，是母亲的心愿。如山西省忻州市的小儿虎头帽，帽圈上绣有"福""禄"两字，帽顶上有一只虎，帽尾则是“寿”字，还加了一只象征“幸福”的蝙蝠，母亲对孩子浓浓的爱意和深深的祝福都浓缩在这顶虎头帽中。至于虎头鞋，在中国民间，从北到南，都有孩子生下来第一双鞋要穿虎头鞋的习俗。双脚是立足之本，人们认为穿一双有眼睛的鞋一辈子聪明、勇敢，“不走瞎道儿”。当然最主要的是鞋头要做成虎头形，虎鼻直垂，虎眼大睁，虎口大开，虎耳耸起，虎须怒张，额头绣一大“王”字，表现出十足的虎威，而又虎虎可爱（汪玢玲，2007）。

蛇是五毒虫之一，民间传说中的“五毒”是五种动物，它们分别是青蛇、蜈蚣、蝎子、壁虎和蟾蜍。五毒虫常用来装饰孩子的服饰以取“以毒攻毒”之意，通过给孩子穿戴绣有五毒虫纹样的服饰品来祈求孩子远离邪恶和恶魔的侵扰，保佑孩子平安健康，茁壮成长（张振岳，2009）。在民间，人们认为猫头鹰的叫声似鬼叫。《三才图会》曰：猫头鹰，即鹰猫，其头似猫，其肉甚肥，烧之则鬼至，术士以之收鬼。故旧时以枭为恶鸟，见之者不祥，要向枭连唾十三口方可消灾，因而枭又称“唾十三”（郝志华，2002）。此外，乌鸦因叫声低闷，通体乌黑，就一直被人们称为乌鬼，视为不祥之鸟。过去南京人清晨听到乌鸦叫，要默诵“乾元亨利贞”五字咒语七遍，以解不祥（郝志华，2002）。

“汉民族有以鼠为钱神、财神的信仰。老鼠夜间吱吱鸣叫，如数铜钱之声，俗称‘老鼠数钱’。”“它既昭示吉祥又预示灾祸，既是人们诅咒、禳除的对象，又是人们祭祀、供奉的对象。中国人以一种极端矛盾的心理，为老鼠涂染上了种种奇特的文化色彩。”中国古代有“敬鼠”习俗，是原始信仰的遗留。“鼠危害农林且大量繁殖，农民对其猖獗无可奈何，不得不采取敬鼠、媚鼠的方式，来祈求老鼠嘴下留情，与人为善，这反映了农业民族趋利避害的民俗文化心理。”（姚立江、潘春兰，2002）

由于“鸡”与“吉”同音，寓意吉祥，鸡一直深受人们的喜爱。在中国创日神话中，鸡是上天最先创造的。《太平御览》记载，天地初开，以一日做鸡，七日做人。为什么人类的神话不把自己作为上天最先创造的物种，反而把一个小小的家禽编排为第一呢？神话学家认为，创日神话表达的实际是从混沌到有序、从黑暗到光明的主题，是以初民日常经验中的东方日出、白昼取代黑夜的自然现象为蓝本的。因此，古人从正月初一到初七都忌杀鸡。鸡及其图像在节日生活、人生礼仪等诸多方面都得到广泛应用，具有避恶驱邪的功能和象征意义。民间传说，鬼最怕听到鸡叫、看见亮光（侯仰军，2017）。

9.2 宗法伦理色彩

9.2.1 崇“德”

儒学区别于其他学派的基本特征，在于其独特的伦理思想。儒文化的基础是周礼。“周礼”是周公及其继承者所制定的礼乐制度，它的核心是宗法制度和敬德保民思想。宗法制度是一种人为的等级制度，其思想渊源于原始社会父系家长制时期的父权思想（陈咏明，2003）。中国人常常将动物的某些特性与人的品性对照联系起来。古时，尧的一些德行壮举，被认为受意于龟。《龙鱼河图》载：“尧与群臣贤者到翠妫之川，大龟负图来投尧，尧敕臣下写取告瑞应，写毕，龟还水中。”（张英、王士祯等，1985）《竹书纪年》载：“尧沉璧于洛，礼毕退俟至于下昃，赤光起，元龟负书而出背甲，赤文成字止于坛，其书言当禅舜，遂让舜。”（陈梦雷等，1976）

《春秋繁露·执贽》认为羊有三德：“羔有角而不任，设备而不用，类好仁者。执之不鸣，杀之不啼，类死义者。羔食于其母，必跪而受之，类知礼者。”（陈梦雷等，1987）《韩诗外传》说雄鸡有五德：“头戴冠者，文也；足搏距者，武也；敌在前敢斗者，勇也；见食相呼者，仁也；守夜不失时者，信也。”（陈梦雷等，1987）陆云《寒蝉赋序》说蝉有五德：“夫头上有緌，则其文也；含气饮露，则其清也；黍稷不享，则其廉也；处不巢居，则其俭也；应候守常，则其信也。”（陈梦雷等，1987）《檐曝偶谈》说蚕有六德：“衣被天下生灵，仁也；食其食，死其死，以答主恩，义也；身不辞汤火之厄，忠也；必三眠三起而熟，信也；象物以成茧，色必尚黄素，智也；茧而蛹，蛹而蛾，蛾而卵，卵而复茧，神也。”（陈梦雷等，1987）《增益经》说：“孔雀有九德，一颜貌端正，二音声清彻，三行步翔序，四知时而行，五饮食知节，六常念知足，七不分散，八少淫，九知反复。”（陈梦雷等，1987）《荀子》曰：“耀蝉者务在明其火，振其树而已，若火不明，虽振其树，无益也。人有明德，则天下归之，若蝉归明火也。”由此观之，蝉又可作为人臣明德修身的象征。

汉代统治者仰重凤瑞，主要原因有三：其一，强烈的天命观。汉代谶纬迷信盛行，人们相信祥瑞或灾疫都是上天向地下凡人的昭示，是对一国之君施行德政或暴政的奖励或惩罚，甚至是国运兴衰的象征。“帝王之将兴也，其美祥亦先见；其将亡也，妖孽亦先见；物故以类相召也。”（《春秋繁露》）而在众多表现“天命”的祥瑞中，凤凰首屈一指。其二，借凤瑞神化政治，宣扬“君权神授”。自汉武帝罢黜百家，独尊儒术，以董仲舒为代表，具有神学意味的世界观和天人感应学说便逐渐成为汉代占统治地位的天命天道思想。在董仲舒学说的影响下，汉代政治神学化，君主政治与祥瑞灾异紧密结合。自先秦始，凤凰就作为祥瑞之兆，标明统治者受命于天，来宣扬政治统治的合理性。如《国语·周语上》曰：“周之兴也，鸑鷟鸣于岐山。”韦昭注：“三君云：鸑鷟，凤之别名也。”西汉起于草莽，所谓“布衣将相之局”，东汉来自诸生，所谓“功臣多向儒”。重天命的汉朝统治者，既需要高扬凤瑞标示“君权神授”，又要借凤瑞粉饰太平。其三，凤凰是“德”的化身，合乎汉代的治国思想。汉代统治者“罢黜百家，独尊儒术”，看重儒家的仁德，如《白虎通义·封禅》曰：“德至鸟兽则凤凰翔，鸾鸟舞，麒麟臻，白虎到。”在汉代信奉的“四灵”中，唯有凤凰与儒家倡导的“德”联系密切。《山海经·南山经》云：“凤鸟，首文曰德，翼文曰义，背文曰礼，膺文曰仁，腹文曰信。”凤凰自身不仅是“德”的化身，也是君王行德政的象征。班固在《白虎通·封禅篇》中亦载：“凤凰者，禽之长也，上有明王太平，乃来居广都之野。”唐代统治者也看重凤瑞，但大体并不隆重，原因主要为：其一，唐代人对“天命”多有批判与质疑，对祥瑞的认识（包括凤瑞）逐渐趋于理性，不再如汉代人那般深信，凤瑞神化政治的作用减弱；其二，比较而言，唐代的统治者更喜欢龙瑞，龙象征着男性帝王，威严而有神性，唐代以龙命名的年号好几个；其三，唐代统治者借助道教神话王权，维护其政权的稳定。凤凰只是道教系统中的一类仙鸟，远不如道教老子显灵对政治的作用大（吴艳荣，2004）。

9.2.2 尊“仁”

“仁”在中国古代文化中属于一种道德范畴，表示人与人之间的友爱。孔子将“仁”作为最高的道德准则，并以“仁”为核心形成了一套伦理体系。在中国很多动物意象体现了尊“仁”的文化传统。《公羊传》中称：“麟者，仁兽也。”《诗经·周南·麟之趾》，共三章：“麟之趾，振振公子，于嗟麟兮！麟之定，振振公姓，于嗟麟兮！麟之角，振振公族，于嗟麟兮！”“振振”在古义中形容人多势盛，又可指仁厚德盛。可见，麟在西周时期，已经是仁德的化身，到了春秋时代，麒麟作为体现仁的思想的瑞兽形象进一步巩固。在先秦文献典籍中，多有关于麒麟的记载，并把麒麟与孔子的生平紧密联系起来，借助麒麟宣扬儒家思想的同时，使麒麟的瑞应功能深入民心，以至于影响后世（许秀娟，2003）。

凤有仁德，是灵鸟。在凤载德之说中，“仁”这一儒家的道德标准是凤鸟一以贯之的德性。而汉儒继承了先秦儒家的“以仁为美”的观点，凤鸟的“仁性”使其成为“美”。（吕建昌、费琼琼，2008）

9.2.3　重“义”

任何民族都有维系社会秩序的精神支柱“伦理道德”，中国古代统治者用氏族血缘观念和亲情关系发展了宗法制，成为中国社会结构稳定的因素之一，影响了整个中国古代社会。古人谈天说地论人，始终带有浓厚的伦理色彩。他们不仅将社会伦理化，而且还将自然伦理化。这样，用来约束人类的“孝、悌、忠、信、礼、义、廉、耻”等伦理观念便被原封不动地移植到了动物界。中国传统的“孝、悌、忠、信、礼、义、廉、耻”等伦理观念在动物词汇中都有一定的反映（郝志华，2002）。

《世说新语·伤逝》中记录了一则《魏文帝作驴鸣》的故事，王仲宣好驴鸣。既葬，文帝临其丧，顾语同游曰：“王好驴鸣，可各作一声以送之。”同去的人都作驴鸣给王仲宣送行。另一则故事《孙子荆与王武子》记录了孙子荆作驴鸣送王武子的故事，孙子荆以有才，少所推服，唯雅敬王武子。武子丧时名士无不至者。子荆后来，临尸恸哭，宾客莫不垂涕。哭毕，向床曰：“卿常好我作驴鸣，今我为卿作。”体似真声。这两则故事反映了中国人重“义”的文化心理。

9.2.4　重“礼”

中国的农耕文明，上关联到人的宇宙观，即天人合一，人我和谐；下影响到人的行为准则，即本分的做人处世，谦和礼让。古人称之为天之道、地之道、人之道。因此，根植于农耕自然经济的中国文化，是以“和”为其基本核心的（王瑾瑾，2006）。伦理规范和道德准则的象征在天人合一的自然价值观的支配下，中国人把许多动物的特性比附为伦理规范和道德准则，如雁的知时、识序、贞烈、灵智等，并把这种作为伦理规范、道德准则象征符号的动物施之于礼仪活动，如中国古代的贽礼、婚礼等（贾晓慧、权玉萍　）。鸿雁具有一种其他飞禽走兽罕有的行止有序行为，在迁徙飞行时，为减少空气阻力，常排成“一”字形或“人”字形的行列。古语称为“雁字”“雁行”“雁阵”“雁序”“鸿序”“鸿仪”等。在雁阵飞行的行列中，还存在着“长在前而幼在后”“雌前呼雄后应”的内部秩序。这种“鸣则相和，行则接武，前不绝贯，后不越序”的生物特性，直观地展示出一种既有等级差别又有群体协作的合理序列，受到古人格外的关注，被引申生发为“明行列之次，辨长幼之纪”的符合伦理规范的道德行为（姚立江，2003）。

《易·渐》云：“鸿渐于陆，其羽可用为仪，吉。”意思说：鸿雁有秩序地飞行，渐渐到达目的地，它美丽的羽毛可以作为典礼上的装饰，很吉祥。《埤雅》解释说：“礼有以鸿雁为仪者，取其行列不乱而已。”又说：“鸿之为物，其进也有渐，其飞也有序，又其羽可用为仪，君子之道也。”汉代扬雄曾提出“孔雁之仪”，《太玄·礼》范望注云：“四为毛类，故称孔雁。孔鸟之知礼也，正取二鸟为谕者，言其行则有仪，飞则有次，动不失法。”《埤雅》也说：“孔有文，雁有序，而其象皆中礼。”唐代杜甫的《杜鹃》诗则把鸿雁与羔羊相提并咏：“鸿雁及羔羊，有礼太古前。行飞与跪乳，识序如知恩。圣贤古法则，付与后世传。”《说苑·修文篇》云：“大夫以雁为贽[①]，雁者行列有长幼之礼，故大夫以为贽。”古礼规定大夫以雁作为初次见面的礼物，意在表明，为大夫者要像鸿雁那样“有先后之随”“有行列之治”“有长幼之礼”。

① 贽是古人初次求见尊者或长者时所执的见面礼。

9.2.5　重“信”

“信”是中国人道德修养的主要内容之一，表示诚实守信。《论语·学而》曰：“吾日三省吾身，为人谋而不忠乎？与朋友交而不信乎？传不习乎？……信近于义，言可复也。”孔子及其弟子提出“信”，将其作为儒家的伦理规范，并将其纳入“五常”伦理之中。《孟子·滕文公上》云：“使契为司徒，教以人伦：父子有亲，君臣有义，夫妇有别，长幼有序，朋友有信。”朋友之间应当信守承诺，讲信用。“信”是朋友之间交往的道德规范。“与朋友交言而有信”“人无信而不立”“人而无信，不知其可”等，体现了古人崇尚“信义”的观念。

素有“信义之鸟”的鸿雁是候鸟，每年秋分后飞往南方，就暖避寒，春分后又飞往北方，产卵育雏。在明代李时珍的《本草纲目》中被概括为信、礼、节、智四德：“寒则自北而南，止于衡阳，热则自南而北，归于雁门，其信也。飞则有序而前鸣后和，其礼也。失偶不再配，其节也。夜则群宿而一奴巡警，昼则衔芦以避缯缴，其智也。”（陈梦雷等，1987）鸿雁“来往顺时”与雄鸡“守夜不失时”、蝉“应候守时”以及蚕“必三眠三起而熟”一样，都是自然的生物节律。类似这种始终如一、恒定不变的本能的生物行为，便被升华为一种有意识的道德行为——诚实不欺的信行，它们似乎在年复一年地遵守着某种诺言，实践着某种成约。这样，人们便在动物身上为自己确立了一种朋友之间伦理规范的参照，一种形象化的“德则”（姚立江，2003）。

9.2.6　重“孝”

《孝经·开宗明义》载：“夫孝，德之本也。”在殷商甲骨卜辞中就出现了“孝”字。《说文解字》解释篆体孝字云：“善事父母者。从老省，从子，子承老也。”孝字上为老，下为小，表示子应当承其亲，顺长辈之意。《尔雅·释训》云："善父母为孝。"《诗经》中有这么一段话："父兮生我，母兮鞠我，拊我蓄我，长我育我，顾我复我，出入腹我。欲报之德，昊天罔极。"孝道在中国文化中源远流长，"百善孝为先"的伦理观念是对这一精神的生动诠释。

《春秋繁露》载："羔饮之其母必跪，类知礼者。"说的是羊羔在吮奶时，必跪母腹下，因此认为羊是非常讲孝道的一种动物。后来又有"送羊劝孝"的传统：每年夏历六七月间，外祖父、舅舅要给外甥送羊。开始送活羊，后来送白面蒸熟的面羊。此俗一说与沉香劈山救母神话有关。沉香劈华山救出母亲后，愤怒之下要杀掉将其母压在华山下的舅舅杨二郎，要剥其皮，食其肉。杨二郎为重修兄妹之好，每年送沉香一对活羊，因为"羊"与"杨"谐音，意为以"羊"替"杨"，后遂成俗。另一说则云，很久以前有一个小孩不孝敬爹娘，于是孩子的舅舅——一个牧羊人将孩子带到羊群边，小孩看到羔羊跪乳的情况后明白了一切。羔羊尚知孝敬母亲，何况人呢？孩子的舅舅送给他一只羔羊，让他抱回家去。后来舅舅送羊给外甥以劝其孝，就成了固定的交际礼仪习俗（苏馨，2008）。

《后汉书·逸民列传·戴良》：良少诞节。母喜驴鸣，良常学之以娱乐焉。驴鸣有两个特点，一是它常在夜晚打更时鸣叫，人们认为它是知更懂时有灵气的动物；二是它声音高亢洪亮、气势宏大，深得民众喜爱，古人模仿驴鸣成为风气。在以孝治天下的汉代，汝南慎阳人戴良因母亲喜听驴鸣，就经常学毛驴的长鸣，以逗母亲高兴（范晔，1986）。

9.3 尊卑等级观念

古时，人们称鸽为飞奴，称狗为守门候，称猫为天妃，称狮为百兽王，称雉为九苞奴，称鹅为兀地奴，这些虽含有戏称的意味，却间接反映了古代社会等级的森严以及人们对功名的追求（郝志华，2002）。古代礼法以雁为贽，《周礼·春官·大宗伯》云："以禽作六贽，以等诸臣：孤执皮帛，卿执羔，大夫执雁，士执雉，庶人执鹜，工商执鸡。"从中可以看出，古代礼法规定，不同品级的臣民所执之贽不同，这既是一种道德礼法规范，同时也体现了身份地位的等级观念。

秦始皇在统一六国后被称之为龙。据《史记·秦始皇本纪》载，秦王政三十六年（公元前211年）"秋，使者从关东夜过华阴平舒道，有人持璧遮使者曰：'为吾遗滈池君。'因言曰：'今年祖龙死。'使者问其故，因忽不见，置其璧去。使者奉璧具以闻。始皇默然良久，曰：'山鬼固不过知一岁事也。'退言曰：'祖龙者，人之先也。'使御府视璧，乃二十八年行渡江所沉璧也。"自此，龙成为尊贵地位的象征。

时至东汉，"明帝永平中，议乘舆备文，日月十二章，刺绣文。三公、诸侯用山龙九章，九卿以下用华虫七章，皆备五采，大佩，以承大祭。"（杜佑，2004）"龙朔二年九月，司礼少常伯孙茂道奏称：'准令诸臣九章服，君臣服冕，章数虽殊，饰龙名衮，尊卑相乱。今请诸臣九章衣以云及麟代龙，升山为上，仍改冕名'。"（杜佑，2004）在唐代，骑马、骑驴也与官阶、身份地位挂钩，马常常是富贵王侯或者高官的坐骑，官阶七品以上应当骑马，官阶低于七品只能骑驴（严思欣，2012）。《元史》卷七十八记载，元仁宗曾下令：士民的服饰、器皿、车舆不可使用龙凤纹，帐幕不可使用赭黄龙凤纹，违者处以严厉的惩罚。

元代统治者对龙凤等纹饰的应用，有着严格规定，例如《元典章》中《工部一·段匹·禁织龙凤段匹》记载：“至元七年，尚书刑部承奉尚书省札付，议得，除随路局院系官段匹外，街市诸色人等不得织造日、月、龙、凤段匹。若有已织下见卖段匹，即于各处管民官司使讫印记，许令货卖。如有违犯之人，所在官司究治施行。”《元史》中《顺帝纪二》记载：“禁民间私造格例……丁亥，禁服麒麟、鸾凤、白兔、灵芝、双角五爪龙、八龙、九龙、万寿、福寿字、赭黄等服……”

明建国初年，文武官服依唐制而行。后来，据《明史》卷六十七记载，朱元璋创造性地制定了一套以不同动物纹饰表示官职地位的规定：“公、侯、驸马、伯服，绣麒麟、白泽。文官一品仙鹤，二品锦鸡，三品孔雀，四品云雁，五品白鹇，六品鹭鸶，七品鸂鶒，八品黄鹂，九品鹌鹑；杂职练鹊。武官一品、二品狮子，三品、四品虎豹，五品熊，六品、七品彪，八品犀牛，九品海马。”（张廷玉，1986）同时又明文规定：“官吏衣服、帐幔，不许用玄、黄、紫三色，并织绣龙凤文，违者罪及染造之人。”（张廷玉，1986）朱元璋以不同动物纹饰对应不同等级的文武官员服饰、装饰等，规定衣服、帐幔不准用玄、黄、紫三色，不准织绣龙凤纹。

除舆服纹饰外，装饰品中的动物形象也体现出尊卑等级制度。《后汉书·舆服志》徐广注云：“太子及诸侯王，金印龟钮。”《汉官旧仪》载：“丞相、列侯、将军，金印紫绶。中二千石、二千石，银印青绶，皆龟钮。”汉代丞相、将军、公侯的官印印钮雕刻成龟形，当时俸禄二千石以上的大官，所用的官印印钮亦为龟形，小官的官印则不许用龟形。唐代也规定五品以上的大官，其墓前的石碑可用“龟趺石碑”，但五品以下的官员墓前石碑不许雕刻龟形，只能刻成其他形状。金龟袋与紫袍为唐代品官身份地位的象征，称为“龟紫”。《新唐书·车服志》：“天授二年，改佩鱼皆为龟。其三品以上龟袋皆饰以金，四品以银，五品以铜；中宗初，罢龟袋，复给以鱼。”汉卫宏《汉官旧仪补遗》卷上：“列侯黄金印龟钮，文曰印；丞相、大将军黄金印龟钮，文曰章。”《隋书·礼仪志六》：“皇太子，金玺龟钮。”《古今事物考·丧礼·碑碣》：“唐葬令，五品以上，螭首龟趺。”

古人用鼎数量、鼎里所盛动物的种类，也体现出身份的尊卑等级。南宋杨复《仪礼旁通图·数图》对东周时期各级贵族使用升鼎制度的记载做了整理，据日本宽政十一年（1799）翻本，大致情况如下：一鼎特豚；三鼎——豚、鱼、腊（鱼、腊只作陪衬作用）；五鼎——羊、豕、鱼、腊、肤；七鼎——牛、羊、豕、鱼、腊、肠胃、肤；九鼎——牛、羊、豕、鱼、腊、肠胃、肤、鲜鱼、鲜腊（俞伟超，1985）。《礼记·王制》中也有这样的记载：“诸侯无故不杀牛，大夫无故不杀羊，士无故不杀犬豕，庶人无故不食珍。”

9.4　情志高远

古人由天体的健动不止得到启示，认为人的活动亦应效法天，故应刚健有为、自强不息。这种精神体现在生活中，便是人们积极的人生态度。鹄通称为天鹅。吴僧赞宁云：“凡物大者，皆以天名。天者，大也。则天鹅名义，盖亦同此。”鹄因飞得高而成为汉文化中有远大志向的一种鸟类。成语如“燕雀安知鸿鹄之志”即道此意。又如精卫，形体虽小，但立志要填平东海，乃有志之鸟（郝志华，2002）。南朝梁任《述异记》卷上：“昔炎帝女溺死东海中，化为精卫，其名自呼，每衔西山木石填东海。一名誓鸟，又名志鸟，俗呼帝女雀。”

《诗经》是我国的诗源头。其中《诗·大雅·卷阿》："凤皇于飞，翙翙其羽，亦集爰止。蔼蔼王多吉士，维君子使，媚于天子。凤皇于飞，翙翙其羽，亦傅于天。蔼蔼王多吉人，维君子命，媚于庶人。"凤在其中已经被比喻成贤人。《诗经·小雅·鹤鸣》中称鹤为九皋禽，是传说中长寿的仙禽，仙人多骑鹤。因其仪态超然，人们将其称为九皋处士。同时因鹤傲然挺拔、性情高洁，人们又将其称为玄素先生、沈尚书、蓬莱羽士等。鹤超然脱俗、昂然向上、性情高远的气质，成为中国人追求理想、拼搏向上、志存高远的写照。

据西晋陆云《寒蝉赋》云："至于寒蝉，才齐其美，独未之思，而莫斯述。夫头上有緌，则其文也；含气饮露，则其清也；黍稷不享，则其廉也；处不巢居，则其俭也；应候守常，则其信也。加以冠冕，取其容也。君子则其操，可以事君，可以立身，岂非至德之虫哉。"蝉可以写一种品节、一种修养。深受儒家思想影响的古代士大夫向来崇尚人格上的自我完善和精神上的自我满足，讲求内外兼修。他们遵循一种温、良、恭、谦、让的道德标准，"文质彬彬，然后君子""人而无信，不知其可"……都是文人志士的行为准则，正是在这样文化氛围的滋养下，蝉的象征意味上升到节义的高度。人们用蝉书写品节与情志。

写蝉之清廉的作品俯拾皆是，如曹植《蝉赋》云："实淡泊而寡欲兮，独怡乐而长吟。声皦皦而弥厉兮，似贞士之介心。内含和而弗食兮，与众物而无求。栖乔枝而仰首兮，漱朝露之清流。"傅玄《蝉赋》云："美兹蝉之纯洁兮，禀阴阳之微灵。含精粹之贞气兮，体自然之妙形。"

千百年来，龙、凤、雁、蝉等多种动物形象被赋予了人格意义，成为一种人格化身。在动物身上，熔铸了古人安贫乐道、知书达理；坚守气节、不失节操；风骨刚正、高风亮节；志存高远、心怀天地的理想。

参考文献：

曹振峰．虎文化——两千虎图．上海：上海锦绣文章出版社，2009.

陈梦雷等．古今图书集成．北京：鼎文书局，1976.

陈梦雷等．古今图书集成·禽虫典．北京：中华书局；成都：巴蜀书社，1987.

陈咏明．儒学与中国宗教传统．北京：宗教文化出版社，2003.

（唐）杜佑．通典．北京：中华书局，2004.

（南朝宋）范晔．后汉书．上海：上海古籍出版社，1986.

冯友兰．中国哲学史（下）．上海：华东师范大学出版社，2013.

郝志华．汉语动物词文化意蕴例释．咸宁师专学报，2002（1）.

（清）胡煦撰、卜法详考．文渊阁四库全书．台北：台湾商务印书馆，1986.

季羡林．东西文化议论集（上）．北京：经济日报出版社，1997.

贾晓慧，权玉萍．谈动物与中国文化．野生动物杂志，2009（1）.

姜哲．中国民间美术解读．北京：地质出版社，2005.

刘虹弦．浅谈凤文化及其审美形象延伸．武汉科技学院学报，2006（10）.

吕建昌，费琼琼．汉代玉凤纹的文化内涵．四川文物，2008（1）.

庞进．龙凤文化．重庆：重庆出版社，2004.

钱穆．中国文化对人类未来可有的贡献．中国文化，1991（4）.

饶宗颐．论龟为水母及有关问题．文物，1999（10）.

(西汉) 司马迁. 史记·秦始皇本纪. 北京: 北京燕山出版社, 2007.

(明) 宋濂等. 元史. 北京: 中华书局, 1976.

苏馨. 说文解字. 羊部字与中国民俗文化. 辽宁教育行政学院学报, 2008 (2).

汪玢玲. 中国虎文化. 北京: 中华书局, 2007.

王瑾瑾. 中国文化概论. 北京: 机械工业出版社, 2006.

王秀梅译注. 诗经——中华经典藏书. 上海: 中华书局, 2006.

吴庆洲. 龟文化与中国传统建筑. 中国建筑史论汇刊, 2009 (2).

吴艳荣. 汉唐凤文化的演变. 江汉学术, 2004 (1).

许秀娟. 麒麟文化的变迁与中外文化交流发展的关系. 暨南大学硕士学位论文, 2003.

严思欣. 唐代文学中的驴意象研究. 神州民俗 (学术版), 2012 (6).

姚立江. 中国古代鸿雁文化的道德色彩. 宁夏大学学报 (人文社会科学版), 2003 (3).

姚立江, 潘春兰. 人文动物——动物符号与中国文化. 哈尔滨: 黑龙江人民出版社, 2002.

俞伟超. 先秦两汉考古学论集. 北京: 文物出版社, 1985.

臧彤. 凤文化探源. 长春工业大学学报 (社会科学版), 2009 (4).

(清) 张英、王士祯等. 渊鉴类函. 北京: 中国书店, 1985.

(清) 张廷玉. 明史. 上海: 上海人民出版社, 1986.

张振岳. 解读中国“蛇”文化的祥瑞内涵. 纺织科技进展. 2009 (3).